老杜名人工作室

独家星闻

杜仲华◎著

百花文艺出版社
BAIHUA LITERATURE AND
ART PUBLISHING HOUSE

图书在版编目（CIP）数据

独家星闻 / 杜仲华著. -- 天津 ：百花文艺出版社，2012.1
ISBN 978-7-5306-6070-6

Ⅰ. ①独… Ⅱ. ①杜… Ⅲ. ①文艺工作者-生平事迹-中国-现代 Ⅳ. ①K825.7

中国版本图书馆CIP数据核字(2012)第000975号

百花文艺出版社出版发行
地址:天津市和平区西康路35号
邮编:300051
e－mail:bhpubl@public.tpt.tj.cn
http://www.bhpubl.com.cn
发行部电话:(022)23332651　邮购部电话:(022)23332478
全国新华书店经销
天津金彩美术印刷有限公司　印刷
*
开本 787×1092 毫米　1/16　印张 19.25
2012年3月第1版　2012年3月第1次印刷
定价：46.00元

目录

（春·雨润花正红）

（夏·日骄人更酷）

目录

（秋·霜重色愈浓）

（冬·雪飘春不远）

春

雨润花正红

胜日寻芳泗水滨，无边光景一时新。
等闲识得东风面，万紫千红总是春。

——（宋）朱熹

章子怡的“最爱”是什么

十二年前，当人们第一次见到章子怡时，是在张艺谋的电影《我的父亲母亲》中。头上扎两根小辫，身穿一件浅粉碎花对襟小棉袄，素面朝天的脸上有一双小鹿般纯净的眼睛，流露出青涩而腼腆的微笑。一个土得掉渣的农村女孩形象跃然银幕上。

看过这部影片的人可能不多，因为当时的中国电影市场尚处低迷时期，但章子怡却因此迅速蹿红，成为继巩俐之后的又一位“谋女郎”。两年后，《我的父亲母亲》出征柏林电影节，她与张艺谋一起，抱回一只可爱的小“银熊”。她的运气真是如影随形，势不可挡。刚刚出道的她很快被另一位大导演李安看中，在电影《卧虎藏龙》中让她饰演身手不凡的女侠“玉娇龙”，与大牌明星周润发、杨紫琼飙戏。该片后来荣获奥斯卡最佳外语片奖。年轻的章子怡也开始被好莱坞瞩目：先是经成龙推荐，在好莱坞大片《尖峰时刻 2》中客串一个角色，之后又拍摄了斯皮尔伯格监制的电影《艺伎回忆录》，国际影响力日增，在奥斯卡和戛纳电影节上，都曾出现她娇俏的身影，或作为颁奖嘉宾，或作为最年轻的评委。

在国内，章子怡的风头更无人可比。张艺谋的《英雄》、《十面埋伏》，冯小刚的《夜宴》，陈凯歌的《梅兰芳》，三大导演不约而同地将目光锁定她。短短十几年间，她主演了近二十部电影，人气飙升，获奖无数，集众多光环于一身，令人艳羡不已。

正当章子怡的事业如日中天时，近一两年来的“泼墨门”、“诈捐门”接踵而至，使她的人生陷入低谷。其间，她默默忍受着社会舆论的压力和误解，不断出席各种慈善活动，力求以实际行动挽回自己受到损害的公众形象……2011 年 5 月，一部由顾长卫执导的影片《最爱》上映，她频频出现在电视访谈节目和各大城市的首映式现场，回忆不堪回

← 章子怡与陈凯歌、黎明在韩国宣传电影《梅兰芳》 CFP供图

首的往事，畅谈在《最爱》中与角色心灵“附体”的经历和感悟，才使人们看到一个经历了“危机公关”后依然坚强的章子怡，看到了她事业上出现的新转机。

比演技更重要的，是心灵的“附体”

《最爱》反映了一群艾滋病患者在生命快到尽头时，所绽放的绚烂的爱情之花。

当年，蒋雯丽对发生在河南等地因卖血受感染而被艾滋病吞噬的报道深感震惊，将这一题材推荐给夫君顾长卫，才演绎出如今这部感人肺腑的电影《最爱》。

顾长卫说自己是个笨人，《最爱》也是选择了“最笨”的方式，一点点“磨”出来的。首先是让一群来自大都市的帅男靓女“淹没”在贫困乡间的质朴人群中，与特定的环境氛围融为一体。章子怡回忆说，她第一次进入拍摄现场时，曾询问身边的工作人员：今天有郭富城的戏吗？工作人员指指蹲在路边的一群人中的一个说：那不是城城吗？只见他灰头土脸，嘴里叼根烟卷，连蹲的姿势都与当地农民一模一样，完全没有“四大天王”的风采了！

对章子怡来说，虽然在十二年前《我的父亲母亲》里，演过一个在山野里奔跑的村姑，其后便一改形象，不是身怀绝技的侠女、打女，便是雍容华贵的皇后、公主和一代名伶，仿佛早已远离了世俗的喧嚣。从这个意义上说，此次再演村姑，既是她艺术上的一个轮回，又是一次全新的体验——这种体验主要不是演技上的，而是灵魂层面的。“我与《最爱》女主角商琴琴之间是没有距离的，我不觉得这是一次表演，而是一次人生的感悟，还有我的挣扎，我的矛盾，我的委屈，我的顽强……总之，这个角色对我太重要了，它

↑《我的父亲母亲》剧照

⬆《十面埋伏》剧照

是我生命的一部分。”

于是我们明白了：章子怡在自己人生的低谷时期接到《最爱》中商琴琴这个角色，其实是对现实的另一种形式的解脱，也是一个与角色相依为命、灵魂“附体”的过程。

有一个美丽的神话，说世上有一种怪物，四手四脚，力大无穷，被劈为两半后，便倾尽毕生精力欲重新回到一起，这个怪物就是“爱情”。章子怡饰演的商琴琴和郭富城饰演的赵得意就是这样的：当他们各自独处时，被家庭抛弃、社会歧视，无依无靠，孱弱无力；但当双方走到一起时，便激情四射、坚不可摧了。

影片中有这样一幕：琴琴和得意历尽磨难，终于领到了结婚证。他们像一对欢乐的小鸟飞奔在村庄的每个角落里，把结婚证读给空荡荡的街道听，读给默默无语的房屋听，向曾经歧视和唾弃他们的人告白：我们结婚了！拍摄这一幕时，顾长卫把情绪控制交给了两位主演，让他们尽情发挥。拍章子怡念结婚证时，镜头之外的郭富城哭了，一瞬间触动了章子怡：“郭富城在镜头外面哭，让我感到很意外。他是那么认真、投入，他流泪我也跟着更难过，对我的刺激很强烈，我从未遇到这样的场面……”章子怡说，这是一场“笑中带泪，泪中带笑”的戏，也是她的情感积聚到一定程度之后的一次大爆发。

比运气更重要的，是勤奋与敬业

机遇，属于有准备的人。而对章子怡来说，她刚刚走出中戏的大门，初出茅庐，演技还很青涩，文化准备也欠丰厚。幸运的是，她遇上了张艺谋。张艺谋有一双善于发现美的眼睛，一旦成为“谋女郎”，想不成名都难。

与张艺谋的首度合作初战告捷后，有好莱坞

背景的大导演李安也对章子怡情有独钟，让她在《卧虎藏龙》中，与香港大牌明星周润发、杨紫琼PK，演绎出一幕幕令人眼花缭乱的精彩武打戏！正是这部问鼎奥斯卡的《卧虎藏龙》，成为章子怡走向国际影坛的一张靓丽“名片”。这还不算，内地最具影响的三大导演张艺谋、陈凯歌、冯小刚，都在自己耗费巨资阵容豪华的大片中，向她伸出了橄榄枝……所有这些足以证明：章子怡的成功，很大程度上在于机遇好。

↑ 章子怡时装照

但与章子怡有过合作的大导演们却有不同的见解：她的成功固然有运气的成分，但这不是关键；事业心强，悟性好，特别是勤奋刻苦的工作态度，才是她成功的最重要的因素。

大家可能还记得，在陈凯歌的电影《梅兰芳》中，章子怡饰演京剧名伶孟小冬，其中有一场她与黎明饰演的梅兰芳合演京剧《游龙戏凤》的“戏中戏”。为演好这场戏并使自己具有京剧名伶的风范，章子怡在天津青年京剧团著名杨派老生张克的辅导下，用了两个月时间，刻苦训练京剧表演的手、眼、身、法、步，以及如何挂髯口、抖水袖和掌握“扇子功”等。虽然影片中并未要求章子怡亲口开唱，但她为了踩上《游龙戏凤》的锣鼓点，让演唱时的口型与形体动作配合更协调，主动向张克请教京剧的唱腔唱法。这种急就章式的训练并不能造就一个合格的京剧演员，但章子怡在《梅兰芳》中的表演也算中规中矩，有几分京剧名伶的“范儿”。而《游龙戏凤》这场颇见专业功力的“戏中戏”，在电影《梅兰芳》中不过短短几分钟时间！

还有《最爱》中最令人动容的一场戏：得意生病了，琴琴把自己的全身浸入水缸当“冰块”，给发高烧的爱人降温。

按剧本的描述，琴琴本来是用冷水一桶桶浇到自己身上，再用冰冷的身体为得意降温。拍摄时章子怡对导演说，与其用浇水的动态来展示这份爱，还不如让我整个人都浸

⬆ 章子怡与郭富城在《最爱》首映式上

泡到水缸里，用静态的方式来反衬爱的轰轰烈烈。对片中颇有争议的所谓“裸戏”，章子怡也有自己的理解：“那场戏是两个人唯一的一次情感释放，他们一直受人排挤、歧视，内心十分孤独；因此，当他们相爱的时候，是怎么做都不会让人觉得过分的。”

此外，章子怡为拍武打片而苦练中国功夫，为与世界对话而攻读英语的故事，也被传为佳话。

比爱情更重要的，是女人的独立性

明星绯闻，历来是媒体上吸引大众眼球的看点，在一个娱乐化的时代尤其如此。

对章子怡来说，从她走红的那天起，相关的绯闻便不胫而走。但真正靠谱的只有一次，即她与前外籍男友 vivi 的“跨国恋”。中国女星嫁给老外，本来就不被国人看好，况且 vivi 并非人们想象中的“白马王子”，难免会替子怡感到惋惜；怎奈爱情是两个人的私事，他人无权说三道四。但“沙滩门”事件曝出后情况就不同了，章子怡的公众形象因此受到很大损害。

好在这段恋情并未维持太久。在宣传《最爱》时，章子怡首次披露了她主动与 vivi 分手的原因，是双方的文化差异。章子怡是在一个温暖的、中国式的家庭里长大的，希望能与家人生活在一起，这与西方那种“两人世界”是截然不同的。虽然与 vivi 分了手，她却无怨无悔，仍留恋那段美好的时光。另一方面，她又不是一个爱情至上、小鸟依人式的女人，更看重女人的独立性：“以前我特别害怕孤独，不愿自己做事，自己在房间待着，自己出门旅游。但结束恋情后，我学会了面对孤独。其实

映式
8月

当一个人生活得很充实时，爱情也就不是唯一的了。我不想成为一个因为失去爱就失去了自我的人，我觉得女人只有独立的时候，才会更有力量！”

比辩解更重要的，是做好自己

从“泼墨门”、“诈捐门”到“沙滩门”，一个接一个的打击对章子怡来说确实不堪回首。那是她最灰暗的一段时光。她没有向谁道歉，也没有为自己辩解，而是把眼泪咽到肚子里，默默忍受着舆论的批评和误解，又默默出席着各种慈善活动，以求弥补自己名誉上遭受的损害。

或许没有多少人会真正关心这些“门”的来龙去脉、幕后真相。一个大牌明星出事了，倒霉了，一下成为媒体和公众茶余饭后的热门话题，这就足够了。而今，时过境迁，无论当事人还是媒体和公众，是否应当从中吸取某些教训，进行一些反思呢？例如一个艺人成名之后，应当如何正确对待自己，正确对待大众，正确处理“危机公关”；而媒体和公众对待艺人，是否也应尽量公正、客观和宽容些呢？

← 《最爱》海报

章子怡说过，她认为自己最大的优点是，有一股不服输的劲儿、一种坚持到底的毅力。这也是她能够走出困境，重新开始的精神力量。那个曾经傲立于艺术的金字塔塔尖、在各大电影节红地毯上风光无限、长久地占据报纸和杂志封面的骄傲的小公主，经历此次挫折之后，似乎已变得聪明和谦恭了：“我不是遥不可及的”，她笑言。这也使人想起她与郭德纲聊天时几度哽咽，泪洒《今夜有戏》现场的情景：那眼泪中，除了委屈可怜之外，肯定还有一种顿悟和自省吧！

← 章子怡、范冰冰在电影《非常完美》首映式上 CFP供图

舒淇 有爱，就说出来

魅惑的眼神，丰满的嘴唇，曼妙的身材，舒淇，总是散发着一种别样的韵味。

舒淇，从台湾出发，在香港成名，又在北京找到了人生的归宿（尚非爱情归宿）。她的星途一路坎坷，她的成功又令人匪夷所思。

舒淇幼时家境贫寒，为了赚钱养家，高中便辍学，当上了业余模特儿。1996年，香港导演王晶发现并开掘了她，让她主演了三级片《玉蒲团》、《红灯区》，一夜成名。不久，她又在尔冬升的电影《色情男女》中，以出色的表现，一举夺得香港电影金像奖最佳女配角、最佳新人两项大奖。颁奖典礼上，她喜极而泣，吐露心声：希望自己有一天能成为张曼玉那样的明星。从此，她的星运由黯淡转为光明，以不凡的天分、悟性和多年的修炼，完成了自己的一次华丽转身。2009年，她因在冯小刚的贺岁片《非诚勿扰》中饰演的空姐笑笑的形象，荣获第13届中国电影华表奖境外华裔女演员奖。同时获得这项提名的还有号称“台湾第一美女”的林志玲，结果，林志玲不敌舒淇，甘拜下风。

可以这样说，冯小刚是将舒淇引入内地影坛的恩人和伯乐，而《非诚勿扰》则成为她电影表演生涯的一个转折点。

启用舒淇，无疑是对冯小刚胆识和眼光的一个检验。冯小刚曾这样讲述他启用舒淇的缘由：“其实很多人都会有缺憾的过去，特别是有些女星，过去的已无法改变，但可以把握现在，让智慧去慢慢淡化那些缺憾，把光彩的、阳光的那

← 舒淇在电影《不再让你孤单》发布会上 CFP供图

一面展示给喜欢自己的人。这一点，舒淇已经做到了。”“舒淇是个非常通情达理的人，与许多女明星不同的是，她不是物质狂，对剧组的一般工作人员都很好，我想这是因为她的苦出身，至今保留着一份朴实。她是个自尊自爱的人，对许多事情都看得很透。最重要的一点是：她很善良，与葛大爷一样，都是善良的孩子。”

听到这样的评价，舒淇能不眉开眼笑、备感温暖吗？真是知舒淇者，非小刚莫属也！

2010年岁末，当《非2》进入首映倒计时时，舒淇披露了《非2》的拍摄感受、对合作伙伴的印象，以及她的婚恋观：“爱，是一种感觉和默契，”“有爱，就说出来，不要等失之交臂时才后悔。”

谈冯小刚：
最怕导演修改台词

《非2》是舒淇与冯小刚导演的第二次“握手”，问到再次合作有何感受，舒淇优雅地一笑道：“他还是跟以前一样，拍戏机动性很高，很有激情，只是压力比上次大了。因为是续集嘛，他就担心《非2》不如《非1》好。所以我们进入前期拍摄作业时，大家就开始琢磨，优哥也是，想找出一个感觉来。所以你会感到他有点紧张，在拍每一个场景，每一场戏时，都会反复推敲，一起开会讨论的时间就非常长……”

↑《非诚勿扰2》海报

最令舒淇“崩溃”的是，冯导思想活跃，经常更改台词，普通话刚刚学得有点意思的舒淇，练了很久才把一大段台词背下来；他一改词，舒淇就前功尽弃了，每当此时，她的情绪便有些低落。舒淇笑言，只要房间的电话铃声一响，她就会心惊肉跳，生怕导演又要修改台词了。但冯小刚和王朔两个“大聪”编写的台词，也让舒淇受益匪浅，其中给她印象最深的一句话是：“活着就是一种修行。”“因为我觉得人活在世上会遇到很多困难、苦难和难关，你要一个个去经历、去体验和解决，所以活着其实就是一种修行。你要怎样把自己修行到完美，我觉得这是一个很大的哲学话题。”

谈葛优：一个温柔可爱的人

有个流行的说法：铁打的葛优，流水的美女。这些年来，葛优在每部冯小刚的贺岁片中，都有美女相伴，缠绵悱恻，着实是艳福不浅。这回又轮到了舒淇。问舒淇如何评价葛优，舒淇也是赞赏有加："与《非 1》相同的是，他人还是一样的好；不同的是，经过《非 1》的磨合，我们演对手戏已经毫不拘泥，十分默契了。我觉得优哥是一个很可爱也很温柔的人，我很喜欢他的电影、他的戏和他为人处世的态度。我也从他身上学到了不少电影表演的经验和技巧。"

问她与"优哥"再次结缘，有否擦出新的火花，舒淇顽皮地摆摆手说："没有啊，没有啊，因为他太太一直在片场探班呀，反而我跟他太太贺老师混得蛮熟，毕竟女人之间会有很多共同的话题啦！跟优哥嘛，还是保持一些距离比较好！"

因为有了《非 1》中，葛优饰演的秦奋与舒淇饰演的笑笑的相识、相知、相恋，所以到了《非 2》中，编导一开始便让他们直接进入"试婚"阶段，此时双方已没有太多激情，更多的是平平淡淡地过日子。本来，冯小刚对二人试婚关系的规定是：秦奋对笑笑是爱情，笑笑对秦奋只是感情。而舒淇作为一个女性，却有自己独到的见解："女孩子只要她嫁了一个好老公，不晓得为什么，感情上就会比较专一；而男人却比较容易喜新厌旧，把爱情变成感情。女人不管结婚多久，哪怕变成老夫老妻了，心里还爱着她的另一半。我就抓住这个中间点，来演绎笑笑这个角色。"

← 舒淇在香港为某游戏网站担任游戏主角，并拍摄宣传写真。 CFP供图

谈姚晨、孙红雷：
一个是姐妹，一个是“戏精”

电视剧《潜伏》中的一对成功搭档姚晨、孙红雷，此番也加入《非2》，在片中饰演秦奋、笑笑的好友。舒淇之前与孙红雷在《天堂口》中有过合作，通过他认识了姚晨；葛优与孙红雷也是挚友，因此，四人戏里戏外堪称“铁哥们儿”。

“孙红雷就是个很厉害的戏精”，舒淇说，“我们一起拍《天堂口》时，他还蛮有小伙子的感觉；可是到了《非2》里，让我感觉他成熟稳重了很多。我就说，红雷，你好像变样了，然后他就跟我说，因为快到四十岁了，整个人要稳重一点。我问他是真稳重还是假装的，他说真的真的，真的稳重一点，该收收心啦。蛮好玩的！”

↑ 海滨，箩筐中的舒淇

对同为“大嘴美女”的姚晨，舒淇更是视为姐妹：“这次在《非2》中，我和姚晨演一对好姐妹。其实刚一见她，我就觉得我俩像一对失散多年的好姐妹，我们的祖籍都是福建，又都是大嘴。我觉得她是一个是非分明的人，一个执著的人。在片中，她用一种蛮自然、蛮松弛的方式表现人物，跟她一起演戏感觉很舒服……”

谈拍摄：感受大自然的神奇力量

《非2》是在风光旖旎的海南三亚亚龙湾一带取景拍摄的。片中，有一场秦奋与笑笑在吊桥上谈情说爱的戏，可难坏了舒淇——因为她有“恐高症”！于是，舒淇试探地问冯小刚可不可以用替身。冯导说，替身与你在形态上不可能一模一样，容易穿帮，还是你自己试试看吧！舒淇说，好吧，我只走一次，你不要让我走第二次。拍摄时，葛优走在前面，边走边告诉舒淇：“你只看我后脑勺就可以了，千万别左顾右盼。”一直跟她聊天，缓解她的紧张情绪，使舒淇终于顺利克服了“恐高症”，亲自完成了这场“高难度”戏份的拍摄。

在三亚度假村“鸟巢”，舒淇说她呼吸着“翠绿味”的新鲜空气，观赏亚龙湾的日出日落，夜里谛听着虫鸣和海潮的喁喁私语，一度蛮惬意的，产生了一种“度假”的感觉。而大自然也有“翻脸”的时候。《非2》拍摄期间，恰有台风登陆海南，每天海上都波涛汹涌，令舒淇感到了大自然的神奇力量：

“我们在三亚亚龙湾拍摄的几个场景，常常遇到台风天，狂风暴雨，电闪雷鸣，有时雷声就像直接劈在我住的‘鸟巢’的屋顶上一样，可怕极了，严重到我都会担心有生命危险。后来索性把被子蒙在头上，心想，睡着了也就无所畏惧了。”

谈爱情：有爱，就说出来

拍过很多言情片，又在《非1》、《非2》中与“优哥”体验了一把不般配婚恋的舒淇，对友情和爱情又有着怎样的理解呢？

关于友情，舒淇说：“我觉得友情不一定要常常见面、通电话、嘘寒问暖；当你有困难的时候，他能出现在你身旁，当你情绪不佳时他能安慰你，替你分担压力和痛苦，这才是真正的友情。”

关于爱情，舒淇说：“爱情，我觉得是一种感觉，一种默契。每个人对爱情的感觉都是不一样的：有些人觉得平平淡淡就是爱情的感觉，有些人觉得一定要有激情才是爱情的感觉。我觉得在你来得及对你爱的人说‘我爱你’时，一定要说出来，让对方知道，不要等到失之交臂时才去后悔。而这部电影都有表现这些东西。”

FREDERIQUE
FREDERIQUE
12
6

《非 2》中，笑笑与秦奋有过“试婚”的经历，那么，舒淇本人对此持何态度呢？

“我觉得不用试。以我的性格，更希望两人一起外出旅游几天，然后看彼此之间从性格到生活习惯合不合，合就在一起，不合就分开。如果两人已认识了一段时间还要试婚，反而会越试越不好啦！其实一对有情人终成眷属，就是前世结下的良缘。”

← 舒淇在香港出席商业活动。CFP供图

林心如
从“紫薇”到巾帼英雄的嬗变

13年前，一部由琼瑶亲自操刀主持的电视剧《还珠格格》风靡了海峡两岸，也成就了剧中小燕子、紫薇和金锁的扮演者赵薇、林心如和范冰冰。如今，三人都已成为万千粉丝的偶像、影视界一线女星，风光无限，炙手可热。其中，来自宝岛台湾的林心如已将工作重心放在大陆，涉足影视、歌手、主持、广告，不久前又成立了自己的工作室，向全能型艺人的方向发展。在表演上，她也不断突破自我，告别了乖巧温柔的紫薇，在《封神榜》中饰演妲己挑战妖媚；在《美人心计》中饰演窦皇后挑战年龄跨度；在《无人驾驶》中变身女骗子;在《非常完美》中成了“白骨精”……而天津卫视热播的新版《三国》中，林心如又化身为英姿飒爽的东吴郡主孙尚香。

在一部“男人戏”中，女人通常是作为点缀或花瓶出现的，《三国》则不同。不论中国古代“四大美女”之一的貂蝉，还是大乔小乔、郡主孙尚香，都与政治难逃干系，甚至在一定程度上影响了历史的进程。当已出场的貂蝉被指缺乏“闭月”之貌、大乔小乔不够“国色天香”时，即将现身的巾帼英雄孙尚香，是否会遭遇同样命运呢?

在接受老杜专访时，林心如坦诚表示，她很喜欢孙尚香这个舞枪弄棒的巾帼英雄形象，导演高希希也认为她的个性气质与孙小妹有相似之处，所以双方一拍即合；而在角色的塑造过程中，林心如十分敬业，用心揣摩人物的内心世界，完成了从“紫薇”到巾帼英雄的嬗变，“希望这个人物能给大家带来不同的感受，看到我不同的侧面。”

← 台湾美女林心如

林心如与范冰冰、赵薇在《还珠格格2》中

《三国》人物中，最喜欢周瑜

老杜：你饰演的孙小妹就要出场了，心情也有些紧张吧！前面出场的貂蝉、大小乔，观众普遍觉得不够漂亮，我想作为巾帼英雄的孙小妹大概没有这个问题，而且听说在新《三国》网上调查中，你的人气最高。首先请谈谈你与《三国》的缘分，你看过小说《三国演义》吗，最喜欢书中哪个人物？你最想演的是谁？

林心如：新《三国》中，男人戏还是比较重的，因为三国群英，群雄逐鹿，重点还在男人身上。但是女生的角色也不仅仅是花瓶和摆设而已，也有很多光彩和吸引人的地方。就拿孙尚香来说，虽然戏份不多，却是很关键的人物。我之所以接这个角色，也是喜欢孙尚香这个人物的个性，觉得她身上非常有戏。出演孙尚香一角真的说明我和《三国》很有缘分：因为小时候就有看过《三国》的原著小说，后来高导邀请我进入《三国》，我还特意重读了原小说来补习一下，毕竟小时候看的，有些淡忘了。在《三国》中，我最喜欢的人物应该是周瑜，当然我也很喜欢诸葛亮，不是有句话说“既生瑜，何生亮”嘛！我觉得他们两个人物我都很喜欢，但相对而言，我更喜欢周瑜，因为他和小乔之间的爱情很让我感动。至于我最想演的角色嘛，当然是孙尚香了，哈哈。

我与孙尚香个性有些相似

老杜:你是怎样走进《三国》剧组的,高希希凭什么选择你演孙尚香,他对你在戏里有怎样的要求和期待? 拍摄前做了哪些功课?

林心如:是高导打电话给我,说在筹备《三国》的戏。当然高导在一开始的时候可能想找我演貂蝉、小乔什么的,但我们见了面后,高导立刻决定让我来演孙尚香,因为他可能觉得我的个性气质里面,有很多和孙尚香比较相像的地方,而我自己也很喜欢孙尚香这个人物,所以就一拍即合。导演对我的要求和期待,我想我还算顺利完成了。因为导演希望我摆脱以往的银屏形象,演出一个有反差的、能展示多个棱角和层面的人物来。为了演好这个人物,开拍前我除了重新阅读原著外,还看了很多评论文章,还有孙尚香的人物分析,她和刘备的爱情,等等。在此期间,赵薇还打电话来,跟我交流探讨孙尚香的人物塑造问题,哈哈,因为她在吴宇森的电影《赤壁》里,演的也是孙尚香嘛!

老杜: 你是如何理解和演绎孙尚香这个人物的? 你与她在气质和个性上的相似之处,虽然有利于你塑造人物,但换个角度说,你是否担心会无意中流露出自己的本色,而影响对人物的深入开掘?

↑ 林心如在《三国》中

林心如: 孙尚香是个巾帼英雄,这一点是毋庸置疑的;她也是《三国》中很关键的一个人物,更是当时时代背景下的一个政治牺牲品。我想可以通过她的角度去反映国家分裂,连年战乱,百姓遭殃的历史状态,表达人民希望和平,希望安居乐业的美好愿望。

孙尚香的个性和我有些相似,同样都很豪爽,都有点男孩子气,说话直爽,不懂得拐弯,个性都比较鲜明。至于会不会在表演中流露出自己的本色,我不会担心啦,因为我是专业演员,到了镜头前,到了拍摄的那一刻,我马上就化身孙尚香了!所以那个时候无论说话,还是动作,都是由孙尚香的内心去理解、去支配、去诠释的。

揣摩巾帼英雄的内心世界

老杜：孙尚香是孙刘联盟的政治牺牲品，从被迫接受刘备到与之产生恋情，最后又随他而死，你是怎样把握人物心理变化层次的？如甘露寺吹箫救主，洞房花烛夜等重场戏中，你怎样运用眼神和肢体动作表现人物的情感和心态？

林心如：孙尚香是个个性鲜明、桀骜不驯的女人，同时又有着皇家血统，不能完全冲破封建礼教的约束。所以明知哥哥孙权要将自己当作政治棋盘上的一枚棋子，与刘备政治联姻，还是违心地答应了。这样的选择说明她深明大义，因为她虽然是个女人，但她知道自己是郡主，能用自己的婚姻换来哪怕短暂的和平，都是值得的。

说到感情，孙尚香和刘备毕竟是夫妻，所以一定会有夫妻的情分，而且刘备对孙尚香的感情又岂止爱情那么简单！我在把握这个人物的时候，会深刻揣摩人物的心境——面对哥哥，母亲，夫君，孙尚香很多时候都是很矛盾的，而这种矛盾需要逐一地、有层次地去分解：从对刘备的厌恶、反感、无奈，到逐渐把刘备当成自己的丈夫，再到后来，她在刘备和孙权的对立中，毅然选择前者，都是有一个心理变化过程的。

人物的心态把握好，就能很好地去诠释，去表演，包括眼神、肢体动作，都会配合特定的戏剧情境去展开。比如在拍甘露寺一场戏时，孙尚香躲在竹帘后偷偷观察刘备，这时就不能有太大的形体动作，只能用眼神和表情去传达她对刘备每句话、每个动作的反应，感受到他对联吴抗曹的真诚，钦佩他的宏图大志，所以才用吹玉箫的形式，确认了自己与刘备的秦晋之好。

老杜：你对自己饰演的孙尚香有何自我评价，能说是你表演生涯的一

← 仪态万方林心如

⬆ 林心如与章子怡在《非常完美》中

次突破吗？有没有留下什么遗憾？

林心如：这个孙尚香虽然戏份不多，但很饱满，应该值得大家去品味，同时也希望大家能给我一些评价。其实我这些年一直都有演不同类型人物的经历，但可能给大家留下印象比较深的还是温婉、善良的女性角色，希望这次孙尚香能给大家带来不同感觉，发现我林心如也能有很多不同的侧面。至于遗憾，当然有，就是戏份不多，很多有关孙小妹骑马战沙场的戏都没有很好地去展示，所以飒爽英姿的部分相对会少些。

喜欢和适应在大陆的发展

老杜：你是 13 年前从琼瑶的《还珠格格》中脱颖而出的台湾演员，此后一直在大陆发展，为何做这样的人生和艺术选择，是什么东西吸引着你？

林心如：应该说是顺其自然的，没有做刻意的选择。因为我觉得我在《还珠》后接的很多角色，很多电影电视剧，都是我喜欢的，也是我希望大家喜欢的，同时这也是我的工作。我觉得在大陆工作很开心，我很喜欢在这里工作。大陆的工作氛围好，有很多专业的工作团队，很多优秀的合作演员、导演，还有很多喜欢我、热爱我、支持我的影迷，这都是吸引我的地方。

老杜：听说你在大陆最不适应的不是文化差异，而是一个人背井离乡的孤独感。这么多年你是怎样挺过来的，请谈谈当时的经历和感受。

林心如：其实还好，我觉得没有什么太大的文化差异，我也并没有什么孤独感，因为我一年中大部分时间都在大陆工作，反而回台湾的时间比较少。我觉得在大陆生活挺适应的，北京，上海，广州，杭州，还有东北啊等等，很多地方我都很喜欢，因为各地有各地的文化、历史、风土人情，我都挺喜欢的，所以在内地工作很开心，并不苦。现在我的普通话也不是那么的台湾腔了，同时和内地的制作团队、导演、演员合作，也让我学到了很多东西。

⬆《美人心计》海报

渴望突破
展现多侧面的我

老杜：这些年来你拍的影视作品很多，而且在表演中极力避免将自己定型为紫薇那样乖巧温柔的角色，尝试不同类型甚至反差很大的形象。如《封神榜》中的妲己、《美人心计》中的窦皇后、《活该你单身》中的"剩女"等。谈谈你这方面的追求吧！

林心如：一般制作单位可能都想找我演你说的乖巧温柔的角色；但我也想突破自己，也想诠释更多类型、更多层面的人物，所以这两年我一直在尝试各种可能性。其实我还是有很多面的，只是紫薇的形象太过深入人心，所以要想突破的确是有点难度；不过我有信心，在接下来的时间里，大家会看到我很多不同风格的作品，很多截然不同的角色，到时你们就可以看到有很多侧面的我，也可以看到林心如原来也可以演这样的人物！

保持理智
不会瞬间堕入爱河

老杜：与你同时出道的赵薇、范冰冰所走路线不尽相同，有人说你走的是"中庸"之道，在乎工作，更在乎生活，能谈谈这方面的事情吗？

林心如：每个人都有每个人的生活方式，工作方式，对事情的看法，心态都不同。我是个很喜欢自然的人，不喜欢刻意和强求的东西，在工作和生活上都是这样：不想给自己太多的计划，太多的目标，那样太累了。做人，做事，最重要的还是喜欢、开心，不想给自己太多的束缚和压力。

老杜：你曾说自己至今没有男朋友，是因为过于理智，不够傻，为什么呢？你理想中的男人是什么样子的？

林心如：是啊，我确实在感情上偏理智，不会瞬间掉入爱河的那种，也很难有一见钟情。因为我会去考虑很多的问题，考虑对方是不是真的是自己想找的类型，是不是真的是合适自己的。所以想太多，分析太多，就很难遇见合适的。其实人与人相处是需要磨合、妥协、迁就的，再恩爱的人相处，都会有发生矛盾的时候，因为本身就是两个不同的个体嘛。至于我理想中的男人，很难说，也没有具体的条条框框，主要是感觉，感觉对了，什么都对了。哈哈。

老杜：祝你早日找到感觉。最后，请谈谈你新成立的工作室和今后的长远目标。

林心如：我想我现在的阶段该自己去主导做点事情了，所以想到了做工作室。因为演员是个很被动的职业，之前很多时候都是很被动地去做事情，去完成事情，所以现在时机也算成熟了，就可以尝试去做自己想做的事情。目前我还没有做规划，但我有很专业的幕后团队一起来帮我。我想在不久的将来，应该会给大家交份报告吧！

➡ 待字闺中的林心如

海清 与自己的灵魂谈恋爱

一头齐耳短发，一双灵动的眸子和一口伶牙俐齿，海清，在美女如云的演艺圈不算十分出众；而凡是看过她在《双面胶》、《王贵与安娜》、《蜗居》、《媳妇的美好年代》和《鲜花朵朵》中塑造的媳妇形象的观众，都会对她鲜明的个性和生活化的表演过目不忘。

海清，原名黄怡，南京人，12 岁到江苏省戏校学习舞蹈，17 岁分配到省歌舞剧院，两年后考入北京电影学院。在电影学院，起初她并不被看好，直到毕业时才有机会“触电”，参加了海岩剧《玉观音》的拍摄，从此片约不断。2008 年，一部触及社会敏感话题、引发人们深度思考的电视剧《蜗居》大火，海清也因在剧中的出色表现迅速蹿红，人气高涨，成为当年最炙手可热的荧屏女星。因为成功塑造了一系列当代媳妇形象，她被称为“媳妇专业户”，屡获殊荣。在第八届中国金鹰电视节上，她一举击败姚晨、闫妮等当红女星，获封新晋“金鹰视后”。

2010 年的贺岁片大战中，海清又出现在陈凯歌执导的古装大片《赵氏孤儿》中，饰演深明大义、以自己的生命为代价保护忠烈遗孤的程婴夫人。

在接受老杜专访时，海清畅谈了对这一角色的理解和塑造人物的感受。她说：好媳妇的定义，从古至今都是相似的；而她“每次演戏，都是与自己的灵魂谈了一场恋爱”。

← “国民媳妇”海清

好媳妇的定义，古今都是相似的

老杜:你是大家熟悉和喜爱的影视演员，以饰演现实生活中的各种“媳妇”形象著称于世。而即将上映的陈凯歌的古装大片《赵氏孤儿》中，你又成为春秋时期的程婴夫人，也就是葛优的“媳妇”。请问，你是怎样走进《赵氏孤儿》剧组的?据说陈导为葛优物色了三个“媳妇”，最终通过 PS 方式选中了你，是这样吗?

海清:这次能参加陈凯歌导演的古装大戏《赵氏孤儿》的拍摄，我感到很荣幸。为什么让我演程婴夫人? 我想是因为制片方看到我在荧屏上演过很多媳妇角色吧，就觉得我挺合适的，让我去试戏，然后就定了，挺自然的，没有那么多波折。而且，我也是刚听说剧组是通过 PS 的方法选的我，说是把我的脸和葛优的脸 PS 在一块儿，看谁和葛优最有夫妻相，呵呵，结果就选了我了。但我本人还真不是特别清楚这事儿，也不知道有三个候选人。我就知道我和葛大爷把戏服一穿上，周围人都说我俩般配，有夫妻相(笑)。而且我和葛优老师第一次见面就感觉不生，挺有默契的(笑)!

↑ 海清在《赵氏孤儿》中

老杜:第一次演古装戏，你心里有底吗?如何让自己穿越时空，进入两千年前那个纷乱血腥的年代，为此，你都做了哪些功课?

海清:说实话，我压力真不是特别大。虽然这是个古代媳妇，看上去好像挺遥远的，但其实在情感上并不陌生。我演的角色就是一个好妻子、好母亲，这个定义不论在古代还是现代都是相似的，我只要把握好这点，这个角色就有了。程妻是一个小人物，所以她的戏都是比较平实、自然的，也没打戏，不需要做额外的功课，我只要研读好剧本，把握好人物心态就可以了。

老杜: 你怎样理解和演绎程婴夫人这个角色，从外部形象到内心世界?

海清:程婴是一个草芥医生，所以他妻子的外形也要平实可亲，不

《蜗居》剧照

能穿戴得太华丽。陈凯歌导演给她的定位，就是要“接地气”。心态上，首先她是一个好妻子、好母亲，还会和丈夫撒娇，有点儿小娇妻的感觉。她有一个小铃铛，摇一下丈夫就会跑过来“伺候”（笑），特别受宠，开始一家人过得特别幸福。同时她也以丈夫为天，很听丈夫的话。后来他们一家人卷入到宫廷杀戮中，程婴选择了道义，而她自己也加入到挽救赵氏孤儿的行列中，最后还牺牲了自己。人物虽小，境界却很高。

表现母性的镜头意境很美

老杜：谈谈你与导演陈凯歌的合作吧！你说过，导演眼睛太毒了，容不得伪饰，也不许“表演”，并为此在片场“发飙”。你当时是何感受，如何达到他要求的；从与大导演的合作中，你获得了哪些经验和教益？

海清：没合作之前，我听说他在片场特别严肃，合作后发现，他只是对工作精益求精，对戏的把握严苛、精准，而在场外他是个非常随和幽默的人，很懂得照顾演员。他性情特别直率，你演得好他比你还高兴；演得不好他就直接说，哪儿不对重新再改。我记得有场戏是，我推门出去，镜头只是拍我的背影，根本看不到我的表情，他就说，“海清，你这感觉不对，有演的痕迹，要‘不演’。”可能演员都有那种起范儿的习惯吧，在学校时老师教我们怎么演戏，但出来以后发现表演的最高境界，其实是不演，即不露痕迹的表演。比如有一场摔孩子的戏，我怀里抱的是道具婴儿，站在一旁的葛优、王学圻以为是真孩子；我不动声色，“砰”地把孩子往地上一扔，他俩都吓傻了，一下狂叫起来（笑）。

老杜：前一阶段网上似乎特别关注你拒用“胸替”、亲自上阵拍摄哺乳镜头的消息，而你对“露与不露”也有一番独到见解，愿意谈谈这个问题吗？

海清：这个其实真没什么，就是出现在电影里的一个剪影，只是电影的一个噱头。我拍《双面胶》的时候，亲热镜头比这暴露多了。当初拍这场戏时也不是刻意要“露”，而且这场戏是隔着纱拍的，啥都没露，整个镜头的意境很美，主要想表现母性的一面，没有必要也不能找“胸替”。其实我露得最多的地方应该是我的后脖根子吧(笑)。

老杜:现在回过头来看,你给自己的古装处女作打多少分,有没有什么遗憾,今后还愿再接类似的影视作品吗?

海清:让我给自己打分呀?70分左右吧!表演其实就是一种缺憾的艺术,每次演完以后,都觉得自己能处理得更好,还有更多可以改进的地方,没有哪一次能说是完美的演出。今后如果有好的本子、好的角色、好的班底,正巧这个角色还适合我,我当然还会接呀,我接戏从来不考虑其他因素,只是看角色和本子。

每次演戏都是与灵魂谈恋爱

老杜:因为“媳妇”,你这两年频频获奖,“最受欢迎”、“最具人气”、“年度突破”等,还有不久前获得的“金鹰视后”,说明社会舆论对你的表演是高度认同的。从《双面胶》、《王贵与安娜》、《蜗居》,到《媳妇的美好时代》、《鲜花朵朵》,你成功饰演了不同类型和性格的媳妇形象,你觉得演媳妇是一种巧合,还是导演对你表演类型的思维惯性的表现?你最近接演了一些谍战片,是否也是为了突破人物和题材的局限性?

海清:其实我也演了很多其他类型的角色呀,像《玉观音》里的钟宁,《梅花档案》里的梅香,《壮志凌云包青天》里的武鹤等等,只不过正巧这些媳妇的角色有幸被观众记住和喜爱,才给大家一种“媳妇专业户”的错觉。以后我会继续演绎不同的角色,给大家看到更多面的我。而且接演谍战剧也不是为了刻意转型或寻求突破,我只是觉得本子比较适合,没想过那么多。因为如果我考虑太多外在因素的话,我当初就不会接《媳妇的美好时代》了,那时我已经塑造了很多成功的媳妇角色,周围都是反对的声音。要么说角色没突破,要么说会被定型,但我就是喜欢:我觉得我就是毛豆豆,这个角色非我莫属(笑)!事实证明我的决定是正确的,她帮我拿到了“金鹰视后”和得到更多人的认可。

老杜:我觉得你的表演自然松弛,比较生活化。尤其是你的台词,十分口语化,使人感到生动真切,你是怎样做到的?你如何观察和体验生活,并将其运用到表演实践中?

海清: 观察力和感受力是演员必备的两种素质,我觉得这是演员一辈子的功课。你要问我怎么演的,还真有些难回答,这个问题挺专业的,我就说说我自己的感受吧。我在演每

海清、吴秀波在《黎明之前》中

个角色的时候，都会把自己投入进去，我能感觉我就是她，她就是我。在演胡丽娟的时候，大家都说我是胡丽娟附体，如果导演不喊卡，我能一直演下去（笑）。有时候，我甚至能感觉到她的存在，我能看见她站在我面前，站在那儿挤眉弄眼地对我笑……每次演戏都是和自己的灵魂谈了场恋爱（笑）。

生活中的我最像毛豆豆

老杜：作为当红明星，你对频繁的拍戏感到兴奋和刺激吗，如何处理工作和生活的关系？

海清：其实大家可以算一算，我接戏还真不算太频繁，2008 年就两部戏；2009 年三部戏，其中一部还是客串，今年最多也就三部吧。拍戏是我的工作，原则上说我不算是工作狂，不过在遇到我特别心仪的角色时，我可能会兴奋，会有创作上的激情。虽然现在工作比较忙碌，但我仍然会定期休息一段时间。人把自己绷得太紧有时候不是好事儿，要适当地调节，在这方面我觉得我的工作团队还挺迁就我的（笑）。

↑ 海清时尚照

老杜：生活中的你是怎样一个人，能否自我描述一下？比如，你与你饰演的哪个人物比较接近，海萍，毛豆豆，还是三朵？又如，你喜欢走红毯之类抛头露面的活动吗？有哪些业余爱好？

海清：生活中其实我和大家一样都很平常，甚至有点无聊的（笑）。在我

↑《媳妇的幸福生活》剧照

← 若有所思

接到《媳妇的美好时代》的本子时，我就产生了一个强烈的感觉，毛豆豆是我，我就是毛豆豆。所以毛豆豆是我塑造的这么多角色中，与我本人契合度最高的。

关于走红毯之类的活动，我多少有点抗拒吧，说实话我到现在还在适应走红后的变化。我这人不太喜欢热闹，更享受一个个静静望着天空发呆的感觉（笑）。记得有次在尼泊尔的一个广场，没人认识我，我就坐在那儿看广场上来来往往的人群，观察他们的表情，揣摩他们在想什么。不拍戏的时候，我喜欢窝在家里看书或者看碟，它们都是我生活中必不可少的东西，能洗涤我的心灵，在我迷茫的时候给我力量。然后也喜欢养花和做饭。还一直想拥有一个属于自己的花园，在里面种花种草，很惬意的那种。有机会的话，我还想带着家人们一起出去旅行，那感觉应该也挺幸福的。

老杜：现在很多艺人都热衷于社会公益事业，谈谈你的公益理念吧！

海清：呵呵，这是个很好的事情，我会一直支持下去，而且希望每个人都能行动起来，关注社会公益事业，这样我们的社会就会变得越来越美好。尤其作为公众人物，要时刻与人为善、做善的代言人。我会尽我所能，随时随地，全力帮助有困难的人，自己也会从中得到快乐和满足！

← 裙裾飘飘

闫妮 魅力,源于一种成熟韵味

她没有天生丽质,没有一夜成名的幸运和机遇。从在剧团里跑龙套开始,她认真挖掘每个微小角色身上的光彩,一步一个脚印地坚持着、热爱着心中的艺术。

终于,在她年过而立之时,遇到了她生命中的贵人——空政文工团导演尚敬。他执导的一部别开生面、令人捧腹的古装喜剧《武林外传》,启用她饰演了风情万种的同福客栈女掌柜佟湘玉,从此,闫妮这个名字便广为大众所熟知,"佟掌柜"也成为男人心目中"老婆的最佳人选"。

几年前,闫妮曾随《武林外传》剧组与观众见面联欢,当时,她一身戎装,英姿飒爽,与剧中多情又搞笑的佟掌柜判若两人;而与活泼好动的姚晨站在一起,又多了几分矜持和老练。

三年中,她人气大增,多有斩获:不仅因在电视剧《北风那个吹》中饰演牛鲜花而摘取飞天奖优秀女演员桂冠,更在张艺谋的贺岁电影《三枪拍案惊奇》中,成为年龄最大的"谋女郎"。生活中的她,最像央视一套热播的电视剧《张小五的春天》中的张小五,从最底层开始打拼,在困境中寻找快乐,不言败,不放弃,长期坚持,终成大器。

在2010夏季电视剧互联网盛典上,闫妮又获颁最佳女演员奖,趁此机会,老杜对她进行了独家专访。

佟掌柜,使她成为男人眼中的"西施"

老杜:大家都知道你的演艺生涯是从西安起步的,听说你小时候的理想并不是当演员,大学考的也是财经学院。那么,你后来是怎样到了空政文工团,成为一名演员的呢?

← 成熟韵味 CFP供图

闫妮：我小时候也不是不想当演员，是家里没有干这一行的，自己对艺术也是懵懵懂懂，甚至不知北京还有电影学院。是我的一位高中同学觉得我适合演电影，便帮助我报考过电影学院。结果我考上了西安财经学院，学了两年我就当兵了，在兰州军区战斗歌舞团工作不久就到解放军艺术学院表演系学习，毕业后分配到空政话剧团当演员。

老杜：在空政话剧团，你第一次"触电"是在《公鸡打鸣，母鸡下蛋》中，听片名就像喜剧。是否从这部戏中，尚敬导演发现了你身上的喜剧细胞?

闫妮：这部数字电影是高希希执导的，表现的是一个村妇竞选村长的故事。我第一次与尚敬合作，是在他的情景喜剧《健康快车》中。后来他拍《炊事班的故事》，一天一集，周期很快，一般演员适应不了，正好尚敬碰上我了，邀我客串剧中一个角色。他对我的表演比较满意，所以在筹拍《武林外传》时，就把佟湘玉这个角色给了我。

老杜：第一次演《武林外传》这样的大戏，又是古装喜剧，演员的表演从面部表情到肢体动作都需夸张变形，放开来演，这对你应是一个大的挑战吧?

闫妮：对，相当于我第一次做一部大戏的主演，开始确实压力很大。但一穿上佟掌柜的衣服，置身于同福客栈这个特定环境里，就比较容易找到人物感觉，表演上也逐渐放开了。因为《武林外传》不同于一般搞笑的闹剧，情节上有一定的真实性、合理性，所以也要在人物塑造上下工夫，也要对台词、排练，与导演和对手交流，共同寻找角色的生存状态和感觉。

风情万种的"佟掌柜"

老杜：你演的佟湘玉，有尖刻甚至癫狂的一面，但更多表现出的是女性的温柔、体贴和迷人韵致，所以很有观众缘，成为男人心目中的"西施"和"老婆的最佳人选"，你怎么看待这个现象?

闫妮：因为戏里有一集写佟湘玉快死了，一直没爱上她的白展堂对她说了很多贴心话，如"你天生就是一个老婆脸"，观众才会产生这样的联想吧！记得黄宏有一次对我说：闫妮，你长得太普通了；因为你普通，可能将来适合你扮演的角色也多，比如农村妇女、城市白领、女军人，你演观众容易相信、认可，比较符合大众的审美。而一个特别漂亮的女演员，反而会有局限性。

老杜：你因《武林外传》而一举成名，导演尚敬应是你生命中的贵人吧？

闫妮：对，这是一定的。我第一次当主演是在高希希的戏里，第二次是在尚敬的戏里，他们都是空政电视艺术中心的导演，也都是我的贵人。起码演了《武林外传》后，我有自己的代表作了。而且在拍摄过程中，尚导对我帮助很大，使我在表演上有了很大提高。他这个人很灵动，在现场会想出很多好点子好主意，他对喜剧的理解和表现是独特的，适应现代人审美情趣的。他从不刻意胳肢人、逗人笑，而是以一种发自内心的幽默感染观众，即使夸张也不失分寸。

↑《北风那个吹》剧照

《北风那个吹》，吹出个飞天视后

老杜：2009年第27届飞天奖把优秀女演员奖授给了你，因为你在电视剧《北风那个吹》中，成功演绎了牛鲜花这个角色。这部戏是高满堂根据自己在农村插队的经历创作的，他为什么会选择你来饰演牛鲜花？

闫妮：《北风那个吹》筹拍时，高满堂认为我比较适合牛鲜花这个角色，但导演觉得我是演喜剧的，演正剧有点不靠谱，所以就相约见了一面。一见面我就毛遂自荐，说我非常喜欢牛鲜花，你们就让我来演吧！导演见我创作欲望这么强烈，也就点头答应了。

老杜：你为什么这么喜欢牛鲜花呢？

闫妮：因为我们出生的那个年代，就是70年代，对知青生活并不陌生，而且很有情感，比如我表哥表姐就是知青，我听过他们讲下乡插队的故事。《北风那个吹》剧本写得也好，牛鲜花的性格、她的生存状态，都让我产生了浓厚兴趣。

老杜："飞天奖"对你的表演是一个肯定，那么你个人通过这部戏有哪些收获呢？

闫妮：最起码以后导演们不会怀疑我演正剧的能力了，也不会把我仅仅定型在喜剧表演上了。

老杜：我看过一篇报道，题目是"闫妮受骗演《斗牛》，调侃黄渤下狠手"，能谈谈你参演电影《斗牛》以及与黄渤合作的趣事吗？

闫妮：是这样，开始黄渤给我打电话说："闫妮，你来演个戏吧，管虎的《斗牛》，只拍三天，还是女一号！"我跟黄渤是好朋友，所以没看剧本就去了，结果一拍就拍了30天，而且没什么报酬，我就骂黄渤："你这个人，真能忽悠！"剧中有一场我和他打架的戏，拍了很多条，他也被我打了很多遍，最后把他都打晕了，我却觉得挺好玩的！

⬆ 阎妮与立威谦在《张小五》中

张艺谋为我推开了电影的大门

老杜： 你想过有一天会成为“谋女郎”吗？张艺谋为何在《三枪拍案惊奇》中启用你做女主角，在大导演手下拍戏，有何特殊经历和感受？

闫妮： 在此之前我和张艺谋没有过接触。大概是他看了《武林外传》，觉得我比较适合扮演老板娘吧。还有尚敬也向他推荐了我。张艺谋有一个非常专业的团队，编、导、演，摄、美、录，都是一流的。演员与这样的班底合作，不仅是一种幸运，也是一个学习和提高的机会。自从我拍了“三枪”，张艺谋导演为我推开了电影的大门。此后电影导演找我的多了，我也有了这方面的市场。

老杜：“三枪”公映后受到许多批评，认为它太低俗，有失大导演的水准，你觉得心里服气吗？

闫妮：我觉得张艺谋一直在进行艺术创作，不断思考和探索新的领域，就像我们演员，不愿将自己固定在某种角色类型中一样。可能在喜剧领域里他是陌生的，但他勇于探索的精神是值得肯定的。如果不成功，他也一定会从中吸取教训的。

与“张小五”最贴近，在打拼中寻找快乐

老杜：不久前，观看了央视一套热播的电视剧《张小五的春天》，剧中的张小五是为你量身打造的吗？如果不是，你们是如何不期而遇的？

闫妮：张小五不是为我量身定做的，但她最像我。首先，张小五的名字就很吸引我。为何叫小五？因为是兄弟姐妹五个，她行五，我想家里孩子多，故事肯定也多，挺感兴趣的，所以就接了。

张小五的经历和我最贴近。她是从最底层去打拼的，一点一点做起；我也是这样，

⬆ 阎妮在电影《斗牛》中

从最初的跑龙套，一步步走来，面对困境不言败，不放弃，总是乐乐呵呵的，而且善于与周围的人友好相处。这对现在的年轻人是有启发作用的。现在的小孩都是独生子，到社会上创业也好，打工也好，都需要有朋友帮忙，都不能脱离各自的团队。

老杜：有人说，剧中你与立威廉的相恋是一种"土洋混搭"，你从年龄到形象都与立威廉有些差异，开始时有过不自信吗？

闫妮：这个倒没有。因为我这个人、我这张面孔，适应性比较强嘛。开始，别人都认为这两个人是不般配的，不可能走到一起。其实，你仔细想想，立威廉演的那个人，从小没了母亲，找到一个大姐式的爱人，可能更有安全感。生活中这种事情挺多的。

魅力，源于一种成熟的韵味

老杜：你说过，女人的美，除了容貌之外，魅力和智慧也是不可缺少的；魅力需要时间的陶冶，更需要智慧的滋养。能谈谈这方面的体会吗？

闫妮：这个……我也忘了是不是我讲的。人们可能见到我会有这样的印象吧：表面上糊里糊涂，但是个有大智慧的人，所谓"大智若愚"，只是我没觉得自己有什么大智慧。

老杜：你对魅力怎么看？有些演员外观上很帅、很漂亮，却未必有吸引人的魅力。

闫妮：我觉得是这样的：一个演员通过自己的表演所传达出的东西，一定要是真诚的、能打动人心的；另外，女人每个年龄段都会有每个年龄段的美，对此一定要有充分的自信。

老杜：我觉得你饰演的角色之所以讨人喜欢，是因为你身上有一种成熟的韵味。

闫妮：首先我演这些角色时，已有一定年龄了；其次，我演的角色经历丰富，性格饱满。如佟湘玉的人生经历就比较复杂：作为老板娘，与白展堂有情感上的依附，同时又是对方的掌柜，平时对他吆五喝六的；而对大嘴、秀才说话，又是用另一种方式。对小贝，她既是嫂子，又像母亲，有母爱的成分在里面，所以呈现出的是一个丰富的、有韵味的女人形象。

↑《三枪拍案惊奇》主创合影

大器晚成，乃长期坚持的结果

老杜：有人说你是“大器晚成”，你能分析一下自己成功的原因吗？是一步一个脚印，还是抓住机遇，让积蓄已久的能量瞬间释放？

闫妮：对一个成功者来讲，要有自己的才华，有一定的思想，有对事业的热爱，有了这些因素，机遇来了自然会被抓住。我觉得每个演员经历不同，处境不同，有人一上来就能担纲大主角；对我来说就是坚持，走一步看一步，不会一下子定位很高——因为我没有令人羡慕的靓亮的外貌，所以我会比较理智，比较现实。

老杜：你如何处理事业与生活的关系，对今后的人生有何规划？

闫妮：我 18 岁入伍，开始过集体生活，工作是我一直热爱的，并从工作中找到了很多乐趣。然后拍戏之余，基本是照顾家庭和孩子。平时喜欢看看电影，看看碟，约朋友聊聊天，此外就没有太多别的奢望了。可能我这一辈子就做这一件事——当演员了，因为我确实很喜欢，从未想过要放弃。

陶红 拍戏就像谈恋爱

在影视界,有两个陶红(虹),音同字不同:小陶虹是彩虹的虹,大陶红是红色的红;小陶虹出身于花样游泳运动员,在《春光灿烂猪八戒》中,与“猪八戒”假戏真做,终成眷属,大陶红则因电影《生活秀》摘取金鸡影后桂冠,至今孑然一身,名花无主。

在电视剧《乔省长和他的女儿们》中,我们又见到了大陶红。依然是端庄靓丽的面容,依然是个性鲜明富有魅力的表演,所不同的是,如今她已步徐静蕾、范冰冰的后尘,正式成立了“陶红电影工作室”,以总监制兼主演的身份,推出了工作室的“处女作”《米香》。

陶红携《米香》赴法国进行后期制作前夕,欣然接受了老杜的独家专访。

懒人,却给自己找了个“累活儿”

老杜:感谢你出国前拨冗接受我的访问,《米香》为何要到法国做后期?

陶红:因为我拿到了法国南方电影基金会的一个奖。他们是从一百多个国家、一千多部电影中选中《米香》的,然后为我提供了到法国做后期的资金和便利。当地发行商对《米香》感兴趣,为这部片子打开欧洲市场创造了条件。对成立工作室后第一次拍电影的我来说,这当然是一个惊喜。

⬆ 陶红与陶泽如在《生活秀》中

老杜：记得你说过，只会做演员，不会当导演，因为你喜欢相对单一的工作，不愿让自己过于操心劳累。而现在，你却成立了陶红电影工作室，又当监制，又当主演，为何改变了自己的初衷？

陶红：其实正如你说的，我以前比较懒，不愿把自己弄得很辛苦。之所以要成立工作室，也是想要拍一些自己真正想拍的东西。我有几个朋友，有编剧、导演、制片人，一起聊起关于电影的话题，他们认为我对电影有一种独到的见解和思路，于是希望由我牵头搭建一个平台，做我们喜欢做的电影。当时我也没想那么多，就觉得挺好玩，被那几个朋友给“忽悠”的（笑）。三年前我们就开始做这件事了。中间有一个戏要拍，又Pass了。我希望先把电影拍成，再成立工作室。所以，直到《米香》拍摄完成，我们才在北京召开了新闻发布会。你说得很对，我以前是个怕麻烦的人，说过肯定不做导演；但监制与导演还是不同的，监制只管艺术上的总体把握、搭班子等，相比导演还是轻松一些。但真正当了监制后才发现未必如此（笑）。

老杜：听说你监制和主演《米香》时，一天才睡四个小时的觉，把自己折腾得够呛。

陶红：哪儿呀，一天才睡三小时！每天拍完戏，回来看回放；不满意的话还要推倒重来。制片人比较怕我（笑），说你就多拍几种方案吧，省得再返工了！可我是个追求完美的人，想尽可能做到不留遗憾。

⬆ 陶红在《米香》拍摄现场

老杜：为何选择了《米香》这个题材？

陶红：原来有一个本子，都要开拍了，有一天我忽然对我的制作团队说，我觉得这个戏不行，咱不拍了。几乎所有人都崩溃了，说为什么？我们都准备好了！我说直觉告诉我，这并不是我想要表达的东西。后来，有导演邀请我主演一部根据获奖小说《嫁死》改编的电影《米香》，我一读剧本就被深深打动了，于是一拍即合，工作室参与其中，共同完成了《米香》。这是一部描述人性挣扎在善与恶的瞬间，在一个女人身上承载着天使与魔鬼般巨大反差的故事。《米香》为演员提供了充分的表演空间，我认为是继《生活秀》之后，最值得期待和尝试的作品。

老杜：既然名为"陶红电影工作室"，是否应有为你量身定做的影片？

陶红：我的工作室主要是靠电影作品说话。如果只为我量身打造，我怕有局限性。当然，如果有适合我、打动我的角色，我也不会放弃。我的团队希望由我来主演，一来用着方便，二来是省钱(笑)。

越难啃的骨头越爱啃，有"自虐"倾向

老杜：你学过舞蹈，演过话剧，拍摄过许多影视作品。给我印象最深的是电影《生活秀》，我觉得影片中的女主人公特别适合你，泼辣干练，风情万种，很有女人的韵味。你也因此获得金鸡影后殊荣。迄今为止，你最满意的是否仍是《生活秀》，为何此后你没有乘势而上，拍出更有影响力的电影？

陶红：《生活秀》成功了，所以大家才关注。我希望大家更多关注我的《米香》。我觉得《米香》在某种程度上要难于《生活秀》。《生活秀》已经是一块难啃的骨头了，《米香》就更难把握。因为离我相差特别远。你觉得《生活秀》适合我，其实也离我蛮远的。《米香》对我而

陶红参加公益活动

↑ 电影《米香》剧照

↑《傻春》剧照

言是一个新的挑战，我也想通过这部影片，让大家看到另外一个陶红的表演。

老杜：我从你的新浪博客视频上看了一下《米香》的片花，故事好像发生在陕北一带。你为什么认为这是一块难啃的骨头？

陶红：这次演的是一个彻底的村姑，而且没有化妆，素面朝天，造型蛮土的，而且还要讲四川话。虽然我是重庆人，但6岁就离开家乡去了宁夏，四川方言还要重新学。《生活秀》我准备了半年，《米香》也准备了半年。在陕西和山西交界处体验生活，感受人物。她离我太远了，与我的生活经历和思维方式风马牛不相及。我完全没有接触过这个层面女人的困惑与挣扎。我试着去接近她，了解她，深入她的内心世界。这个人物非常打动我，虽然是块难啃的骨头，却蛮有挑战性。

老杜：你喜欢面对挑战吗？

陶红：越难啃的骨头，我越爱啃（笑）！没什么难度的倒觉得索然寡味。就像《米香》似的，难成那样儿了，拍摄过程那么挣扎、崩溃，我反而很享受这个过程。我这人在表演中有点自虐（笑）！

拍戏就像谈恋爱
喜欢才有激情

老杜：正在播出的电视剧《乔省长和他的女儿们》，你饰演了乔省长的大女儿乔媛，你是如何理解和塑造这个人物的？

陶红：我在《乔省长和他的女儿们》中饰演的乔媛，是一个任劳任怨、外柔内刚的刘慧芳式的人物。父亲乔省长公务繁忙，母亲孱弱多病，她带着三个妹妹，担起半个父母的责任。为了顾全大局、顾全家庭，她连选择婚姻都不能完全按自己的意志行事，违心地嫁给一个自己不爱的男人。后来父亲离职，大年三十，她收到丈夫的离婚协议书，母亲病重并离世，她忽然从天上掉到地下，饱尝了世态炎凉。但她是个不服输的女人，逆境中，她个性中“内刚”的一面被激发出来，变得特别强势。为了她的父亲和家人，办企业，办公司，欲重新夺回失去的那些本应属于她的东西，结果走向了反面。我喜欢这种侧面很多、变化很大的人物，这是我最看重的。

老杜：你对角色的选择有严格的标准，所以接戏不多，不像有些一线演员，一部接一部地拍，有时甚至身跨两三个剧组，十分“高产”。

陶红：我做不到。我一年只接一部电影，或一部电视剧。可能我比较挑剔吧（笑）！我演的戏必须得我喜欢，必须能打动人心。我永远觉得，拍戏、选剧本就像谈恋爱，喜欢才会有激情。

老杜：据说你曾想演一个反面人物？

陶红：对对对。最近有个剧本找我拍，我一直有些犹豫，因为那个女人太坏了，坏得我看着都烦，都恨（笑）。我就怕一味地坏，坏得没有人性，没有道理，成了“老鼠过街，人人喊打”（笑），我就不能接受了！

老杜：将来，你有无可能演一个年龄跨度大的人物，从年轻演到衰老？

陶红：已经演了，《纯真岁月》，还没播呢。是欧阳奋强（87版《红楼梦》中贾宝玉的饰演者）执导的。我演一个知识分子女性，从新中国成立前的热血青年，经历了几十年的时代大变迁，每次政治运动都牵涉她。因为我父亲就是大学教授，我对他们那一代人的心态多少有些了解。婚姻也很不幸；想爱的没走到一起，不爱的厮守终身。命运中有许多遗憾，也有许多坚持和坚强，演得十分过瘾。总之，表演永远是一个活到老、学到老的过程，永远有新的空间、新的发现，我很享受这种快乐（笑）！

女人，要学会享受生活、欣赏自己

老杜：现在，我们换个轻松的话题，谈谈生活吧！有人说，你是一个有情调、有品位，能从生活中寻找乐趣的女人。在你看来，女人是花做的，每个女人都诠释着属于自己的花，而你最偏爱的是玫瑰？

陶红：(笑)。其实我妈妈比较喜欢花。家里永远堆满了花花草草。尤其是冬天，仿佛有一种生命的力量弥漫在空气中。这点我比较像她。每天早晨一醒来，看到那些美丽的花朵，心情也会绽放开来。热爱生活，热爱自然，你活着的每一天都要保持快乐的心态。因为我们这一代人，整天忙于工作，忙于拼搏，不时需要停下脚步，感受一下生活，感受一下身边美好的事物。几年前我就意识到了这一点，所以经常给自己放放假(笑)，充充电。如果不放慢脚步，也不会有自己的工作室，拍自己想拍的电影。我有时常想，我做演员到底是为什么呢？是为了越来越红，还是要表达自己的某种理想和情感？干了这一行，总要对自己、对社会有个交代吧！

老杜：都说你是影视界的"时尚美女"，爱美，穿衣打扮有品位，我印象最深的是你的一句话："适合就美。"

陶红：对对，我觉得时尚对每个人的意义是不同的，不是今年流行什么，你穿上就一定好看。一个有品位的女人，一定要根据自己的气质和修养，选

东方风韵——陶红在蒙特利尔电影节走红毯

陶红在好莱坞，与“玛丽莲·梦露”合影

“绿巨人”

择合适的色彩、款式，并加以合理搭配。我从不觉得“女为悦己者容”，我穿衣打扮是为了自己，自己觉得美，觉得快乐就可以了。像我平时也不爱化妆，穿些有型有款、搭配合理的衣服，让自己赏心悦目，开心舒服，这是我比较看重的。哈，我觉得女人如果自己都不会欣赏自己，还有谁会欣赏你呢(笑)？

如果有一天不干了，就去周游世界

老杜：据说你喜欢旅游，向往自由自在的流浪生活，就像吉卜赛女郎那样？

陶红：对对，如果有一天我不干了，就去周游世界，这可能是许多人的一个终极梦想。因为现在出去旅游，最多一周时间；时间一长还有许多事情等着你处理。退休以后就有时间了(笑)。

老杜： 然后写写回忆录什么的。你出过书吗？

陶红：出过一本，是别人写的，叫《别样陶红》。

老杜：你如何看待事业与生活的关系？

陶红：你要让我完全工作，我会疯掉(笑)，完全受不了，肯定不行！这也是多年后才想明白的。我决不会从一个剧组到另一个剧组，为了挣钱而接戏。钱是永远挣不够的。但你每生活一天，都有一天的快乐和收获，这是任何金钱物质都换不来的！

“黑白配”

陈数 优雅气质源于修炼

春日的一个黄昏，在北京三里屯一家弥漫着复古气息的幽静咖啡馆里，她选择了一个临窗的位置，将脱下的黑大衣和花丝巾随手搭在椅背上，然后款款落座。呈现在老杜面前的，仍是那张端庄俏丽的面庞和一种难得的优雅从容。所不同的是，她已除去荧屏上"白流苏"的铅华，成为生活中不施粉黛的陈数了。

初识陈数，是在那部题材生僻且有些诡异的电视剧《暗算》中，她饰演了二十世纪五十年代一位精通数学的年轻姑娘黄依依，在破译密码过程中与柳云龙饰演的男主角发生恋情的故事。一身朴素得近乎土气的装束，仍遮挡不住从她身上散发出的一种独特气质和风韵。而在电视剧《倾城之恋》中，她饰演的张爱玲笔下穿旗袍的海派少妇白流苏的形象，亦获得了广大观众的好评。

陈数，已成为观众和媒体的"新宠"。2008 年，她在《暗算》中塑造的黄依依，与凯丽的刘慧芳、欧阳奋强的贾宝玉等一起，跻身"改革开放 30 年十大经典荧屏人物"；"年度艺术红人"、"中国职场女性榜样"、"中国第一青衣"等美誉纷纷落到她的头上。同一年，陈数主演的话剧《日出》全国巡演 40 场，她号召自己的影迷"树枝"开展义卖活动，又因此获得一个"年度爱心奖"。

← 优雅从容

最担心来自文学界的批评

↑《暗算》剧照

老杜:《倾城之恋》播出后，你饰演的白流苏受到各方一致好评。冯骥才夫妇很喜欢这部电视剧，并高度评价了你的表演；网民说你把白流苏演活了，成了新“万人迷”；我在观赏过程中，也感觉编导似乎有意模仿了好莱坞经典电影《乱世佳人》的风格和味道。

陈数:是吗?我还没看到网友的评论。很高兴观众能接受我的白流苏，尤其是冯老师这样的大家的肯定。你说《倾城之恋》有点《乱世佳人》的味道，对，我们刚看剧本时就议论，邹静之老师的改编，前半部像《豪门恩怨》，后半部像《乱世佳人》或《魂断蓝桥》(笑)。

老杜:据说《倾城之恋》播出前，你曾担心观众，特别是“张迷”们能否接受你演绎的白流苏，现在得到大家认同了，一块石头总算落了地吧?

陈数:更准确地说，这个戏我并未担心观众会不喜欢，主要是担心来自文学界的批评。因为《倾城之恋》是张爱玲最具代表性和传播力的作品之一，两万多字的小说要改编成几十集电视剧，文学界会对两者进行比较，一定会有批评和挑剔的声音。忐忑之心更多来自这个方面。

↑ 陈数在新《上海滩》中

从琼瑶式浪漫到张爱玲的直面现实

老杜:本身就是个地道“张迷”的你，是何时喜欢上张爱玲小说的，书中人物的哪些东西打动了你，勾起你的创作欲望?

陈数:6 年前我第一次读张爱玲的《倾城之恋》时就想，这个小说要编成戏会很好看，是很传奇的一个故事。张爱玲看世界、看人性的态度就非常张爱玲(笑)。同样是爱情故事，小姑娘时的我们会看琼瑶的，她对爱情的描写浪漫、美好，更接近理想主义的层面；而张爱玲对《倾城之恋》

中这对男女的描述，更多的是现实、自私和不够光明的心理活动。尽管那时的我与今天的认识深度不同，但依然会感叹说，啊，会有作家这样描写男女产生情愫后的内心活动。虽然令你感到意外，却是真实的客观存在。我一直持有这样一种观点：随着我们一年年在成长，对世界的了解不仅更广泛，也更真实。我们不能回避一个真实的世界——哪怕不那么美好，甚至有些残酷，你也必须面对它，接受它。当然我们对美好事物的追求不能改变。回到刚才的话题，《倾城之恋》在让我感叹的同时，也给我一个指引，让我面对真实的世界、真实的人性，从幼时琼瑶式浪漫爱情的迷惑中摆脱出来。所以当时我就想：如果《倾城之恋》能拍成戏，白流苏蛮适合我的（笑）！

邹静之选中我，是《鲁豫有约》搭的桥

老杜：6 年前你幻想能演白流苏，6 年后梦想成真，邹静之为何选中你出演白流苏，你与她有相似之处吗？

陈数：邹静之是看了我的一期电视采访《鲁豫有约》后，可能觉得这个演员身上，有符合他笔下白流苏的气质、形象和状态的东西吧！这也是一种机缘，我真的很感激他。要说我与小说中的白流苏，几乎没有一点相似之处（笑）！小说中的白流苏，在封建礼教的桎梏中，没有心灵自由，为了自我保护步步为营，难免自私狭隘。而改编后的白流苏，身上多了些善和美，性格更丰富，也更招人喜欢，从而也更符合电视剧这种艺术形式和观众的接受心理。电视剧中的人物可以有缺点，但当一个人全身都是毛病时，还怎么看

陈数、黄觉在《倾城之恋》中

呢(笑)? 尤其是由活生生的演员来演,比文字描述具体、直观了许多,必须做出这样的调整。

老杜:正式开拍前,你做了哪些案头准备?

陈数:读小说,看剧本,积累有关海派民俗文化的资料。张爱玲小说不适于改编影视作品的说法,是大家公认的。她的小说是跳跃式推进,虚虚实实,会让读者产生许多想象。为了将文学形象转换为视觉形象,一定要有地域文化的展示和再现。

投入海派文化的环境气场中

老杜:在《倾城之恋》中,你把一个在动荡中求自尊,在夹缝中求生存的二十世纪三十年代上海新女性形象塑造得栩栩如生,魅力无限。你从海派文化包括民俗民风中汲取了哪些营养?

陈数:事实上,我在这方面做的功课,就像我们今天喝的绿茶、花茶,吃的瓜子,可能与我的戏没有直接关系;但这是我体验生活的一个途径,会让我形成一种心理感受,或记住一种氛围、气场,没准儿会用到我戏中的某一个状态里去。我试图把自己放进老上海的特定氛围中,熟悉和了解海派作家描述过的某条街道、某幢建筑,打听里边曾经住过的人、发生过的故事,以及作家的观点、感触等。比如说旗袍,不同身份、年龄、性情和环境中走出的女人,穿上的效果会大不一样。我穿的一定要是我身上的旗袍,而非谁穿都可以的旗袍。同样,一只小小的耳环,化妆师找来的,我戴上蛮好看,但戴在白流苏耳朵上,可能就像暴发户了(笑)! 她是否要从另外的层面去讲究? 文字描写是虚拟的,模糊的,到了电视剧里就需要十分具体细腻的再现。

老杜: 大冯说你演的白流苏是这样一种女人:人还年轻,但心已很老;还有就是心理刻画上含蓄内敛,留有余地。

陈数:我理解冯老师的意思,由于白流苏特殊的身世和性格,她的心理活动一定是隐蔽的,不可能一览无余,否则就不是白流苏了。这也是上海人的一个性格特征。他们无论说话、谈生意,待人接物,都挺迂回的(笑)。比如剧中张芝华饰演的许太太,她让我去干一件

⬅ 陈数复古装

➡ 从《倾城之恋》到《铁梨花》,陈数的演技日益成熟。

事情，我说许太太你去吧！她却甜甜地笑着，态度特别中性，似是而非的，令人捉摸不透，然后柔柔地回你一句：“还是你去吧（笑）！”我觉得这是特别典型的上海女人。有时所谓“味道”，就是在“迂回”中表现出来的。

将创作元素装进身体里混合、揉捏

老杜：影视艺术是导演的艺术，演员相对而言是被动的。但一个好演员、用心的演员是一定会发挥自己的主观能动性的。你在《倾城之恋》中，有哪些自己的发挥和创造，包括眼神、台词和形体动作？

陈数：挺多的（笑）。导演很少要求我具体怎么演，也从未要求我必须达到一个什么样的水准。他们相信我的专业精神和表演能力。能演绎张爱玲笔下的人物是我的荣幸，我不能仅仅完成任务而已。我每遇到一个角色，尤其是经典名著中的角色，如陈白露、白流苏等，都希望自己有足够强壮的能力去驾驭它（笑），虽不敢说，陈数是唯一最棒的人选，起码不会让观众失望。我把海派文化的所有细节吸收、思考后，将这些元素装进我的身体里混合、揉捏（笑），然后表现出来。《倾城之恋》是我拍戏以来塑造人物最细腻、最有分寸的一次，考核了我的表演控制能力。对一个成熟的演员来说，这是一项重要的衡量标准。

老杜：你能否再举例说明一下，戏中哪些情节的设计，是你比较得意的？

陈数：嗯，得意不敢讲，比方小说中有一个提示：范柳原见白流苏时，白流苏总爱低着头。这是提示，也是限制或

规定动作。剧中有一场戏，白流苏初到香港，在浅水湾饭店与范柳原有一段简短对话。范柳原在引述一句诗词“最难风雨故人来”时，说错了两个字。白流苏当即说道：“很久不见，想不到范先生的国文大有长进，但好像错了两个字……”在这段表演中，光用低头的动作显得有些刻意；所以试戏时，我设计了一个手向耳后轻抚头发的动作，似乎不经意间纠正了一下范柳原，挑剔而无恶意，避免了对方的难堪，充分体现了海派文化中迂回婉转的特点。记得那天试完戏，黄觉悄悄对我说：你刚才的动作让我心中怦然一动（笑）。

优雅气质源于后天的修炼

老杜：从《暗算》开始，你表现出一种在其他女演员身上并不多见的优雅气质和独特韵味，你认为这些特质是如何形成的？另外，从你的作品和言谈举止中，可以看出较深的文化积累。

陈数：（笑）长相是爹妈给的，气质一定是后天修炼的。至于说文化积累，其实大家做的功课是一样的，如都受过基础教育；为何最终结果不同？我觉得一个重要原因是：同样面临知识的吸收，每人的理解尤其是运用不同，因为它是潜意识中一种审美取向。比方说，不仅因为我对海派文化产生了兴趣，想演那个时代穿旗袍女性的戏，而是我真的觉得，它是一条特别美的风景线。我感叹她们身上散发出的那种韵味——不是张扬的、外在的，而是有着丰富思想活动，由教养、规矩等等共同形成的一种形态的美感，其中包括眼神的传递。我曾在上海百

粉红女郎

⬆《铁梨花》剧照

乐门舞厅上楼梯时，看到一些三十年代电影明星的大幅照片，周璇、胡蝶、阮玲玉等。我们模仿她们的美，常被她们的服饰，发型和姿态所吸引，其实这些都不重要，而其眼神中传达出的信息才是最打动我的。那是一种捉摸不透难以言喻的神情，那种美才是我要学习和追求的。假如我身上也有某些特点大家比较认可，其实也很难说是如何做到的。可能与我的经历、爱好、受到的教育、从事的行业都有一定关系吧！它们在我的身体里混合过、揉捏过，一点一滴，最终形成了这些特点，这是无法复制的。其实每个人都很独特，都是无法复制的（笑）！

结了婚，会将相当精力放在家庭

老杜：艺术与生活，事业与家庭，你如何摆位，艺术对你来说是至高无上的吗？

陈数：我不敢说我“艺术至上”，我觉得我比较平凡。因为我现在还没结婚，我相信如果我将来有了家庭生活，有了自己的孩子之后，肯定会把相当的精力贡献给家庭。我也渴望享受正常人的生活嘛（笑）！

老杜：你有什么近期和远期的规划吗？

陈数：我非常希望在大银幕上塑造适合自己的人物形象，目前正在联系接洽中，也要

⬆2011年与钢琴家赵胤胤喜结良缘，这是她婚后拍摄的时装照。

看机缘吧！至于长远的打算，表演肯定是我一生的主要事业，但不知将来有没有可能在其他领域做些跨界的工作。我对没做过的事和没演过的角色都有尝试的兴趣。当然要力所能及，不能好高骛远！

徐帆 闪烁着母性光辉的美

“23 秒 32 年，耳朵塞满了孤独。我听不见幸福，挖开记忆的那捧土，就像经历一场没有麻醉的手术。”

——《唐山大地震》主题歌

这是大银幕上极其罕见的形象：一位蓬头垢面、遍身血污、匍匐在瞬间发生的大地震的废墟上声嘶力竭地咒骂苍天的母亲，她的丈夫刚刚罹难，又面临在一双儿女中只能抢救一人的艰难选择……

由徐帆饰演的母亲李元妮是冯小刚电影《唐山大地震》中，撑起整部电影的灵魂人物；地震震了 23 秒，她却在心灵的废墟上自我救赎了 32 年。所以，当她最后跪在女儿面前时，没人再能控制泪水的闸门……徐帆塑造的母亲形象真实、质朴、倔强，极具情感爆发力，又十分隐忍，闪烁着母性光辉的美，受到从专家到观众近乎众口一词的赞誉，很可能成为中国电影史上的一个经典形象。

在演艺圈里，徐帆是个为人低调的明星：长得不算太漂亮，也不讲究穿衣打扮；偶尔在电影节上走红毯时，也不像别的女星那样艳光四射，自我感觉良好。然而，历数她在诸多影视、话剧作品中塑造的一个个性格迥异的形象，却显示出不凡的功力和演技，令人刮目相看——从《青衣》中的京剧青衣筱燕秋，到《日出》中的交际花陈白露；从《结婚十年》中的城市少妇韩梦，到《不见不散》中到美国闯荡的新移民李清，可以说已到了人戏不分、物我两忘的境界。尤其在冯小刚贺岁片风靡电影市场的年月里，她一度成为冯氏喜剧的“御用”明星，引起广泛关注。

时隔数载、沉寂多时之后，徐帆再度被冯小刚启用，在《唐山大地震》中领衔主演，究竟是何机缘？她是怎样理解和塑造母亲李元妮形象的，与冯小刚再度合作以及身为人母后有何新的认识和感受？

我从未跟冯小刚要过角色

老杜：电影《唐山大地震》感人肺腑，让无数观众泪洒影院。尤其是你扮演的母亲李元妮，恐怕是你从影以来塑造的最成功的角色。所以，想请你从表演艺术的角度，谈谈你对这个人物的理解和诠释过程。首先想问一下，在拍片前，你对唐山大地震有何印象和认知？

徐帆：唐山大地震发生时我人在武汉，离唐山很远，当时又只有八九岁，所以没有留下多深的印象。真正震撼了我的是2008年的汶川大地震，当时我不仅从电视画面上看到了地震后的惨烈场面，而且还亲临抗震救灾第一线慰问灾民，所见所闻印象相当深刻。

↑ 2010年7月18日，《唐山大地震》在香港首映式上，徐帆与张静初、李晨等在一起。

老杜：冯小刚决定执导《唐山大地震》之后，你是否想过或争取过要饰演影片中的主要角色？

徐帆：没有，我从来没有跟冯小刚要过角色。《唐山大地震》最后确定由我领衔主演，其实是华谊兄弟总裁王中军的意见，他说，李元妮这个人物必须由徐帆来演，她是唯一人选。然后冯小刚也觉得我很适合这个角色。

有了女儿，演母亲更有切身体验

老杜：据说你接了李元妮这个角色后，曾致电冯小刚表示谢意，冯小刚说，其实你应该谢你女儿，因为你收养了女儿，做了母亲，才能更好地演绎母亲的形象，是这样吗？

徐帆：是啊，因为有了女儿，才让我体会到做母亲的百般滋味。是她让我懂得了“目不转睛”、“牵肠挂肚”的确切含义。有时我在家弄孩子，真有一种抱在手里怕摔着、含在口里怕化了的感觉。自从有了女儿，我心里特别踏实，特别满足，对身为人母有了切身的体验和感性的认识。

所以，他们把剧本做完给我看的时候，我就知道怎么演了。可能跟一个人的年龄有关，三十几岁时，总想给人物设计点这个设计点那个，现在好像不愿意设计什么了。不知道这样做对不对，就觉得这种方式对我来说很受用。李元妮这个角色要从 30 岁演到 60 岁，我不太把注意力放在挑战上，而是顺其自然。原来觉得演老人要很夸张，但真正的老人可能就是个孩子，这要跟生活经历结合起来。而且，人一旦到了影片规定的那个环境里，又经过服、化、道的巧手装扮，就会让我立刻产生自信，相信自己就是那个母亲，就很容易进入角色。演老人，我觉得最忌讳的就是刻意去“演”。

总之，这部戏不存在什么技巧问题，我只是用我的头脑、我的身体去诠释这个角色，把人物内心的情绪完全释放出来。感情是自然的，角色是丰满的，我只需老老实实将这些呈现出来就可以了。

不下跪，不足以表达母亲的赎罪心理

老杜：你是一位演技派演员，在过去的诸多影视作品中，饰演过不同类型的角色，有喜剧也有悲剧。在《唐山大地震》这部灾难加亲情的影片中，你如何从外到内，深入挖掘人物的心灵和情感世界？如外形上，满脸泥土和血污，蓬头垢面，这对任何一个爱美的女演员来说，都是一种极大的挑战，你对此有心理障碍吗？

徐帆：我没觉得是挑战，也没有什么心理障碍。因为演员的工作就是塑造不同类型的角色，不管外形上是美还是丑。至于如何挖掘人物的内心世界，简单说，没当母亲时，我要揣摩演母亲的感觉，是做“加法”；当了母亲后，面对李元妮这个在心灵废墟上寻求救赎的母亲，就要做“减法”，不断控制自己，把情绪往下压，不能让它尽情释放出来。什么时候释放?32 年后与女儿意外重逢时。

↑ 徐帆在《唐山大地震》中

老杜：《唐山大地震》的催泪效果是前所未有的，而剧中几乎所有撕心裂肺、令人泪奔的情节都与李元妮有关。你是如何根据剧本的规定情境，把握这些“哭”戏的节奏和分寸的？

徐帆：你比如说最后一场母女相见的戏。有的时候，人很多年不见面，终于要见着了，她的心里其实是慌的。老太太年岁大了，不像年轻人见了面，或者是哭，或者是笑，或者是拥抱就完了。她太矛盾了，因为她有负罪感，不知道该怎么做，所以我们选择了“下跪”这样一种方式去表现。

关于灾难中儿女生命的选择，怎样才能让女儿原谅母亲，这是整个剧组反复思考的问题。用编剧苏小卫的话说，虽然 32 年的生活磨砺让女儿方登越来越理解母亲，但必须给她一个台阶下，才能为两个人的谅解提供充分的理由。

按照剧本的设想，母女相见时，方登有一场向母亲下跪的戏，然而，在拍摄现场，我选择了李元妮先向方登下跪的表现方式。因为作为我的性格，如果我想要得到女儿谅解的话，我就得做到极致，否则不足以表达我赎罪的心情。

这场戏，实际上是我与静初的即兴表演，无论是互相下跪还是相拥而泣，都是我们在拍摄现场真实情感的流露，连监视器前的冯小刚都忍不住失声痛哭。

让年轻人理解一下父辈情怀

老杜：在拍摄过程中，你与冯小刚的合作除了默契之外，有无发生认识和理解上的分歧？最后是谁服从了谁？

徐帆：我和冯小刚有6年没在一起合作了。这期间我拍了其他导演的不少好戏，这对我是一个锻炼，让我慢慢变得自信和坚强，也学会与人沟通了。之前与冯小刚合作我就听他说，他告诉我怎样演，我就说好，就执行和接受。这次拍《唐山大地震》有一个很大的不同就是，我试着跟他商量，可不可以用另外一种方式？让他去决定。头两次碰的时候，不光是他，我也有点不习惯。但既然我可以试着跟别的导演沟通，我想我也可以跟他沟通。这说明我们有工作状态了，而不只是生活状态。他拍戏一次比一次更难了。我经常想，你完成这件事以后一定要好好休息一下。我非常非常心疼，但帮不上忙，只能看着。这不，刚忙完《唐山大地震》在全国各地的宣传，他又马不停蹄地飞往海南，拍摄他的贺岁片《非诚勿扰2》去了。

↑《唐山大地震》剧照

老杜：你对这次表演有何自我评价？是否是你表演上的一次突破？

徐帆：这个角色让我把所有对母亲的感受、对妻子的感受，都彻底地通过这个片子释放出来。以前出演的母亲角色都没有这次那么极

↑ 演技派明星徐帆

致，那么有分量。她是一个传统的母亲，闪烁着人性光辉的母亲，这样的角色对我来说还是第一次遇到。

老杜：通过《唐山大地震》的拍摄，你对人生、对亲情有哪些新的认识和感悟？

徐帆： 它是一部让你动心又动情的电影。经历过地震的人，可以回首往事，唤起对 30 多年前那场灾难的集体记忆；没有经历过地震的人，可以通过这个片子感受一下当时的历史。现在去电影院的多是 80 后 90 后的年轻观众，大家可以看看 70 年代的景、人、情感，都有很可爱很美好的地方。这部电影能让人们的情感融合起来，心变得柔软，遇事又能变得坚强起来。某一个时期就是有这样一批人，他们的心里有希望、有爱，无论外面世界的万花筒变成什么样子，这些都不会变。

为公益事业“作秀”没啥不好

老杜：作为一个公众人物，你对公益事业的热情支持，使你获得了良好口碑，能谈谈这方面的感想和体会吗？

徐帆：《唐山大地震》电影中我的女儿因为我没去救她，从 7 岁开始就有心理阴影，这给我的震撼很大。关爱儿童计划，就是要让更多人去关注这些孩子们不得不面对的问题。

儿童的心理其实很容易被大人们忽略，一些看似很小的事情，都会对儿童的心理造成很大伤害。我们所倡导的“M 计划”，就是要通过一系列活动去宣传、去呼吁更多的人关注儿童的心理健康，使孩子们在相关专业人士的指导和帮助下，尽快走出灾难的阴影，健康快乐地成长！

有人常把演员热衷于公益活动称为“作秀”，我不认为做秀有什么不好。如果“作秀”是带领更多人从事慈善事业，长期这样做下去，肯定是有示范作用的！

蒋勤勤：演宋氏姐妹没过足戏瘾

2011年夏，分别在央视和北京卫视热播的电视剧《开天辟地》和《中国，1945》中，人们饶有兴味地发现：两剧中的宋庆龄和宋美龄形象，居然是由同一个女演员扮演的，她便是蒋勤勤。

宋庆龄，历史风云际会中的传奇女性，被周恩来誉为“国之瑰宝”，曾多次出现在影视作品中，张曼玉、李羚、许晴等，均成功塑造过宋庆龄的艺术形象。而由同一个女演员既演宋庆龄，又演宋美龄的，蒋勤勤则是第一个。

初识蒋勤勤，是在1996年蔡晓晴执导的电视剧《西施》中。当年还在北京电影学院学习的蒋勤勤饰演中国四大古典美人之一的西施，镜头形象十分惊艳，令人印象深刻。不久，她又在琼瑶剧《苍天有泪》中饰演女主角萧雨凤，被琼瑶赞为“轻柔似水，灵气逼人”，从此获得一个艺名：“水灵”。之后，这位兼备古典与现代气质的美女演员，便在一系列名导大戏中一展风韵：《小凤仙的故事》中的小凤仙、《康熙微服私访记》中的朱云巧、《卧虎藏龙》中的玉娇龙、《射雕英雄传》中的穆念慈、《末代皇妃》中的文绣、《乔家大院》中的陆玉菡、《四世同堂》中的韵梅……其中最“给力”的是《乔家大院》，不仅让她将“飞天”、“金鹰”奖杯一一揽入囊中，而且收获了爱情及其美好结晶。

在接受老杜独家专访时，蒋勤勤畅谈了她与宋氏姐妹的“缘分”，以及塑造人物的经历和体会。问到今后是否还想再塑宋氏姐妹形象时，她爽朗笑答：当然想，因为这次戏份太少，很多方面未能施展出来，没有过足戏瘾！

⬅ 兼备古典与现代气质的蒋勤勤

演宋庆龄，我早有心理准备

老杜：还记得你随《末代皇妃》剧组来今晚大厦与观众见面的情景吗？一晃几年不见，却在金鹰电视节上看到你与陈建斌携手走红毯和上台领奖的电视画面。你不仅收获了奖杯，也收获了爱情和小宝宝，而这一切，都是《乔家大院》带给你的吧？

蒋勤勤：是的，那是我人生的一个转折嘛！《乔家大院》给我的收获太多了，记得那两年，几乎所有的电视剧奖项——飞天、金鹰、光线风云盛典，都把优秀女主演、"最具人气"、"最受欢迎"之类的荣誉给了我。那时我正怀着小宝宝，是挺着大肚子与建斌一起出席颁奖典礼的（笑）。

老杜：在最近热播的电视剧《开天辟地》和《中国，1945》中，你分别饰演了中国近代史上最具传奇色彩的两位女性宋庆龄和宋美龄。一个演员饰演宋氏两姐妹，以前似乎没有过。你想过自己有朝一日会演宋氏姐妹吗？据说黄磊曾经说过，你在外形上有点像宋庆龄？

蒋勤勤：对对对，拍《四世同堂》时我刚刚生完小孩，体形还没完全恢复，有点珠圆玉润的感觉。黄磊一见我就说：勤姐，我发现你可以演一个人，我问是谁？她说宋庆龄。这是我第一次听人说我像宋庆龄，心里挺高兴的，因为我对她仰慕已久。回家后我把黄磊的话告诉了老陈，他一看我在《四世同堂》中的定妆照也挺惊讶：哎，是有那个感觉，挺好的！从那时起，我就有意无意地关注起这位传奇女性来。有一次在机场候机大厅里逛书店，偶然看到一本《宋庆龄画传》，如获至宝，马上买来，没事就在家里翻阅。以后又陆续买了《宋美龄大传》等有关宋氏姐妹的书。当时还不敢有扮演她们的奢望，只是想了解一下人物的生平事迹，看看她们不同历史时期的图片，琢磨一下我到底像不像宋庆龄（笑）？当我真的有机会饰演宋庆龄和宋美龄时，并不

蒋勤勤在《中国1945》中饰演的宋美龄

↑ 如梦如幻

感觉突然，因为我与她们“神交”已久，早就有了塑造人物的心理准备。

先演美龄，临阵磨枪学英语

老杜： 同时热播的两部大戏，我都有点看混了，《开天辟地》和《中国，1945》，哪部是先拍的，你先演的庆龄还是美龄？

蒋勤勤：《中国，1945》拍摄在前，我那时比较瘦，先演了宋美龄；拍完之后胡玫的《开天辟地》让我演宋庆龄，从镜头中可以看出，这时我已经胖多了。

老杜： 我听到一个说法：《中国，1945》中宋美龄这个角色，是陈建斌向张国立争取的？

蒋勤勤： 这个嘛，我不清楚，是陈老师和张国立的事情，你可以问他们（笑）。当时，张国立邀我在他执导的《草根王》中饰演草根王；我知道他接下来就拍《中国，1945》，所以对他说：我不演《草根王》，我想演《中国，1945》中的宋庆龄。第二年张国立筹备《中国，1945》时打电话，让我去试宋美龄的妆。我一听特别失落，对他说我两个人都要试，到时候你看我适合哪个演哪个。结果试完宋美龄的妆后他说，你甭试了，意思是宋美龄就是我的了（笑）！

老杜： 宋美龄是受美国教育长大的，会一口流利的英语，所以演宋美龄除了形象气质相似之外，还有语言上的要求。据说你曾因为这个原因一度想辞演？

蒋勤勤： 谁说不是呢！我一看剧本就蒙了：哇，这么多英文对白戏！你看她在美国国会的演讲，一口纯正的美式英语，魅力倾倒了在场的所有洋人。你会觉得这个女人太厉害了，自己何德何能，去演这样一个出色的女人？当你越了解这个人物时，越觉得难演。所以内心很忐忑，觉得自己不能胜任。看我面露难色，张国立说，你不用讲英文，你就说中国话，我后期给你配音！但我觉得这样太亵渎这个人物了，还是不想演。张国立连连摇头说：那不行，这个角色你演也得演，不演也得演，不然我跟你打官司！弄得我骑虎难下（笑），只好咬咬牙，找了个英文老师一直跟着我，开拍前6天才学英文台词，边学边演，纯粹是临阵磨枪。最后总算把所有英语对白都自己完成了。

老杜： 在《中国，1945》中，你与张国立饰演的蒋介石合作很默契，一口一个“达令”，挺像一对恩爱夫妻嘛！

蒋勤勤：因为我们两个有基础呀（笑）！从《康熙微服私访记·八宝粥记》就在一块儿，我演的民女朱云巧，与皇上有一段私情，最后为了救皇上，用身体替他挡了飞镖，可谓生死之交、"中美合作"（中正、美龄）呀（笑）！他的外形并不像蒋介石，但一上镜头你觉得他就是，气场特别强大。这就是一个好演员的魅力所在！

↑ 蒋勤勤与卢奇在电视剧《开天辟地》中分别饰演宋庆龄和孙中山

做足功课，力求再现"国母"风范

老杜：我注意到，胡玫导演在《乔家大院》中起用了你和陈建斌，这次在《开天辟地》中，你们夫妻又饰演了宋庆龄和李大钊这样重要的角色，看来她对你们十分熟悉和赏识。接到片约后，你如何在外形上贴近宋庆龄，做了哪些功课？

蒋勤勤：对对对，我和胡玫不论在工作上，还是私底下关系都很好的。她和我的生日是前后脚，经常一起过生日、吃饭，一块儿交流育儿经什么的（笑）。恰恰因为了解，所以她对我演宋庆龄还有几分犹豫：行吗？试试吧！拍完《中国，1945》后，我说让我演宋美龄吧，就不用做功课了。她说，哎呀，美龄戏太少了，你还是演庆龄吧；可是我演庆龄，她又有点吃不准。因为在她眼里，我是一个开放的、活泼的小姑娘那种类型，而宋庆龄这样的伟大爱国者、大家闺秀，一定要端庄、沉稳、严谨、大气，有"国母"的范儿，一出场就要"镇"得住。当时我脸型和身材都比较瘦，试妆时在我外衣里套了件小薄棉袄，嘴里塞上棉花（笑），想把整个人都"充"起来，往"大号"上走。胡玫还特别请化妆师带我去找一位做牙托的名医，专为特型演员服务的，为我定制了一个牙套，让脸颊丰满起来。可是戴着它演戏特别不舒服，不但影响到说话，还会摩擦口腔黏膜。我想与其这样，还不如多做做功课呢，毕竟，演一个自己梦寐以求的重要角色，一定要付出加倍的努力！所以就开始增肥，除了一

← 蒋勤勤版的宋美龄

日三餐胡吃海塞外(笑),每晚睡觉之前,还要吃碗鸡蛋面条什么的。就这样用半个月时间就增肥了十斤！胡玫一看乐了:这回有点宋庆龄的韵味了！

心灵窗户,透视姐妹不同个性特征

老杜:你先后饰演宋氏两姐妹,如何从形象、气质到习惯动作、说话口气乃至心理上加以区分,演出两个人不同的个性特征?因为你出现在同时热播的两部大戏里,如果化妆上反差不大,很容易让观众混淆。

蒋勤勤:我觉得不会太困难吧,就像黑夜与白天的交替一样,很自然。而且姐妹二人的经历、性格、价值观、爱情观迥然不同,性格上的差异比较容易把握。至于外形上,我主要是通过眼神加以区别和变化,眼睛是灵魂的窗户嘛！比如庆龄的眼神要亲切、温婉、清澈、优雅,而内心无比强大,属于外柔内刚的女性。如宋庆龄与蒋介石的"迁都之争",一个要捍卫孙中山的三大政策,一个要实现自己的独裁统治,二人之间的言语冲突和内心交锋把握得很流畅,凸显出宋庆龄在中山过世后,在孤独无助的夹缝中坚持理想和信念的革命精神。美龄则不同,她是个非常强势、自我、刚烈和果敢的女人,善于运用"第一夫人"的魅力和交际手段影响蒋介石及其身边的政客们;因为受美式教育影响较大,她除了容貌之外,所有一切特征都是美式的,表现在眼神上、肢体动作上,都与庆龄大相径庭。

戏份太少,未能过足戏瘾

老杜:你很幸运,饰演了中国近代史上的两位传奇女性。如果以后有机会的话,你更愿演庆龄还是美龄?

蒋勤勤:我觉得演这两个人物都很过瘾,唯一的遗憾是戏份太少了,不像李羚等主演的《宋庆龄和她的姊妹们》、张曼玉、邬君梅、杨紫琼主演的《宋氏王朝》那样,是"三个女人一台戏"。如果我能再蒙信任,重新演绎宋氏姐妹的话,我会很开心,会下更多工夫,塑造更完整的艺术形象。这次很多方面没有施展出来,例如宋美龄擅长中国画,有一场山上的戏,本来有很多机会可以表现她这方面造诣的,却因篇幅所限,把许多有趣的生活细节舍掉了。

老杜:如果真的展现,你也能画上几笔吗?

蒋勤勤:这个相对简单呀,我从小就学过国画嘛(笑)!

老杜:我觉得你在演艺圈里口碑不错,没听过你的负面新闻,是自我要求比较严格吗?

蒋勤勤:可能与我的家教有关吧,我爸是警察(笑),从小管得严;而且我结交的哥们儿、朋友们,都挺单纯、正派的。我想交朋友也会影响自己的生活态度和人生观吧!

小宋佳 有权让自己盛开如花

一头齐肩秀发，一副黑框眼镜，一身深色套裙和颇具张力的表演，令电视剧《大女当嫁》中“剩女”姜大雁的扮演者小宋佳再次成为媒体关注的焦点。从电影《好奇害死猫》中温柔妩媚的洗头妹，到《爱情呼叫转移》中漂亮性感的罗艳艳；从电影《赤壁》中被曹操宠爱的骊姬，到电视剧《闯关东》中身份多变的“鲜儿”，小宋佳饰演的角色类型不同，性格各异，积攒了很高的人气，被称为内地一线花旦、最具潜质和爆发力的女星之一。

2010年4月，聚焦当代都市大龄女青年婚恋问题的《大女当嫁》，接档《和空姐一起的日子》登陆央视八套黄金时段，小宋佳一人单挑郭涛、刘德凯、周杰、于小伟等六大型男，上演了一部笑中含泪、生活气息浓郁的女版《非诚勿扰》。在接受老杜独家专访时，小宋佳表示十分反感“剩女”这一歧视性称呼——“我觉得每个女人都是一朵花，都有让自己盛开的权利”。所以，她将“剩女”称为“盛女”。

在父母“逼迫”下学会柳琴弹奏

老杜：据我所知，音乐一直是你的梦想。即使在你走上影视表演之路后，对音乐仍不离不弃，拍摄了内地歌手中第一个真人与动画相结合的MV和首张个人专辑。请谈谈你何时开始喜欢音乐的，为何学的是柳琴而非声乐？

小宋佳：我从小性格挺男孩的，整天上蹿下跳，像得了多动症（笑）。父母大概是想让我学一门乐器安静一点。一个偶然的机会遇到了著名演奏家冯绍先，见我挺聪明伶俐的，就说跟我学柳琴吧！父母说可以呀，因为妈妈会弹中阮，就学了。其实小孩学乐器都是家长的逼迫，一开始就喜欢是不可能的。你知道，柳琴是一种很冷门的乐器，不好玩，也不好听。初学时需弹奏大量练习曲，噼里啪啦，跟弹棉花似的（笑），特别枯燥，特别痛苦。尤其是每天按琴弦磨得手上起泡、出血，最后变成茧子。记得我一人在家弹琴，听着窗外小朋友跳皮筋踢毽子，那种吸引力简直太可怕了，感觉自己的天性被扼杀了（笑）。

我真正喜欢上柳琴，是第一次弹出一支完整的曲子《世上只有妈妈好》，弹完，忽然觉得特别神奇，也从此体会到父母的一片苦心。虽然他们对我管教很严厉，但有一点特别好：让我懂得了坚持。所以我现在挺感激父母的，没有他们的"逼迫"和坚持，我早就半途而废了。

⬆ 在小宋佳眼中，所谓"剩女"应称作"盛女"才对

"贵人"相助走上影视表演路

老杜：你本是学音乐的，已拿到了沈阳音乐学院的录取通知书，却出人意料地走进了上海戏剧学院的大门，这是出于怎样的考虑？现在回过头来看，你认为当初的选择是正确的吗？

小宋佳：这完全是我的个性使然。我从小就是特别随意的一个人，心特别大，从来不给自己做什么规划，也从不给自己施加压力（笑）。因为没有压力所以我很快乐。当时我已考上音乐学院了，想继续学柳琴嘛，没想到遇上贵人了，她就是著名影视演员范志博。是当时素不相识的她鼓励我报考了上海戏剧学院。初试那天，我穿一件白衬衫，素面朝天就去了，完全是最本色的状态，像一张透明的纸。初试、复试表现平平。三试时，我表演了一个音乐小品，受到考官青睐。学音乐的一定对音乐特别敏感，所以一首煽情的曲子一放，好像有万般思绪涌上心头，竟把自己演哭了。我忽然发现自己能在众人面前表演，还能流出眼泪，自己身上的一种潜质被释放了。可以说，我是被别人带到人生的十字路口的。不是我选择生活，是生活选择了我。仿佛冥冥之中自有安排（笑）。

《好奇害死猫》，第一次享受演戏的乐趣

老杜：你是怎样走上影视表演之路的，还记得第一次上镜的情形吗？

小宋佳：我在上戏学习时就开始拍戏了。那是 2001 年，央视《其实不想走》剧组到上戏挑演员，选中我饰演剧中一个角色。第一次上镜有些懵头，这方面我与徐静蕾的体会一样：每天等待去片场的车，就像上刑场似的（笑）！剧组就如一个小社会，一拨人朝夕相处，杂念较多，又怕演不好，所以压力很大。我第一次拍电影是在阿甘的《非常浪漫》中，与佟大为、孙兴等搭档，被称为中国的“野蛮女友”，在表演上比以前好些了，却仍不够投入。

老杜：据说，港片《好奇害死猫》是你表演生涯的一个拐点，正是在这部影片中，你才真正体会到了演戏的乐趣。是这样吗，为什么？谈谈你与刘嘉玲、胡军等大牌明星合作的经历和感受吧！

小宋佳：是啊是啊，《好奇害死猫》第一次让我知道了：哦，演戏原来是这样的！从此找到感觉了，开始热爱影视表演了。以前我演的多是都市少女，嘻嘻哈哈的，挺好玩，不是谈恋爱就是逛街的轻飘飘的角色（笑）。《好奇害死猫》我一看剧本就很喜欢，又在一个优秀的创作团队里，与胡军、刘嘉玲合作特别愉快，每天都能碰撞出很多火花。片中我演一个生活在社会底层的洗头妹，爱上了胡军饰演的男主角。有一场戏，他为我洗头时说我手糙，有点嫌弃我的意思。这时我那种酸溜溜的劲儿上来了，没好气地对他说：“我天天干活儿，要像你老婆那么有钱，也能保养自己，什么也不干！……”说着，眼泪夺眶而出，一下就与角色产生了碰撞，理解并演绎出那女孩的凄凉心境。也正是这部影片使更多业内人士认识了我，并获得了金鸡奖最佳女配

↑《好奇害死猫》

↑《闯关东》

角提名。我是 2004 年在上戏毕业的，当时没梦想，没事业，每天逛逛街，喝喝下午茶，生活过得安逸舒适（笑），直到拍了这部电影才决定到北京发展，把演员当个职业来做。在北京遇到了现在的老板花姐（王金花）、签约了橙天 18 文化公司。

赶鸭子上架，《赤壁》中跳舞不用替身

老杜：你在电影《爱情呼叫转移》、《赤壁》、《大内密探灵灵狗》中，与张建亚、吴宇森、王晶等大导演合作，是否提高很快？尤其在《赤壁》中，你饰演曹操宠爱的骊姬，戏份虽不多，却给人留下深刻印象。你是怎样走进《赤壁》剧组的？

小宋佳：当然，当然，每个演员都想与好的导演和好的团队合作。吴宇森的《赤壁》对我来说是个梦幻般的经历。当时花姐领着不同公司的演员去见导演，本没抱太大希望。我心态特别好，总是高兴和快乐的时候多；拧巴时也有，躺在家里睡一觉，第二天就能好。我觉得我内心挺健康、挺阳光的，对什么事都没有过多期望，还是性格使然吧。

得到入选消息是那年的大年初五，电影频道播出了一个《赤壁对话》节目，我与父母一起边吃饭边看电视，只见吴宇森导演当场发布《赤壁》主演名单，念到"佟大为，小宋佳……"时，我一下惊呆了，天哪天哪，太意外了（笑）！心想，人家瞧得起我，就得加倍努力，不能让导演失望。拍戏时，我每天背个书包进组，像个小学生。在片场看华语电影顶尖团队的工作方式，看梁朝伟、金城武等大明星的创作状态，这个对我是最有意义的，而不在乎戏份多少。我曾在博客上开玩笑说，让我演"草船借箭"上那个稻草人我都愿意（笑）！不骗你，我真的这么觉得。

↑ 小宋佳与张丰毅在电影《赤壁》中

老杜：在我的印象里，你在不少影视作品中都显示了能歌善舞的才能，如《赤壁》中骊姬的舞蹈，《闯关东》中"鲜儿"表演的二人转等，是原来就会，还是现上轿现扎耳朵眼儿？

小宋佳：赶鸭子上架呗（笑），一咬牙一跺脚，行不行，先撑下来再说。记得学骊姬那段舞蹈时，剧组安排了一位舞蹈老师，只上了一堂课，就急着回台湾了。怎么办？我让她把舞蹈录下来，刻成一碟，每天照着碟练；没有水袖，就在袖口两边接上两条大围巾，跟神经病似的（笑）。最后到拍摄现场一试戏，导演说不用替身了，就让她自己跳吧。《闯关东》中我唱的二人转，也是我老师恶补的。拍摄时，现场聚集了二三百群众演员，我演的又是一个红了的名

角，心想撕破脸皮豁出去了，照猫画虎也得是那个意思，就把东北二人转演员那神采飞扬、小眼神啪啪的那个劲儿都演出来了（笑），远远地看见导演冲我竖起了大拇指。

《大女当嫁》，女人有权让自己盛开如花

老杜：正在央视八套热播的电视剧《大女当嫁》，通过女主角姜大雁与六个男人谈恋爱的有趣经历，聚焦了当今社会的"剩女"问题。你怎么理解和诠释姜大雁这个角色？

小宋佳：说实话，如果这部戏叫《剩女当嫁》，我肯定不接。我不喜欢"剩女"这个说法，因为它带有明显的歧视性。很多现代女孩那么优秀，因为各种原因谈婚论嫁晚一点，很自然嘛！而且这是个私人问题，不能拿私人的东西说三道四。在这个问题上，我与导演孙皓取得了共识。他特别希望这个"剩女"不同于其他——第一，她不是歪瓜裂枣、性格变态；第二，她不是所谓"三高"：高学历、高收入、白骨精，而只是一个普普通通的女孩。她为什么被"剩下"？戏里她经历的六段恋爱、家庭和社会给她施加的压力，虽不是撕心裂肺，也挺触目惊心的。所以，姜大雁这个人物是有一定社会现实意义的，希望播出后大家能与我一样感同身受，反思一下自己的生活。

老杜：据说，你把"剩女"称作了"盛女"？

小宋佳：我觉得每个女人都是一朵花，都有让自己盛开的权利。每个女人也有让自己快乐的权利，这种快乐无须一定要借助男人或别的什么东西。自己让自己快乐，这个挺重要的。

老杜：你对生活中的所谓"剩女"有什么话要说？

小宋佳：呵呵，我觉得女人要靠自己，让自己快乐，让自己美丽，让自己越来越自信。爱情婚姻不是一个终点，不是结婚就万事大吉了，对吧？爱情来了，就自然而然地，该发生什么就发生什么，欣然接受命运的安排。不是努力争取的事，更不能将就。像姜大雁这样的女孩，不是找不到，而是愿不愿嫁的问题。一定要找到真爱的、有感觉的另一半，这其实是一种严肃的婚恋态度。

非遗大使，保护人类智慧的结晶

老杜：你是怎样受聘为"非遗保护大使"的？你与非遗有何关系或缘分？请谈谈你的非遗保护理念和感悟。

小宋佳：首先是人家选择了我，受聘为香格里拉非遗保护大使，我心里可高兴了。因为我知道什么是非遗，我学的柳琴即非遗（笑）。当年考大学，全国只有四个应届考生报考了柳琴。如今我转行当演员了，如果另外三人一看民乐不景气，也不带学生了，慢慢就会失传了。所以我特别理解非遗保护的意义，发自内心地想保护人类智慧的结晶，

↑ 亭亭玉立

因为非遗更多是关乎精神的。

老杜：你认为一个艺人应在社会公益事业中发挥怎样的作用？

小宋佳：啊，这个我非常愿意做，我想每个艺人都愿意做。为什么呢？艺人得到观众的喜爱和认可，我希望用一种方式回馈他们，回馈社会。比如前段时间我做低碳环保工作，可轻松、快乐了。最重要的是，我们做这些事不是为别人，也是为自己！想想北方的沙尘天气，西南的大旱，就会明白其中的道理。

时尚，是一种内心感受和生活态度

老杜：有人称你为内地一线花旦，最具潜质和爆发力的明星，还有“性感迷人”、“魅力独具”之类的赞美，你个人怎么看待这些评价？

小宋佳：对这些评判，第一我不太关注，第二我真的觉得是我演的那些角色给大家的印象。我常说一句话：如果喜欢，就喜欢我的角色吧！演员永远躲在角色后面（笑）。我希望我塑造的角色一个是一个，而且互不重复，踏踏实实，好好演戏。我也不认同“性感”“魅力”之类夸赞，因为我没那么“牛”，我的状态还达不到那样的高度。

老杜：经常看到你参加时尚盛典并为一些时尚产品代言，最近还看到你在土耳其伊斯坦布尔拍的一组时尚写真，你承认自己是个时尚“潮人”吗？

小宋佳：是啊，我比较喜欢时尚。我理解的时尚，不是穿个什么名牌，拎个手包，浑身珠光宝气的，我认为时尚是一种内心感受和生活态度。我乐观，自信，阳光，热情面对工作和生活，而不注重外在的肤浅的“时尚”。我博客的名字叫“宋小花”，是粉丝们起的；巧合的是，我专辑里有一首歌也叫《向阳花》，歌颂了永远朝阳光方向生长的植物，我希望自己能达到这样的境界。

限公

陶虹：幸福，是一种主观感受

陶虹，一身朴素的休闲装，一笑，美目犹如两只弯月，甜甜的，阳光灿烂又天真无邪；虽已身为人母，依然保持着少女时代的开朗、活泼、热情和恬淡，十分惹人怜爱。

演艺圈有两个陶虹（红），人们习惯地称她“小陶虹”，问她两人的名字是否经常被弄混时，她莞尔一笑说，叫我“陶虫”好了，因为“虹”的一半就是“虫”。

她又是圈中为数不多的运动员出身的影视明星，12 岁进入北京花样游泳队，几年后转入国家队。当时她的身材非常苗条，在水中倒立时，别人的腿像根桩，她的腿像麻秆儿，所以常被教练嘲笑“缺乏存在感”。但小姑娘心里有个念头：我可以不是最专业的，但一定要是最漂亮的。训练时，她从不娇惯自己，经常在水中一泡就是几小时，最长的一次竟泡了 12 小时！她还曾是国家队在水中憋气时间最长的运动员，最高纪录是 3 分 40 秒。看到旁边的人一个个憋不住气浮上水面，她暗暗告诫自己：坚持，再坚持！直到眼冒金星，视线一片模糊时，忽然听到教练用小棍敲她的腿，那是一种出水的信号。当她浮出水面时，教练还以为她大脑缺氧、需要急救呢，谁知她顽皮地眨眨眼说：“我没事呀！”把教练吓出了一身冷汗。

谈到当时的感受，陶虹说了一句颇有哲理的话：“我觉得人的潜能是无限的，只要你能熬过最艰难的时刻，就会发现一个新天地。”

是的，十年泳坛生涯，她心无旁骛，谁知艺术之神又眷顾于她，让她在胶片和磁带之中，延续着自己的精彩人生。当时，姜文的电影《阳光灿烂的日子》到花样游泳队挑选演员，一眼看中了她，请她饰演王朔小说中描写的那个“长着狐狸脸的女孩”。

陶虹却不大情愿：“我长得像狐狸吗？”

← 陶虹在电视剧《保姆与保安》首播式上 CFP供图

当时屋里坐着几十个人，非常默契地齐声喊道："像！像！"气得陶虹七窍生烟，又无可奈何。

首次"触电"后，她一发而不可收，特别是她首次担纲主演的天影厂的《黑眼睛》，使她声名鹊起，星途一片灿烂。片中她出色演绎了一位身残志坚的盲人运动员，因为这个形象，她荣获了金鸡影后、华表影后、大马士革国际电影节影后，此后不仅顺利完成了在中央戏剧学院的学业，而且在90年代拍摄的电视剧《春光灿烂猪八戒》中，找到了自己人生的"另一半"。

喜欢《空镜子》那淡淡的韵味

老杜：从《黑眼睛》以后，我又看过你的不少影视作品，包括《香港的故事》、《春光灿烂猪八戒》、《贻笑大方》等，而印象最深的是电视剧《空镜子》。说实话，我很欣赏杨亚洲的导演风格，善于在平凡的日常生活中发现美，给人以心灵的震撼。

陶虹：是呀，《空镜子》的确是一部很特别的戏，制片人郑海南当时找到我，说多少人都劝他别拍这部戏，认为它没有故事和冲突，我看了小说却特别喜欢，便告诉他："你改本子去吧，如果改的剧本与小说八九不离十，我就演。"他却说："你要演我就改，不演就不改。"于是我们达成一个"君子协议"，由他请小说作者万方亲自执笔改写剧本，结果，看似普通人的普通事，被万方写出了一种淡淡的韵味，细细品读，你会觉得很舒服，走到你心里去了，不知不觉就会被它所感动……在表演风格上，我也与杨亚洲导演讨论了一下。我说，我们总认为戏里的真实是与现实生活不同的，为什么不能把现实中的真实放到戏里边？比如戏中人物经常这样说话：爸，妈，如何如何，有时还娇滴滴的令人肉麻。这都是虚假的表现，你仔细观察一下家庭，你叫你妈一天能叫几声？通常没有这个抬头（笑），有什么话就直接说了。杨亚洲导演接受了我的观点，后来戏里的演员都跟着改变了说话的方式。通过《空镜子》，我们都完成了一次实验、打破了一种惯例，即在表演中尽可能贴近现实生活。

老杜：你说的《空镜子》有一种淡

⬆ 陶虹与牛莉在《空镜子》中

⬆ 陶虹在《保姆》中

淡的韵味，你们是怎样营造这种韵味的？

陶虹：导演当然很重要，他是总体把握整个作品的风格和韵味的，但如果找不到合适的演员，或演员领会不了他的精神，也不可能完成这一追求。当演员与导演有共同的艺术追求时，你会感到双方的合作非常舒服，非常愉快，甚至有一种相见恨晚的感觉（笑）。

老杜：我发现你在戏里的表演十分投入，无论是《空镜子》，还是不久前播出的《春草》，都充分展现了你作为一个演技派明星深厚的表演功力。

陶虹：其实迄今为止我塑造的形象中，还真没有一个与自己特别相像的，这对演员来说是件幸事，让你有机会尝试不同类型的角色，尝试不同的人生和不同的心理感受。比如在《空镜子》中，我与牛莉虽是亲生姐妹，却因生活态度不同发生争吵，互相抽对方嘴巴的戏就特别好玩。第一遍拍时，双方都不忍下手，导演叫停后重来，我和牛莉商量说：咱俩也甭客气了，这样打下去一晚上都通不过！结果这次动真格的了，直打得面红耳赤，互骂“混蛋”，虽然嘴巴被扇得火辣辣的，却很过瘾（笑）。

保姆说，你演的“春草”就是我

老杜：我始终认为，你的《春草》演得最好，把一个农村女孩进城后，为改变自己的命运自强不息，苦苦挣扎，租柜台，开商铺，屡遭挫折；加上婚姻不幸，母女不合，都未磨灭她生活的勇气。你是怎样接这个戏的？

陶虹：我个人也很喜欢《春草》这部戏。我在拍《保姆》之前，郑晓龙给我送来一个本子，叫《春暖花开》（小说原名），读后很喜欢，也很感慨。唯一担心的是，觉得剧中所写人物太底层了，我又没有农村生活的经历，很难把握住人物的质感——从外貌、形体到言

↑ 陶虹主演《春草》剧照

谈举止，都与我有不小的差异，因而有些犹豫。本来《保姆》就不太适合我，拍完《保姆》，已经有人认为我"转型"了，如果再拍《春草》，岂不更加确定无疑？但我选择剧本和角色，首要的不是考虑是否讨喜，是否时尚，而是首先考虑它是否打动我？我不像有些演员，坚持玉女型、青衣型，只演这一类，放不下身段，我更看重剧本的质量，而非自己的形象定位。而《春草》这个剧本确确实实打动了我，对一个专业演员来说，这也是一种挑战，我喜欢迎接挑战（笑）。

老杜：我在观赏《春草》时就想过，陶虹还真行，把春草这个农村女孩演得这么有个性，有色彩，像根再普通不过的小草，却具有如此顽强的生命力！你是怎样理解和塑造这个人物的？

陶虹：在《春草》正式开拍前，我先到"春草"老家农村体验了一段生活，了解当地的风俗习惯，观察农民怎么烧火做饭，怎么下地干活儿，要求自己首先在外形上接近农民。我的皮肤比较白，站在农民堆儿里会一下"跳"出来，我就往脸上涂抹一种叫做"美黑"的化妆品，改变自己的肤色，渐渐地分不清我是演员，还是村姑了。然后从心理上产生自信，坚信自己就是春草，把握住她的性格特征。她性格很倔，因为倔，做了很多错事，走了一些弯路。但她有一点很感动我：她与妈妈有过节，当时妈妈因家境贫寒未能供她上学，而她又有一种文人情结，所以耿耿于怀，产生逆反心理，造成后来很多人生选择的失误。当有一天她终于理解了妈妈时，发现人生之路已经走错。这时大多数人都会说，算了吧，凑合着过吧！但春草不是，她知道自己错了，却不将错就错，而是要设法重新回到正确道路上来。比如，她错嫁了一个丈夫，有一天她要用她的耐心和韧劲，把丈夫拉回到正路上来。最好玩的是，《春草》播出中，我经纪人的姥姥从老家打来电话说："孩子，跟你姐说，不能这么窝囊，老公都那样了还理他干啥？姐姐这个人心肠太好了！"居然把我当成春草了！我家的保姆也说："你这个春草，说的就是我的事呀！"

影视创作要“接地气”

老杜：我认为，恰恰是《春草》这样关注小人物命运，并感动了千百万观众的作品，才是最应该得奖的。而它却没有得奖。你怎么看?

陶虹：可能是没到评奖的时候吧！之前的上海电视节“白玉兰”奖，因为郑晓龙是评委会主席，他的作品不能参评，所以事后他特意打电话表示歉意，安慰了我一番。其实我得奖已经够多了，不在乎多一个少一个，但《春草》确实是应该得奖的。可以说，《春草》是我从艺以来最愉快的一次创作经历：不仅剧本提供了很好的基础，以郑晓龙为首的创作群体也特别出色。郑晓龙参与创作的《渴望》、《北京人在纽约》，还有近期的《金婚》等，都很有平民意识，一播出就大火。我觉得这样的作品特别着地儿；而不接地气，悬在半空，让人喘不上气来的作品，是我们今天影视创作的最大问题。我觉得这个时代流行快餐文化，大家都急着成事，急着赚钱，有时真的需要一点文化积累，才能使我们的脚跟站得更稳。其实即使是戏说剧，也不乏成功之作，如《康熙微服私访记》、《武林外传》，还有宁浩的“疯狂”系列等，虽然故事很荒唐，很搞笑，却是对现实生活的一种曲折

陶虹在天津卫视《津夜嘉年华》节目中

反映,观众也爱看,我认为挺接"地气"的。

老杜:在你有了一定的表演经验和艺术积累后,会自己做导演吗?

陶虹:在中戏上学时,同学就认为我更适合做导演。但拍《阳光灿烂的日子》时,姜文对我说过,做导演95%都是做与导演无关的事。对女性更不适合。所以我还是先歇会儿,随遇而安吧(笑)。

幸福,是一种主观感受

老杜:听说你有一句格言:快乐不是别人给的,只有自己能让自己快乐。

陶虹:一说格言,感觉特严重(笑)。其实幸福感也罢,快乐感也罢,既然后面有个感字,就一定是自己的主观感受。比如我看过一部日本电影《花样奇缘》,讲一个音乐女老师如何破落成路边捡垃圾的。她的每次人生改变,都伴随着一次失败的婚姻。在一般人看来她太不幸了;她自己则认为幸福地过了一生,因为她曾陶醉过、享受过爱情的甜蜜,这也是一种自我感受、一种人生态度吧!

老杜:你的幸福、快乐主要是从事业上获得的吗?

陶虹:当然,做演员是一件很幸运的事,因为你的喜好与职业水乳交融地结合在一起了;但如果只限于此的话,我也太工作狂了。其实我也很享受生活的,包括去年有了宝宝后,充分享受了家庭生活的幸福和满足。小姑娘时我觉得有义务每周陪妈妈去趟超市,现在则很享受这个过程,与妈妈像有个约会一样,与她聊天、通电话,成了一种乐趣(笑)。

➡ 2010年6月,陶虹在电影《活该你单身》首映式上性感迷人 CFP供图

于娜 心中有爱，女人才会更美丽

她有一双望穿秋水的眼睛，一种夺人心魄的美，无论在T形台上走猫步，还是在影视作品中演绎各类角色，都散发出一种独特的魅力与光彩；然而在她身上却很难看到明星的奢华气息，亲切，自然，恬淡，甚至还有几分逍遥，构成了她性格的主色调。

这就是于娜，一位来自山城重庆的辣妹子，19岁便获得新丝路模特大赛全国总冠军、世界超模大赛"最佳亚洲形象奖"。正当她在T形台上的模特生涯如日中天时，却忽然转型，走上影视表演之路，在海岩剧《拿什么拯救你，我的爱人》中首度触电并获成功，从此一发而不可收。10年间，她参演了6部影片，24部电视剧，其中以《一米阳光》、《暗算》、《重庆美女》、《女才男貌》等最为人知。而在2010年天津卫视热播的赵宝刚的"话题剧"《婚姻保卫战》中，她与刘金山饰演了一对不般配的婚姻组合，并通过这首"心灵诊疗诗"，学会了以轻松心态面对未来的婚姻与家庭。

三次因身高决定命运和职业

老杜：不久前，我在天津卫视《今夜有戏》中，看到郭德纲对你的采访，才知道你从出生起便面临着身高的严峻考验，也就是说，身高决定了你的命运和对职业的选择……

于娜：是啊，由于我身高的原因，1998年之前压抑了我的很多梦想。一是刚出生时，因胎儿个儿大，身高只有1.6米的妈妈难产，一天一夜也没把我生下来。当时我家在贵州农村，医疗条件差，不能做剖宫产。最后医生说我已没胎心了，问爸爸保大人还是保孩子，爸爸说保大人。我是被医生用产钳拉出来的。这是身高对我的第一次打击，差点儿要了我的命。

第二次打击是，我从小喜欢跳舞，但我上中学时身高已超过 1.7 米，鹤立鸡群的，与别人不搭调。每次都是与同学一起排练，别人上了舞台，我却一人留下，备感孤独和郁闷。妈妈说我从小就有艺术天赋，上学走在路上也会翩翩起舞。妈妈怀我时，最爱看印度歌舞片《大篷车》，可能是“胎教”起了作用吧（笑）。

第三次打击是我初中毕业后，到重庆读英语中专。我学英语是为了当空姐。我当时身高已 1.76 米，考空姐时超过了 3 厘米，所以没通过。舞蹈梦破灭了，空姐也当不成，我当时精神备受打击，觉得前途渺茫，不知将来自己能干什么。

学不成舞蹈，就到 T 形台上走猫步

老杜：想不到你因为身高吃了这么多苦头。但东方不亮西方亮，你虽没学成舞蹈，却成了一个出色的模特，不仅在重庆和西南地区 3 次夺得模特大赛冠军，更在全国和世界大赛中一展风采，你是怎样被发现，在 T 形台上圆了自己的艺术之梦的？

于娜：当时重庆搞了一次世界拳王锦标赛礼仪小姐选拔活动，对英语的要求较高，我被推荐参赛并获得了十佳礼仪小姐称号。1998 年 6 月 6 日，也就是我生日那天，重庆大正时装队队长发现了我，让我参加了暑期模特培训班。我好像一下从时装表演中找到了舞蹈的感觉。我还做过一个梦，梦见我在一个圆形舞台上，一边走猫步，一边跳舞。此后我就拼命吸收艺术营养，买了很多有关模特的资料、影碟，一遍遍学习和模仿欧美时装模特的台风、台步。为了证明自己的实力，我必须尽快到北京参加全国模特大赛，因为模特是吃青春饭的，超过 21 岁就不能得奖了。当时我正在重庆大

↑ T形台上走出的影视明星

学涉外英语系学习，只好中途辍学，经朋友介绍加入了北京新丝路模特公司。我是2000年3月进京的，9月就在新丝路全国模特大赛中获得冠军，11月又在世界超模大赛上获了一个“最佳亚洲形象奖”。

从1998年到2002年，我在事业上一帆风顺，几乎没有遇到过挫折。唯一的付出就是减肥（笑）。为了在体重上达标，我半年没吃一粒米饭，每天只吃一些西红柿和水果，一下减去20斤！当时有一件事挺刺激我的。我有一个学舞蹈的朋友报考北京舞蹈学院，我陪她一起去了，结果发现不少跳舞的女孩和我一样高。十年前你根本无法预测十年后这个世界会发生什么变化，尤其现代舞是需要有一定身高的。我真后悔当初为什么没有坚持跳舞！可能是这种打击在我心中埋下一个伏笔吧，后来有拍戏机会时，我就不再顾虑自己的身高，重新燃起了对艺术的热情和希望。

第一次上镜缺乏自信，脸是僵的

老杜：对很多人来说，认识你不是在T形台上，而是在电视剧《拿什么拯救你，我的爱人》中。你演的罗晶晶孤傲、冷艳，给人印象很深。你从来没学过影视表演，不是科班出身，赵宝刚导演怎么会放手让一个新人去担纲女主角呢？

于娜：因为我在模特大赛上得了奖，有了一定知名度，海润的演艺经纪人常继红对我产生了兴趣。当她得知我有意向演艺界发展时，就动员我成为海润的签约演员，然后又介绍给海岩和赵宝刚。当时，他们正筹拍《拿什么拯救你，我的爱人》。起初，赵宝刚不同意用一个模特去演罗晶晶这么重要的角色，何况我从来没学过表演。但后来他终于明白了：一个模特是演员演不出来的，只有模特才能演出模特的状态和感觉，所以同意由我扮演罗晶晶。之前还有一个特好玩的事，他问我敢玩“石头剪子布”吗，三局两胜，你胜了就让你演（笑）！我觉得事关重大，有些胆怯，多亏海岩在一旁鼓励，我才鼓起勇气跟他玩。结果我三局三胜（笑），好像冥冥之中有上天相助似的。

↑ 于娜与印小天在《拿什么拯救你，我的爱人》中

还有一件趣事：海岩的儿子侣潇是学美术的，用漫画形式为《拿什么拯救你，

浪漫海滨

我的爱人》做了一个封面，他第一次见我就惊讶地说：你怎么像我画里的人呀！真的特别巧。

老杜：第一次上镜，你自信吗？

于娜：不自信。我好看不惯自己。如果一个人上镜脸是僵的，肯定不好看。

老杜：听说剧中有罗晶晶的哭戏，你却哭不出来，让赵宝刚很着急、生气？

于娜： 因为那个剧百分之八十的哭戏是真哭，那天不知怎么搞的，导演让我哭，我哭不出来，一喊“停”，我的眼泪却流下来了；重新开始时，又卡壳了（笑）。

老杜：现在来看，你对罗晶晶这个形象满意吗？

于娜：遗憾当然有。但她产生于一种很蒙的状态下，很本色，很少表演的痕迹。如果学过表演，也许反而达不到这种状态。

在谍战剧《暗算》中真正开窍

老杜：我注意到，从艺以来你演过30多部影视作品，应算比较高产的。在这些作品中，你印象最深的是哪部？最有突破的是哪部？对表演有了哪些新的感知？

于娜：印象最深的是《拿什么拯救你，我的爱人》，因为它是我的荧屏处女作；有突破的是《暗算》，因为是这部戏让我对表演开了窍。我觉得演戏就像开车一样，除了掌握基本技能外，还需要身体各部分的默契配合；又如弹吉他，双手、十指各司其职，协调动作，才能奏出一支好曲子。在镜头前拍戏也是这样，也要有这样一种技术合成的过程，并且需要几部戏的积累，才能运用自如，熟能生巧，达到绝对的松弛。

于娜在电视剧《暗算》中

老杜：最近你参演了一部好莱

坞 3D 电影《人鱼帝国》，在片中饰演了一个女祭司。与国际团队合作有什么特殊感受吗？

于娜：这部片子用的多是各国的模特，人物造型非常美丽，可能是我视觉造型方面做得最好的一次。每天用六七个小时进行人体喷绘，做出美人鱼的造型，是非常高端的一种艺术创作。我对他们尽善尽美的艺术追求，对他们为中国电影与好莱坞电影的嫁接所作出的贡献，感到由衷的钦佩。

拍了《婚姻保卫战》后，不再"恐婚"

老杜：正在热播的《婚姻保卫战》，是你与赵宝刚的二度合作，你演的退役模特与刘金山演的大款，被戏称为"美女与野兽"的组合。这个角色是导演为你量身定做的吗？再次饰演模特，对你来说是否已经轻车熟路？

于娜：是否为我量身定做的不清楚，但导演最先确定的演员是我。之前刘金山和我演过父女，这次变成夫妻，感觉挺不可思议的。开始很不习惯，本应喊"老公"，却习惯性地喊成"老爸"（笑）。其实我是一个不太会演戏的演员，往往在拍摄现场，化好妆，穿上角色的衣服，进入规定情境，被对手一带就找到感觉了，所以我是个很好的"舞伴"（笑）。导演对我和刘金山这个家庭挺满意，应归功于刘金山老师的经验和演技，是他把

⬆ 于娜在电视剧《婚姻保卫战》中

马背柔情

我的情绪带出来了。我的表演还有很特别的一点：往往设计过的戏演不好，没设计没准备的戏反而演得好。

老杜：你曾表示，《婚姻保卫战》是一篇"心灵诊疗诗"，让你不再"恐婚"，并对婚姻和家庭有了新的认识和感悟？

于娜：对，因为我以前从未想过结婚的问题，对婚姻有些恐惧，害怕婚后那些麻烦和争吵带来的精神压力。但这次拍完《婚姻保卫战》，我忽然意识到：家家有本难念的经，导演让我们以一种轻松幽默的方式对待问题化解矛盾，使我感到没必要把夫妻间的"战争"看得过于严重，没准儿还是一种生活的乐趣呢（笑）！所以我现在蛮渴望结婚的。

心中有爱，女人才会更美丽

老杜：有人评价说，在你身上看不到明星那种奢华气质，而是如邻家女孩般亲切自然，你觉得是天生的性格使然，还是一种为人处世的态度和修养？

于娜:我觉得我不太适合当明星,我的性格不适合。我只是喜欢这个职业,却不喜欢追求明星那种风风光光的感觉。更多时候我都想躲在一个安静的角落里,或与志同道合的朋友在一起。骨子里没有这种细胞、这种基因。不喜欢奢华的东西,在一个豪华富贵的地方吃不饱饭(笑)。所以我经常与朋友吃大排档,或在街边啃羊肉串,喜欢一种逍遥的生活(笑)。

老杜:现在的你,更愿让别人称你演员呢,还是模特,为什么?

于娜:模特。因为模特这个概念是很宽泛的,代表一个美丽的、善良的、有爱心的卓越人士,各行各业的人,都可成为模特,演员也是其中之一。

老杜:这样说来,你对社会公益事业也很热衷吗?

于娜:我与一帮朋友,以后想成立一个组织,做这样一件事:在每人心中种一棵树,如果大家心中都有树,地球上才会有更多的树。怎么种?通过一种教育方式和文化传播吧!一个艺人应身体力行,做些对社会有益的事。

老杜:你觉得女人怎样才能更可爱?除了相貌、性格、气质外,她的美丽来自何方?

于娜:心中有爱,心地善良,女人才能更美丽。

老杜:你的择偶标准是什么?

于娜:标准就是彼此相爱嘛!其实我也不是很着急。但如果缘分来了,我一定不会再胆怯了(笑)。

老杜: 精神享受和物质享受,你更看重哪一个?

于娜:精神享受。

老杜:你对自己目前的人生状态满意吗?

于娜:很满意。我基本上把自己的时间划分成三段:一段是工作、拍戏;一段是与朋友相聚、交流彼此的创作心得;还有一段是与亲人在一起。因为过去一直在工作,忽略了人生中很多最珍贵的东西。现在我的父母都老了,我想多抽时间陪陪他们,如一起出去旅游等。每年拍一两部戏就可以了,不要让自己活得那么累!

↑ 闲适自然,不喜奢华的于娜

梅婷 珍惜每一次人生经历

她有一双温婉秀丽的大眼睛，透过这扇“心灵的窗户”，可以窥见她所诠释的不同角色的不同情感、个性与人生。

出生于南京一个军人家庭、从小学跳古典舞的梅婷成名很早，起点很高。1994 年，尚未进入戏剧学院学习的梅婷便与陆毅一起，主演了根据叶大鹰电影《红樱桃》翻拍的电视剧《血色童心》；三年后，又与港星张国荣联袂主演了影片《红色恋人》，并因此荣获了第 22 届开罗国际电影节影后和中国电影华表奖优秀女演员奖。之后，她频频出现在《不要和陌生人说话》、《香樟树》、《新结婚时代》、《桃花运》等影视作品中，饰演的多是美丽、端庄、善良甚至悲情的角色。

进入 2010 年，梅婷在《万历首辅张居正》、《手机》、《岁月》三部大戏中，更穿越古今，角色自由转换，表现十分抢眼，显示出她日趋成熟的表演功力。在《万历首辅张居正》中，梅婷出演的李太后端庄大气，巾帼不让须眉，与张居正、冯保共同支撑起风雨飘摇的大明王朝；在《手机》中，梅婷扮演的于文娟表面上隐忍温和，内心却坚毅执著，面对丈夫的不忠，最终采取果断行动，令人刮目相看；在《岁月》中，梅婷则与胡军合作，演绎了一对为官场规则和世俗观念所不容的昔日恋人“剪不断、理还乱”的感人情愫。

生活中的梅婷恬淡随性，温婉平和的外表中，掩饰不住内心中的一份执著和倔强。在接受老杜专访时，梅婷娓娓讲述了她在《岁月》等剧中塑造人物的体会，表达了对表演艺术的特殊情怀。对媒体上炒得火热的其前夫鄢颇遭暴力受伤一事，她表现得很宽容大度，多次力挺前夫，表示与他还是朋友，她依旧相信爱情。“失败的经历也是经历，也是成长过程的一部分，所以要珍惜每一次经历，珍惜身边的每一个人”。

演过的每个角色都是我喜欢的

老杜：人们常把《红樱桃》中的郭柯宇和《血色童心》中的梅婷混为一谈，可能因为你们饰演的是同一个故事中的同一个人物——楚楚。剧中楚楚被裸背文身的片段，当时曾成为人们议论最多的话题。还记得当时怎样走进《血色童心》的吗？第一次“触电”，而且是远赴俄罗斯拍摄，有何难忘的经历和感受？

梅婷：呵呵，时间太长了，有些细节都记不清了。第一次在国外工作那么长时间（大约5个月吧），所以感觉比较新鲜。拍《血色童心》的时候，就曾经有过背部的全裸，可能年龄小的缘故，杂念特别少，没什么心理负担；后来拍《透析》就不行了，其中有几场戏尺度很宽，表现女主人公背部全裸，为一丝不挂的男友擦拭身体，拍摄时就很紧张、很尴尬。

老杜：那个时期，你仿佛与“红色”有缘，继《血色童心》后又接拍了《红色恋人》，还因此荣获了开罗电影节影后、华表奖优秀女演员奖等。在《红色恋人》中，你与张国荣演对手戏，从他身上你学到了什么？

梅婷：那时候我还是个新人，所以能跟哥哥合作很荣幸，也确实学到了不少东西，比如他的敬业精神，他对表演的那种热情等等。对于一个新人来说，能有一次这样的合作经历都能受益终生。

老杜：从你的艺术履历中可以看出，你是一个高产的演员，影、视、话剧均有涉猎，其中给人印象最深的如《不要和陌生人讲话》、《手机》等等，演绎的多是美丽、端庄、温婉、善良，甚至有些悲苦和令人怜惜的角色，是这种性格类型比较适合你，还是你被动接受的？你喜欢演这些角色吗？

梅婷：可能因为《不要和陌生人说话》中的角色给人印象太深，所以很多人包括观众对我的印象都是“梅湘南”那个角色的样子，后来一些类似的角色都会找来。大家觉得梅婷就适合演这样的角色，一碰到这样的角色立刻想到了梅婷。其实严格说来，演员是很被动的职业，演什么样的角色归根到底不是自己能完全掌控的。就像说我想演什么样的角色，我觉得这也不是我能说了算的。我只能在现有的范围内挑选更喜欢的角色。不同的角色有不同的特点，作为一个演员来说，他的责任就是尽自己的努力理解

← 在那浪漫的国度里——梅婷访法掠影

↑ 窗前读书的梅婷

梅婷与张国荣在电影《红色恋人》中

梅婷的成名作《血色童心》

角色，把角色演绎好。每一个角色都是精心挑选过的，都是喜欢的角色，没有偏爱哪一类。可能只是演这样的角色呈现给观众的机会比较多而已。

《岁月》中，最欣赏小曼的坚强和独立

老杜：你在电视剧《岁月》中饰演的女主角许小曼的形象，符合很多男人心目中"红颜知己"的标准，漂亮、多情，开朗，又有一点小的圆滑世故，喜欢浪漫又非常现实。给我印象最深的是许小曼与初恋情人、胡军饰演的梁致远在度假村重温旧情，又不得不躲闪世俗侵扰的尴尬处境，以及许小曼在丈夫出事后担心牵连梁致远，而将一袋"神秘卷宗"藏在梁致远办公室的情节。你是怎样理解和诠释许小曼这个人物的?

梅婷：《岁月》这个电视剧很贴近现实生活，很多东西是我们大多数人都经历过或者正在经历的，所以一定会引起观众的共鸣。虽然剧中的时代背景不同，环境不同，许小曼在今天仍是一个令人同情、喜爱和可以理解的角色。在现实生活面前她之所以那样，跟她从小的经历有关。她的坚强和独立都是很难得的，因为即使经历过人情冷暖却依然保存着善良的本性。所以在造型上我会比较突出许小曼的特色，包括服装、发型等等。

梅婷与胡军在《岁月》中

这样一个角色，跟以往我演的都有所不同，所以需要认真去揣摩，之后再把自己的想法表现出来，对我来说这是一个挑战。可能观众对我的印象更多的是温婉、隐忍，又有些倔强，有什么话都憋在心里的那种，

⬆ 异国情怀

我确实也演了一些这样的角色。而许小曼对我来说是一种新的尝试。我觉得通过这个角色，观众会认识一个不同的梅婷。

《刀尖上行走》颠覆以往的温婉形象

老杜：正在拍摄的电视剧《刀尖上行走》中，你饰演了一个长期潜伏于敌人内部的地下党员，这是你塑造的一个全新形象，是对自己表演上的一次突破。你是怎样从外到内，让自己变成一个在刀尖上行走的"卧底"的？

梅婷：我之所以接这个剧本，演这个角色，首先是由于信任高希希导演；也因为这个角色可能离我太远了，跟以往的角色反差也特别大，有一定的挑战性，所以更刺激了我的创作欲望。作为演员来说，一般都希望能演绎不同类型的角色，我也不例外。

首先是营造一个氛围，整个剧集讲述的就是这样的一个故事，所以能感同身受；其次，服装造型夺人眼球：旗袍、军装、骑马装等等，装束的变换，表现出人物身份的复杂性；还有就是演绎的部分了。

一生都做演员，活到老，演到老

老杜：你说过这样一句话：人生往往比剧本更精彩，更出乎意料。能结合你自己的人生经历，谈谈这句话的涵义吗？

梅婷：剧本的东西都是既定的，编排好的，即使人物的命运再曲折，也还在演员掌控的范围内。而人生则不同，很多事情是你无法预料的，有惊喜，有意外，也有一些深不可测的东西。剧本是生活的写照，但写不出一个人完整的一生。我和大家一样，经历过的事情，不管是否成功，是否完美，到现在都只是一个结果而已，都是我生命中不可或缺的一段记忆，都要学着接受。每个人的人生，你回过头来看都有精彩之处。

老杜：据说生活中的你是个简单的人，你觉得这对演员这个职业利大还是弊大？

梅婷：我觉得有利有弊，至于哪个更大些，无从比较，因为它们表现在不同的方面：有时因为“开窍晚”，可以活得更简单，可以“眼不见心不烦”；而有时则因为总是懵懵懂懂，很多事情需要学习才能知道怎么处理，比如和别人的交流、相处都需要技巧等等。对演员来说也一样，有时会因为简单，所以就像一张白纸，可塑性反而更强些；不过也有因为跟角色反差大，会有把握不好角色的时候。

老杜：如果让你一生都做演员，你会感到厌倦吗，会不会改行做其他工作？另外，你如何处理事业和生活的关系？

梅婷：呵呵，不会的，虽然一直拍戏也会觉得很累，但我认为做演员很好，可以演绎不同人物的不同人生，这是其他行业的人无法体会的一种经历。如果可以，我要活到老演到老。至于如何摆好事业与生活的关系，我觉得，对每个人来说虽然事业都是生活的一部分，不过还是需要把两者分开。学会享受生活的惬意，同时又享受工作的乐趣，何乐而不为呢！

珍惜每一次经历和身边每一个人

老杜：大家都知道你有过一次失败的婚姻，从中，你获得了哪些经验教训和人生感悟，现在你依然相信爱情吗？

梅婷：我依然相信爱情，但对婚姻没有以前那么向往了。因为婚姻需要很好的爱情作为基础，而且会遇到很多不同的事情，需要双方去改变去包容。很多事情，没有经历过就不会有自己的认识。失败的经历也是经历，也是成长过程的一部分，所以要珍惜每一次经历，珍惜身边的每一个人。

老杜：谈谈你的兴趣和爱好吧，比如瑜伽，比如旅游……

梅婷：人要让自己生活得丰富、充实，就要有些业余爱好，比如我平时会经常练瑜伽，而且坚持了好几年时间。瑜伽在运动的同时能最大限度地放松自己，体会内心的安静平和，这对身材和皮肤都有很大很好的保护作用。平时拍戏很忙，工作间隙，我会选一段时间放松一下，也是一个缓冲。我比较喜欢旅游，四处走走看看，放松自己，放松心情。尤其是跟家人一起旅游，是件最让人高兴的事。

马苏 诠释"旗袍"的美丽和风险

马苏，属于那种典型的哈尔滨姑娘：面部五官精致、轮廓分明、富有雕塑感，一双美目清澈如水，灵魂的窗户里透射出的是爽朗、率真和阳光的气质。

最早认识她，是在古装剧《大唐歌飞》中，她饰演了一位聪明貌美性格倔强命运多舛的宫廷歌姬，尽管演技尚嫌稚嫩，却是她影视表演生涯的一个起点。此后，她在《但愿人长久》、《北风那个吹》、《道德底线》、《我的功夫女友》、《大西南剿匪记》、《女人如花》等影视作品中，塑造了众多不同类型和性格的女性形象，并获得了第15届上海电视节"最具潜质女演员"白玉兰奖。在谍战大剧《旗袍》中，她又与王志文、李幼斌联袂，上演了一部电视版《色·戒》、女版《潜伏》，其身穿旗袍潜入敌人心脏与魔鬼周旋的地下工作者形象令人惊艳。

《旗袍》开播前夕，正在厦门主演《双核时代》的马苏，利用拍摄间隙接受了老杜的独家专访。谈及如何走进《旗袍》剧组，马苏透露说，她在《大西南剿匪记》中，饰演了一个彪悍、骄蛮、脾气像男人一样的女匪形象，给制片方留下深刻印象。这样，在筹拍《旗袍》时，制片方和导演不约而同地想到了马苏，觉得她身上有《旗袍》女主角、地下工作者关萍露的那种坚韧气质。"这是两个南辕北辙的人物，"马苏笑言，"让我演说明了导演的勇气；对我而言，能与王志文、李幼斌这样有经验的老戏骨合作，是一次难得的学习和提高机会。"

与《潜伏》相比，《旗袍》的最大看点是"美人计"

老杜：在当下的谍战热中，我比较期待《旗袍》，因为它是有历史依据和生活原型的，容易令人信服。《旗袍》是你主演的第一部谍战剧吗？接到邀请后，你都做了哪些案头工作？

马苏：《旗袍》不但是我第一次演谍战戏，也是第一次演年代戏、第一次穿旗袍演戏……几乎所有方面都是第一次(笑)! 我是刚刚拍完《美丽人生》后就接到《旗袍》剧本的,到正式开镜,中间只隔了一个春节,筹备时间非常短暂,只是匆匆做了一些功课,如看了一些相关的片子,了解当时的历史背景、人物关系,包括《旗袍》女主角关萍露生活原型的文字资料。此外,因为我是第一次穿旗袍和高跟鞋演戏,还花一个月时间自己训练了一下,然后带着一种紧张的,忐忑不安的心情投入了拍摄(笑)……因为与国内重量级的演员王志文、李幼斌合作,心理压力蛮大的!

↑ 马苏在电视剧《女人如花》中

老杜:《旗袍》被称作电视版《色·戒》、女版《潜伏》,你认为这部戏的最大看点是什么?

马苏:我觉得《旗袍》的最大看点是美人计。因为女性做卧底,肯定难以避免用女色做掩护。为什么我认为这部戏非常好看、值得一看?因为它可能比《潜伏》描写的地下工作者的处境更艰险。一个女地下工作者除了完成各种危险的、面临生死考验的任务的同时,还必须谨慎处理男女之间的关系问题、情感问题。往往女性会被情感所困扰,像《色·戒》中的王佳芝那样,最后因为陷入情感之中不能自拔而功亏一篑。而我饰演的关萍露,则是一个坚定的革命者,不仅在复杂严酷的环境中坚守到最后,还找到了自己情感的归宿。我觉得这是一个十分难得的题材和人物。

↑ 马苏在《旗袍》中

老杜:第一次演绎利用美色打入敌人心脏的地下工作者,除了外形的惊艳外,你如何表现人物内心的痛苦和挣扎,尤其在她被家人误解、遭国人唾骂时?

马苏:这个确实挺难的,我一直到结束这场戏时,都认为我在某些方面做得不够好。因为剧中的生活离我太遥远了，而且生活中我也没遇到过这么复杂纠结的情感问题（笑）。怎么办呢？尽量去想象和揣摩吧：如果这事发生在我身上，我会用什么方式去处理。我是一个女人，面对丁默村这样虽是敌人，却有他自身魅力与才华的男人，难免会有丝丝的动摇，产生男女之间那种朦胧的、很难说清楚的复杂情感。还好，剧中还给了我一个钱鹏飞，给了一个我初恋的情人，坚定的政治立场使我将这三个男人严格区分开。对谁是真情实感，对谁是虚与周旋，我想从我的表演中观众是能体味到的，这里没有太多的表演技巧，主要是对人物关系的准确感受和把握。

寻找摇曳生姿的感觉，过足了"旗袍瘾"

老杜：这部电视剧的剧名叫《旗袍》，女主人公的代号是"旗袍"，经常穿的也是旗袍，你刚才说你是第一次穿旗袍和高跟鞋，真的吗，你在片场是如何训练自己，一步步从外部形象上贴近人物的？

马苏：我本人是一个大大咧咧的北方女孩的性格，喜欢穿休闲装、运动鞋，觉得挺舒服、随意的；穿高跟鞋觉得走路不方便，特别磨脚，可能是不喜欢束缚自己的东西吧（笑）！但在《旗袍》中，导演要求人物要有大家闺秀的风范，走路要扭起来，有摇曳生姿的感觉（笑）。我生活中缺这个，可能最后拍出的片

➡ 喜欢穿休闲装、运动鞋的马苏

⬆《女人如花》剧照

子也不尽理想，留下了一些遗憾吧。刚开始拍时我的脚穿上高跟鞋特别僵硬，路都不会走了（笑）；导演让我扭起来，我却很害羞，不好意思（笑）。其实都是一种习惯，一种下意识；习惯以后我明白了：人的身体结构是不同的，不一定非要达到什么标准，只要走出女人那种轻盈的步态，显示出女性的优美曲线就可以了。

老杜：据说在《旗袍》中，你先后换了几十套不同花色的旗袍，超过了张曼玉在《花样年华》中穿过的旗袍数量，一定过足了"旗袍瘾"吧？

马苏：过瘾（笑）！每天换旗袍，不重样儿的，专挑漂亮的穿；听说服装部门预备了 100 多套，没穿过来！以后恐怕没机会再穿这么多旗袍了，创了中国影视剧中穿旗袍之最了（笑）。

老杜：中国女人穿旗袍最美。

马苏：对，穿旗袍感觉比穿时装、礼服什么的都好。比如电影节上走红毯，就应以旗袍为主，展现中国女性的妩媚风姿。我希望这个戏播出后，能刮起一阵旗袍风（笑）。有机会我也想多尝试穿旗袍，引领一下潮流，弘扬中国传统的服饰文化。中国服饰的美，是其他民族的文化无法替代的。

老杜：第一次演二十世纪三四十年代的戏，你是如何把握人物的时代感的？

马苏：时代感嘛……当你穿上这身衣服，梳上这个头，把你放进那个环境时，你自然会有一种那个时代的感觉。我觉得人性都是相通的，包括情感交流方面，不会因时代不同差

↑ 马苏在《旗袍》中

距特别大，只是言谈举止、行为方式有些变化而已。比如当时人们没有现代人这么开放随意，到哪儿把腿一跷，一倚一靠的（笑），而是站有站姿，坐有坐相，穿这身旗袍就告诉你不能有这样的行为和动作。我没觉得我做得有多好，但把我放到那个时代氛围中，哪怕我只是一个道具，还是像那个时代的（笑）。

与王志文李幼斌"过招"，内心变得强大

老杜：与王志文、李幼斌合作默契吗？通过《旗袍》，你在表演上有哪些收获和进步？

马苏：进步是不可避免的，而且不谦虚地说，进步挺大的（笑）！正如看到一件好东西，你就会想我要当好的东西，不要当那个不好的，人天生就会有这样的要求、这样的审美。一块五十块钱的玉和一块五百万的玉，一看就知道孰优孰劣。成不了最好的，总可以学习、模仿吧！而且越是大牌演员，越有其人格魅力，散发着一种独特的气质和强大的气场。我作为晚辈，与王志文、李幼斌合作，确实有一种眼睛望穿秋水的感觉。所以我与他们的每场对手戏都很难忘，就像观摩一场难得的戏剧表演。当你对一个角色没有把握，找不着北时，遇上他们，你会知道劲儿往哪儿使。与这么强有力的对手合作，你不想输给他们，又不具备与之 PK 的实力，就得加倍努力，在努力的过程中全部都是收获。从这个意义上说，我是幸运的。这么强的对手我都与他们"过招"了，我还怕什么呢（笑）？我的内心已变得强大了。如果看完《旗袍》后，大家没觉得马苏差得太多、输得太离谱（笑），对我就是一个很大的鼓励了，比给我什么奖都强！

对着镜子看到自己笑，那就是一片阳光

老杜：你希望自己成为一个什么样的演员，在艺术上有什么追求？

马苏：一个演员，这么多年只要一直坚持，就一定会有追求的。我希望自己最终成为一个被观众认可的演员、一个真实的演员，希望我演的每个角色都是真实的、生动的、不是千篇一律的。

老杜：我发现你从艺以来古的今的，文的武的都演过，看得出，你不喜欢重复自己……

马苏：对，生活中我是一个喜欢变化的人（笑），一场戏的变化都可能让我兴奋不已。而且现在电视剧这么多，观众总看到你的同一副面孔，肯定会审美疲劳的。这与我个人的性格也有关系，好奇心强，选择剧本时，总愿尝试新鲜的题材和角色。如果是一根筋，专演一种类型的角色，很容易达到一种极致。但我还年轻，还有积累经验的时间，还可寻找一种最适合我的表演方式，或最适合我表现的人物性格。

老杜：据说你的从艺经历也很坎坷，在北京上军艺和电影学院时，父母从哈尔滨南下打工供你上大学；毕业后你一度成为“北漂”，与母亲合租一间筒子楼。回首往事，有何人生的感悟？

马苏：我认为每个有梦想的人都要付出代价，所走的路都是艰辛的。但与同龄的艺人相比，我已经很幸运了。很多人已经转行或干不情愿的事情，而我还在做我有兴趣的工作，所以我吃过的苦不值一提。最近我和姜武主演的苦情戏《女人如花》正在播出，我饰演的女主角命太苦了，一天之内可以发生N多件天塌地陷的事，这要有多么强大的内心才能撑得住啊！这使我感到一个女人的韧性有时比男人更强。“韧”就是坚持，咬紧牙关坚持一下，这个坎也就过去了。为此我总结了一句话：你对着镜子看到自己笑，那就是一片阳光；对着镜子看到自己哭，那就是悲惨。哭，还是笑，你自己选择吧（笑）。人生都会有种种不如意，都得生活下去，你就选择好好活吧（笑）！

↑《北风那个吹》剧照

夏

日骄人更酷

别院深深夏席清，石榴开遍透帘明，
树阴满地日当午，梦觉流莺时一声。
——（宋）苏舜钦

葛优：贺岁档的精彩个人秀

这是一张容易使人发笑的脸。奇怪的是，他不像有些喜剧演员那样挤眉弄眼装疯卖傻，而总是紧绷着一脸肌肉表现出一本正经超然物外的样子，只有一对骨碌乱转的小眼睛和偶尔挤出的坏笑中，透出几分机智和狡猾。

你笑，他不笑，这就是葛优的本事。

他演的几乎是清一色的小人物，小人物的悲欢离合、喜怒哀乐，奋斗与挣扎，尴尬与无奈，在"笑果"十足的戏剧冲突中，凸显着小人物的心态、个性和情怀。

葛优被尊称为"葛大爷"，恐怕不光是他那"聪明绝顶"的秃脑袋和已经有了一把年纪的不幸现实，更因为他在表演艺术，尤其是喜剧表演中表现出的不凡天赋和技巧。说实话，像他这样被中国三大导演"过度消费"的演员，真的是绝无仅有——他是冯小刚贺岁片的"御用"男主演，所谓"铁打的葛优，流水的美女"，不论情节人物如何变化，不变的永远是葛大爷。而陈凯歌的《霸王别姬》、张艺谋的《活着》，又开拓了葛大爷表演的更为广阔的空间。

这一次，陈凯歌再度启用葛大爷，在《赵氏孤儿》中演绎一个平民化的义士程婴；姜文《让子弹飞》中让葛优变身土匪老汤；冯小刚则让葛优在《非诚勿扰 2》中，续写了与舒淇的浪漫爱情……三大导演不仅让葛优在今年的贺岁档中亦悲亦喜，有哭有笑，而且深度挖掘其艺术潜质，使他表演上有了新的突破，使今年的贺岁档成为他的一场精彩个人秀。

"一个人的贺岁档"，说明葛大爷能喜能悲，形象百变，无所不能，确是个难得的好演员；"一个人的贺岁档"，也说明我们的喜剧人才依然稀缺，致使一呼百应的大导演们也别无选择。就连葛大爷自己都表现出某种担忧和无奈——如果引起观众的"审美疲劳"，实非我愿，抱歉了诸位！

← 葛优在《非诚勿扰2》中

葛大爷前传：从“胡椒面”到“贺岁帝”

作为老电影艺术家葛存壮的公子，葛优自谓从小不成器：学画半途而废，拉二胡又似杀鸡一般；谁知在知青上山下乡大潮中当了三年猪倌后，他忽然长了出息，哭着喊着要子承父业——先闯电影学院、中国青艺，碰壁后又考全总话剧团，终以小品《养猪》叩开艺术之门。

⬆ 舒淇、姚晨、安以轩“众星捧月” CFP供图

但最初的“触电”，葛优似乎并未摆脱乃父的戏路：“美洲豹”、蔫土匪、伪军小队长之流，有如导演手中的一把“胡椒面”，随意撒上一把，为电影添点小彩儿而已。《顽主》是葛优表演生涯的一次转折。影片中，他将一个灰色的、带点痞气的“顽主”演得活灵活现：明明自己活得很纠结，却偏要充当“救世主”，办起为人排忧解难的“三T公司”。他愈是一本正经，就愈有讽刺意味，愈令人哑然失笑。

葛优的表演引起《顽主》编剧王朔和冯小刚的关注。冯小刚曾这样回忆他对葛优的印象：“我第一次看《顽主》，就觉得葛优这个演员绝了，他完全能吃透编剧的创作意图，善于在玩笑和调侃中宣泄人物的情绪和感受。从那时我就想：有机会一定要为他量身定做一个剧本……”

机会来了。在二十世纪九十年代轰动一时的情景喜剧《编辑部的故事》中，冯小刚按照葛优的戏路，创作出剧中男一号、《人间指南》编辑李冬宝的形象。此前，葛优在电视剧《围城》中饰演的李梅亭，表面上是正人君子，骨子里却自私龌龊，幽默而不油滑，入木三分，已使葛优初露锋芒。而李冬宝作为冯小刚专为葛优量身打造的当代青年形象，显然更能发挥他的喜剧才华。《编辑部的故事》充满“京油子”特有的幽默、调侃和自嘲，又寄寓了深刻的社会哲理。而这，正契合了葛优身上仿佛与生俱来的幽默感。李冬宝脑瓜聪明绝顶，机灵里透着狡黠，同时又自我感觉良好，一张嘴能把死人说活；他常正话反说，反话正说，说话时又一本正经，不温不火，恰到好处。葛优说他在塑造这个形象时，借鉴和模仿了王朔、冯小刚和赵宝刚等京派文人的特质。所以，李冬宝身上凝结了一个地域的集体性格和智慧，只不过是通过葛优的出色演绎最终实现的。

可以说,《编辑部的故事》为冯小刚其后的贺岁片做了铺垫和热身,而冯氏幽默与葛氏幽默也在长期磨合和撞击中,“化合”为一体了。

没有冯小刚,就没有“贺岁帝”葛大爷的今天,此话一点不假。

《非诚勿扰 2》与舒淇续写罗曼蒂克

《非诚勿扰2》海报

冯小刚的贺岁片是中国电影的一道独特景观,它诞生于二十世纪九十年代,正值中国电影的低迷期。当时的电影院门可罗雀,经营十分惨淡。忽然,一部名为《甲方乙方》的电影将观众重新拉回影院,感受了一把“贺岁片”和冯氏幽默的独特魅力。从此,《不见不散》、《没完没了》、《大腕》、《手机》、《天下无贼》、《非诚勿扰》,一部接一部的贺岁片火爆异常,票房大卖,并最终迎来中国电影的全面复苏。

在冯氏贺岁片中,一个最不可思议的现象就是:无论每部影片的题材、故事和人物如何千变万化,永远不变的只有一个人——葛大爷。他虽已人到中年,貌不出众,脑袋光可鉴人,却赢得了刘蓓、范冰冰、徐帆、关之琳、舒淇等一线女星的垂青,几乎每次缠绵悱恻之后,都会抱得美人归,羡煞人也!而在《非诚勿扰》中,他与舒淇游历了北海道之后意犹未尽,又在《非诚勿扰 2》中,续写两个人的罗曼蒂克。

在《非 2》中,秦奋(葛优饰)和笑笑(舒淇饰)已开始试婚。“其实试婚也有开玩笑的成分,不是特正经的那种”,葛大爷这样分析道,“在试婚过程中,笑笑渐渐不愿意了。可能生活中有这种人,外人看着都挺好,莫名其妙就打起来了,各干各的去了。我和舒淇呢,在一起时也打打闹闹,说说笑笑,但也保持着一定的距离感。如果平时混得太熟了,拍戏时反而会找不准人物的感觉,甚至会笑场……”

葛大爷认为,在拍《非 2》时,他与舒淇的情感戏已更加默契自如,内在的东西也丰富了。

葛优舒淇在《非诚勿扰2》中

关于角色与自己是否有相似之处,葛大爷透露,因为王朔、冯小刚在创作剧本时，就是以他为“原型”的，尤其在性格方面会与本人比较接近，所以演起来可谓驾轻就熟，只要找到感觉就可以了。冯氏幽默的一大特点就是台词特别出彩，有些甚至成了社会流行语。在《非2》中，类似“散买卖不散交情”、“爱人变熟人”等，就蛮新鲜有趣，有可能在《非2》公映后风行起来。

合作了近十部贺岁片，葛大爷与冯小刚已默契到有时无须说戏，只要一个眼神、一个动作，对方便心领神会；偶有纠结之处，也只需冯导一个电话，让葛大爷按自己的理解，怎么舒服怎么演，就一切OK了。

⬆ 葛优在《赵氏孤儿》中

陈凯歌：葛大爷演戏像熬汤

在三部贺岁大片中，葛大爷向观众展示了三副形象迥异的面孔：《赵氏孤儿》中的程婴、《让子弹飞》中的老汤和《非2》中的秦奋。一个古代，一个现代，一个当代；从戏剧样式上说，既有悲剧，也有喜剧，这对享有“喜剧之王”称号的葛大爷来说，无疑是个不小的挑战。而在看过《赵氏孤儿》后，你就不难得出这样的结论：葛大爷不但善于逗人乐，也能让你哭。他在《赵氏孤儿》中的表演突破自我，将一个打上陈凯歌烙印的“平民化”的古代义士形象塑造得有血有肉，可圈可点。

陈凯歌在《赵氏孤儿》首映式上曾向葛大爷鞠躬致谢，对其在片中的表演更是赞不绝口：“葛优把程婴这个人物，一举一动都刻画得入木三分，一个眼神都能瞬间击中你的内心。他的表演圆润之致，晶莹剔透。”“他们（葛优与王学圻）演戏就像在熬汤，有很多原料最后都化在汤里；汤很美味，但原料却不见了，是一种化境。”

《赵氏孤儿》的史实在司马迁的《史记》中有过记载，后根据元杂剧改编为京剧、昆曲、豫剧、河北梆子等，在民间广为流传。在原作中，程婴为“忠义”牺牲亲子的性命而保护和抚养赵氏孤儿，陈凯歌为适应当代人的价值观和审美取向，重新进行了诠释，将程婴的贵族门客身份改为江湖名医，在宫廷斗争的阴错阳差中，被迫卷入其中，弃子救孤。而这一改动，正是陈凯歌选择葛大爷的最好理由。因为葛大爷一向擅演小人物，一个义薄云天、血气方刚的古代义士形象，显然是不适合他的。

《赵氏孤儿》，一个平民化的义士形象

曾在冯小刚的古装大片《夜宴》中出演帝王而引发观众笑场的经历，让葛大爷心有余悸，发誓今后再不染指古装戏。

那么，此次为何又出尔反尔，接拍陈凯歌的《赵氏孤儿》呢？

葛大爷说："因为这部戏经典，因为程婴有名，还有陈凯歌，他可以把握一部传奇大戏……"

《赵氏孤儿》一开场，葛大爷饰演的程婴一身布衣，在街边的小店吃面条，便为人物的身份定了位；他能进入王府为庄姬把脉，也仅仅是一个偶然的机会。这些都通过程婴的台词交代得很清楚。

因为是一介草民，程婴便被赋予浓郁的平民色彩。在卷入宫廷杀戮后，他一度恐惧，挣扎，退缩；可以说，他从最初的被动救孤，到身担大义，从小忍到大不忍，最后帮助赵氏孤儿完成复仇大计，葛大爷的表演是细腻、有张力、有层次和分寸得当的。

从人物状态上说，葛大爷在程婴的亲子死前死后，把握了两种不同的体态：亲子死前动作比较利落，腰杆挺直，尚有壮年风范；儿子死后，他的精神一度濒临崩溃，动作迟缓，目光呆滞，整个人像塌了下来。而十五年后，眼看复仇大计将成，白袍皓发的程婴又俨然平添了几分仙风道骨。

在动作戏上，身单力薄的程婴两次与武士韩厥争夺赵孤的戏份，也被葛大爷处理得有声有色。韩厥奉命入府搜孤，原本怯懦的程婴在绝境中的孤儿寡母面前，忽然有了血性，拼命撕扯韩厥的衣甲，力图夺回孤儿。第二次则是程婴与韩厥巧使苦肉计，为的是恐吓赵孤不要向义父屠岸贾泄露真相。这场戏的表演有很大即兴成分，只见葛大爷两次三番被韩厥掀翻在地，四脚

➡ 葛优在《让子弹飞》中

↑ 葛优与姜文在《让子弹飞》中

朝天，样子颇为滑稽；爬起后又被强按脑袋于案上，一副挨斗的架势。那种假戏真做，怜子爱子之情，被葛大爷表现得淋漓尽致，令人动容。

作为一部历史大悲剧，片中自然少不了哭戏。葛大爷哭戏不多，却有讲究。他认为，生活中真正悲伤的哭一般都是需要掩饰的、背人的，所以他的哭戏不是掩面而泣，便是面壁大放悲声，反而强化了人物的悲情，产生了强烈的震撼力。

影片的尾声富有诗意：完成了复仇大业的程婴身负重伤，神情恍惚中，随他亲爱的妻儿去了，而葛大爷也在这最后一组镜头中，圆满完成了对一位平民化的古代义士的塑造。

葛大爷用他"悲喜交加"的贺岁档，用他百变的形象征服了观众，他随着《非 2》的公映笑到了最后，也笑得最好！

← 2010年11月，北京，《赵氏孤儿》首映式上的葛优一身西装革履，显得很有"派"。 CFP供图

搜狐视频
搜狐娱乐
tv.sohu.com
yule.sohu.com
gN Pearl 京润珍珠
中国驰名商标

陈宝国“钢铁”使我脱了一层皮

紧锁的浓眉，炯炯有神的目光，不苟言笑的陈宝国总是给人酷酷的感觉，难怪他获得了一个“冷面小生”的称号。

其实生活中的陈宝国并不总是这样的。2010岁末，他来津为将在天津卫视登场2011年开年大戏《钢铁年代》做宣传时，在饭桌上与“金牌编剧”高满堂谈笑风生，话题居然离不开拍摄期间创了纪录的饮酒的戏份。两个“纯爷们儿”身上，同样有着北方大汉热情、豪爽、朴实、仗义的本色。

祖籍天津、生在北京的陈宝国，1977年凭着自己的艺术天分考入中央戏剧学院表演系，毕业后分配到中国儿童艺术剧院，成为影、视、剧三栖演员。他的银幕处女作是1986年根据冯骥才小说改编的电影《神鞭》，片中的混混“玻璃花”只是个小角色，却被他演绎得十分出彩儿。其后，他一发而不可收，在一系列影视作品中，塑造了一个个不同类型性格迥异的角色，上至汉武大帝、明太祖朱元璋，下至《大宅门》中的白七爷、《茶馆》中的掌柜王利发，时空和形象跨度很大，他都能敏锐捕捉到角色特征及心理活动，展示出其性格的多重性和复杂性。而《钢铁年代》是他时隔三十年之后，再次出演产业工人形象。

头戴鸭舌帽，身穿工作服，高炉飞出的钢花将他的脸庞映得通红……《钢铁年代》通过陈宝国塑造的鞍钢分厂厂长尚铁龙的形象，真实再现了新中国成立之初，中国钢铁工业基地鞍钢艰辛曲折的发展历程，揭示了工人阶级作为国家主人公的崭新精神风貌。

在接受老杜独家专访时，陈宝国回顾了他影视创作的经历和感悟，深有感触地表

← 2010年11月，北京，2010秋季电视剧互联网盛典上的陈宝国。他与导演赵宝刚双双夺得“最佳男演员”和“最佳导演”称号。 CFP供图

示，正是在《钢铁年代》中，他找到了表演艺术的真谛，用四个字概括就是：生动，生活。“我觉得这部戏对我来讲，是一部力作，‘费力’的力；也是一部心作，‘劳心’的心。总之，演《钢铁年代》让我感觉脱了一层皮。”

接演《神鞭》，为当一名性格演员

陈宝国虽非生在天津，少年时代，却经常利用暑假来津走亲戚，与小伙伴们到金刚桥一带游泳玩耍，津津有味地品尝天津的煎饼果子、锅巴菜和闻名遐迩的狗不理包子，至今还能模仿几句地道的天津话。然而对他来说更重要的是：他青年时代最早“触电”的影视作品，《神鞭》和《赤橙黄绿青蓝紫》，竟都出自天津作家之手！因此，他与天津有不解之缘。

老杜：在我印象里，你早期影视作品中最经典的仍是《神鞭》中的“玻璃花”，据说起初大冯并不赞成你出演这个角色，但你却下了大工夫，把他演得活灵活现，让人刮目相看。你是怎么做到的？

⬆ 陈宝国在电影《神鞭》中

陈宝国：演《神鞭》时我才 20 多岁，当时刚有一点名气，很多人找我演小生戏，基本我是第一人选。按理说，“玻璃花”不是我的路子，不是我表演的长项，为什么我还要演《神鞭》？说到底就是想放开，打破所有界限，做一个性格演员。这是我从年轻时做起，一直坚持到黄金年龄段的基本的艺术追求。为了演好“玻璃花”，记得当年冯先生为我们请到天津最有名的民俗专家张仲，给我们讲述天津的民俗风情、三教九流和码头文化，一步步接近当时的环境和人物。我演的“玻璃花”是当年天津街头的“混混”，身上的流氓习气很重，我就努力将人物外形与内心情感联系起来，设计了摇扇子、玩鼻烟壶和挖耳朵等细部动作，还为他的一只瞎眼和瘸脚寻找生活依据，大大丰富了人物形象。于是乎，通过这部影片让我产生了自信，也让我的同仁们知道我不但能演戏，而且戏路也是比较宽的。如果总演同一种类型的角色，就会给人审美的疲劳，我自己也会有疲劳感。只有不断变换角色，戏路才会越来越宽。这是一种科学的思维，是受过专业表演训练的演员的最大益处。

黄金时期：上能演皇帝，下能接“地气”

回顾三十度演艺春秋，陈宝国可谓过足了戏瘾：正的反的，红的黑的，灰的蓝的，古的今的，形形色色，林林总总，各种类型的角色几乎被他演遍了。而最为人知的似乎是在中国历史上叱咤风云的一代帝王形象。但陈宝国有些反感将其定型于“皇帝专业户”，他不但不迷恋帝王戏，而且坚定地从“天上”回到“人间”，主演了不少“接地气”的作品。

陈宝国在电视剧《天下第一楼》中

老杜：这些年你塑造了一些历史上有作为的威严霸气的皇帝形象，如汉武帝刘彻，明太祖朱元璋等，因此被称为“皇帝专业户”，你认同这种定位吗？如何进入古人的世界？

陈宝国：其实我觉得“皇帝专业户”的说法，对我来讲不是褒，是贬，是大贬！我就怕成为某某专业户，它使我产生了一种危机感。首先，我演的帝王角色是有区别的，如越王勾践，他从不是皇帝，只是个“王”，而且是个被征服后卧薪尝胆的奴隶；汉武帝最初只是个贵族，朱元璋是乞丐出身，嘉靖就更怪癖了……每个人都不同，都有各自的身世与性格，不能简单地以“皇帝”论之，更不能以什么“专业户”为荣。古装帝王戏中，我觉得汉武帝是我演得最好的一个帝王形象。而且我一旦想演这个角色，就尽可能做到他的No.1，不是中国影视界的No.1，而是在我演的这类角色中，达到最高水准就可以了。再做呢，就要变换角色了，至于是帝王将相还是平民百姓，在我看来只是一个空的概念，还是要演人物，演人物的性格。

陈宝国与江珊在电视剧《大宅门》中

老杜：在这方面我觉得你和另一位天津籍演员张国立有相似之处：即能上能下，上能演皇帝，下能接地气。近年来你在《大宅门》和《茶馆》中塑造的商人形象，就很有个性和光彩。

⬆ 2010年12月，北京，陈宝国与冯远征在《钢铁年代》发布会上。CFP供图

陈宝国：比较而言，我觉得《茶馆》对我意义更大。意义在于：它是一把标尺，每个演员都想用这把尺子量一量，只是机会太难得了，至今只有三位演员演过（其中一个角色）。我能有机会演电视剧版《茶馆》很开心，因为这是我的一个梦想。自从我学了戏，知道何为戏剧时，就知道了《茶馆》，梦想有朝一日，我来演演剧中的王利发。一等就是三十年！好在我的梦想实现了。我知道这把标尺很高，我不一定够得着，需要踩着巨人的肩膀，使劲儿地够！电视剧与话剧又不同，表演的课题很多，我也参与了二度创作。演完以后，我心里一下踏实了，以后拍戏的速度就会放慢，拍一部是一部，演一个是一个。

《钢铁年代》：化茧成蝶得真谛

在与陈宝国的接触中，不难发现他对表演艺术的专一和酷爱，无论与记者还是与艺术搭档，他的兴趣和话题似乎永远离不开戏，离不开表演，离不开角色。尤其是《钢铁年代》，他仿佛一改以往的作风，不但对媒体开了口，而且颇为健谈。独家交谈后才明白：正是《钢铁年代》使他找到了表演艺术的真谛，使他的表演风格更成熟、更生活、游刃有余、化茧成蝶。

老杜：听说是高满堂让你接"地气"，从帝王形象中走出来，在《钢铁年代》中饰演尚铁龙的，这是你第一次演产业工人吗？

陈宝国：不不，我和工人的缘分很深呢！我自己就当过工人，那是我高中毕业后，在

↑ 陈宝国在《钢铁年代》中

北京的一家工厂当过两年工人。我演的荧屏处女作、描写工厂生活的《赤橙黄绿青蓝紫》，原作者就是天津作家蒋子龙，你说是不是很有缘分？然后我就因为这部电视剧获得了首届大众电视金鹰奖最佳男主角。现在看来，当时我的表演还比较青涩，还不成熟，但是我的成名作，对一个演员来说，是一个良好的开端。这次演《钢铁年代》，确实是满堂找的我，几年前他拍《大工匠》时就找过我，阴错阳差的没合作成。世上的事有时挺神奇的。《大工匠》没拍成，《钢铁年代》拍成了，当时得到未必好，现在来得正是时候。因为无论是满堂的剧本，还是我的表演，肯定都比当时更成熟了。我可以坦诚地跟您讲，我现在的表演，如果达到 90 分，就是我的真实水平，全是应该的；但如果只达到 60 分，就是不应该的甚至是失败的，说明你没用心，对不对？所以，我觉得技巧对我而言已经不重要了，可以放在后边了。可以说，这次我们拍《钢铁年代》，拍的是“真情年代”。天下道理就那么一点：真；表演就那么一点：生动。为了达到这个境界，即使是我们这些让人觉得很“保险”的演员，也像是脱

↑ 陈宝国在《钢铁年代》中

了一层皮，就是说，找到了戏剧表演的真谛。第一是不失水准，第二是一气呵成。我们所给出来的，都是真正感受到的，尽可能捕捉到这种状态。满堂的剧本给我们提供了这样的条件，因为他就是满怀激情去写的。这个戏的最大质感，就是浓郁——情感浓郁、生活浓郁。

老杜：确实，我看了《钢铁年代》的宣传海报，就觉得你的扮相很像产业工人，是你与生俱来的，还是体验工厂生活的结果？

陈宝国：你觉得很像吗？我也觉得很像！说我与工人有缘，这也是一方面！外部形象贴近工人不费劲儿。我觉得这个戏对我来讲，是一部"力作"，费力的"力"；也可以说是一部"心作"，劳心的"心"。因为找到了表演的真谛，我们都想进入一种境界，那就是真情实感。包括动作、台词，一个眼神的飘忽，一个眼神的定位，甚至语势，都想改变我以往的很多习惯性的东西。

老杜：听高满堂说，他的下一部大戏《老农民》，还想让你当主角？

陈宝国：是的，他向我发出了邀请。这是他酝酿了很久的一部戏。说老实话，演一个老农民是我的一个心结、情结。现代戏我演过工人、商人、军人，就缺个农民了！

拒绝炒作，演员只能拿角色"说事"

在人心浮躁，热衷于包装炒作的娱乐圈里，陈宝国仿佛是一个例外。他很少出现在电影节的红毯上和炫目的闪光灯下，也从未传出有关他的绯闻轶事。对他唯一的指摘是"戏霸"。但了解他的人都知道，那更应当被看成一种对艺术的专注和执著。

老杜：你被称为"冷面小生"，这与你个人的性格有关系吗？在演艺圈，你一向比较低调，也没什么负面新闻。能谈谈其中的原因吗？

陈宝国：我拒绝经营和炒作自己。从出道到现在，从计划经济到市场经济，这个大的历史转型

← 做客天津卫视《津夜嘉年华》

期，我是亲历者。其实我知道，文化，娱乐，市场，产业，这里包含的元素有哪些，我也知道什么是捷径。但我排斥这些。我觉得一个演员，最终能拿来说事的，只有俩字：角色。其他都是瞎扯。

老杜：大家都知道，你的太太赵奎娥也是个优秀演员，她是否为了成全你而牺牲了自己的事业？另外，据说你们不愿让孩子继承你们的事业？

陈宝国：对，我太太是演员，又是中戏的老师，她的演艺工作也未停，有合适的角色还会接。我俩同台演出也不少。如《大宅门》中她客串了慈禧太后，《京华烟云》中我们饰演了赵薇的父母。至于孩子，现在已经从国外留学回来了，也搞文化工作，我们不过多干涉，路还要靠他自己走嘛！

➡ 陈宝国赵奎娥夫妇在《京华烟云》中

濮存昕：明星也要“安分守己”

与濮存昕的交谈，是在京津城际列车上进行的。

2009年8月29日，他与电影频道当家花旦经纬联袂主持了第13届中国电影华表奖颁奖典礼；30日，他启程前往四川地震灾区，将自己收藏一年多的在废墟上挖到的一个篮球，归还给德阳东汽中学。9月1日晚，他本应从四川直飞天津，参加天津电视台国庆晚会的录制，却因误机，延至9月2日才飞抵天津，马上又要乘火车赶回北京，参加北京人艺话剧《窝头会馆》的排练。因此，老杜与濮存昕约定的访谈，只能在京津城际列车上进行了。

被称为“大众情人”、“师奶杀手”的濮存昕，虽已过了“知天命”之年，却依然年轻潇洒，言谈举止中，表现出艺术家特有的气质和成熟男人的韵味。有趣的是，在候车大厅和车厢里与他打招呼、请他签名合影的人中，多是青春少女。

十多年前与老杜有过一面之交的濮存昕，犹如旧友重逢，彬彬有礼，有问必答，话题涉及艺术创作、明星的社会形象和学习传统文化的感悟等。

《闯关东·中篇》，不再风流儒雅

老杜：你是一位实力加偶像明星，从艺多年来塑造的多是诗人、王子、情人、历史文化名人，风流倜傥，俊朗儒雅；这次在电视剧《闯关东·中篇》中，却颠覆了以往的形象，饰演了一个粗线条的、有些土气的抗联战士魏德民。你为什么要接拍这个戏？

濮存昕：首先是我的好友、著名摄影师和《闯关东》导演侯咏的召唤。我认认真真地

← 濮存昕在上海国际高尔夫社区启动会上 CFP供图

↑ 濮存昕和苗圃在电视剧《闯关东》中

问过他，魏德民这个角色是否还有第二人选，有就别找我，他说没有。这是我参加的第一个原因。二是我在黑龙江当过 8 年知青，熟悉那里的农田、山林、雪原和草房，有那部分生活的经历和情结。我离开黑龙江 30 年了，一直没机会回去，这次随《闯关东》剧组重返林海雪原，对我来说是个十分难得的机会。

老杜：我看剧中你与宋家三姐妹一起下地干活的镜头，还挺像模像样的，这是你第一次演农民吗?

濮存昕：干农活儿，我一点没问题(笑)。耪地、拉犁、赶马车、劈劈柴、盖房子，我当知青时都干过。当时我在黑龙江边境的罗北县插队，是放马的。演农民我不是第一次。我曾在北京潮白河演过根据刘绍棠同名小说改编的《运河人家》，从造型到表演我认为都不错，唯独一张口说话就不对了——人的相貌是可以装扮的，一说话就是自个儿，不是角色了(笑)。吸取当年的经验教训，我这次演魏德民时，特别注意了人物台词的表达。还有一个难点是迅速减肥。因为我刚在莎士比亚的话剧中饰一个英雄，很健壮，侯咏一见我就皱了眉头：你得瘦点吧? 我于是赶快节食，让自己进入状态。短短一个月时间，我足足减了十斤肉(笑)!

老杜：众所周知，你是众多女士的偶像，在选择一个需要将自己扮丑的形象时，心里就没有一点顾虑吗?

濮存昕：艺术形象，不论看起来是美的丑的，都是审美的对象。艺术形象不是世俗形象、找对象的形象。艺术美与生活美是两个不同的概念。比如这次我在话剧《窝头会馆》中，扮演一个 70 多岁的糟老头儿，还把门牙拿掉一个，做了一个牙托，有些讨人嫌，招人恨，迂腐又不失风趣。你说怎么弄(笑)? 还是那句老话，演员要爱心中的艺术，不要爱艺术中的自己。

搞好艺术是演员立身之本

老杜：看得出，你是一位有修养有追求的演员，你不仅能驾驭鲁迅、弘一法师这样的文化名人，能胜任《来来往往》这样的言情片，还能饰演《英雄无悔》中的公安局长和《闯关东》中的抗联战士这样的硬汉，戏路比较宽。你是如何把握不同时代、不同人物的性格和气质的？

濮存昕： 其实职业只是一个外在的空间，你的形象、气质、特征，一定程度上要与角色有某些贴近之处，导演才会找你，对吧？然后，你借助环境、服装、化妆，还有导演的启发，对手的配戏，很自然地就进入角色了。最重要的是，你要真的进入故事的环境和角色的内心世界，认定“我就是人物”，把自己摆进去，好演员都应具备这种能力。看电影《卧虎藏龙》时，我曾很惊讶章子怡的表演，李安给她制造了一个空间，她真能撒得开，把隐藏在身上的那些野性的、逆反的东西挖掘出来了，演员与角色实现了一次“化合”。她能大红大紫有她的道理。总之，搞艺术的，心通了，把角色与自己联系在一起了，就能触类旁通，一通百通。

↑ 濮存昕在电视剧《和平年代》中

老杜： 你还具有多栖性：话剧、影视、广告、公益事业你都做，你是如何身兼多职，分配自己的时间和精力呢？

濮存昕： 今天我们已进入一个多元化的社会，生活是多么丰富多彩，干我们这一行，也不能单打一了。像我父亲（北京人艺著名导演苏民）那一辈，除了话剧没别的。现在文化娱乐方式太多了，需要你干，你还有能力有时间去干，就干呗。这也是时代的机遇，社会的需求。当然有时也很累，因为没时间，或者没兴趣，也拒绝过很多人，毕竟我不是万能的，也要有所选择。能做的就要尽量做好。但有一点我是始终清醒的，我是一个演员，演好戏，搞好艺术是我的立身之本。把本行干好，其他事情才能干好。“鸟倦飞而知返”，不管你飞得多高，多远，都要有力量回来，都要能落地，

↑ 濮存昕与许晴、吕丽萍在电视剧《来来往往》中

⬆ 2009年12月，濮存昕在央视“咏乐汇”特别节目中，与主持人李咏、名模吕燕乐不可支。 CFP供图

这是我从40多岁开始，忽然找不着北的时候(笑)，开始学习传统文化，学习宗教和禅学，后边的人生道路就看清楚，看明白了。

56岁生日感言：“安分守己”

老杜：都说演艺圈是个名利场，机会很多，诱惑很多，你作为一名偶像明星，一直以来给人的印象都是阳光和正派的，很少看到你的负面新闻，包括绯闻，你是怎样做到这一点的？

濮存昕：我今年56岁了，前几天刚过完生日。生日那天，我给自己留出几个小时，坐下来静思默想，回顾了一下自己的心路历程，然后铺上宣纸，用毛笔写下四个大字“安分守己”。小时候家里很穷，看到祖上留下的薄胚碗都觉得香(笑)，为买一双“回力”球鞋，我盼了一年多！那时我脑子里充满想象力；如今想象力却贫乏了——你还要什么？名利、车子、房子，该有的都有了，物质上已无欲无求了，于是知足常乐，安分守己。

这次主持华表奖颁奖典礼，我就缺少“安分守己”的精神。我不是干主持人这一行的，非让我干，就不知自己姓什么了(笑)，就答应了。一上去就傻了，词儿念错了，还被冯小刚撅了一下：我和经纬上前采访他时，不料他说，你们别采访我行吗，让我发表点获奖感言吧！错了，没有客观原因，就是干了自己不该干的事，事先又没有走台。可见，“安分守己”对一个演员是多么重要！

我是演话剧的，从小在剧院长大，父亲对我管教很严，他的思想观念对我后来的成长产生了很大影响。所以我始终保持一种人生状态：心平气和，安分守己；如果老把自己当成大腕儿，多麻烦呀，多累呀！这次，天津电视台邀我参加国庆晚会，开出很高的出场费，我说唠叨那么几句词儿，你给我那么多钱干吗！我都觉得自己太黑了，不行，有点过了。昨晚又误了飞机，害得他们要重新调整录制时间，太对不起人家了！当初干这行时，没想到得奖、挣钱，一脑门子就是艺术，回到那时的想法，就心平气和，与世无争了。我总结出四句话：少吃点，少喝点，少拿点，少得点，未必是坏事，俗话说得好：吃亏是福嘛（笑）！

明星要摆正自己的位置

老杜：天津电视台导演对我说，他搞了十几年晚会，第一次遇到你这样的：嫌给的钱多。现在的演艺圈里传绯闻的、耍大牌的，吸毒的屡见不鲜，你认为做一个明星和公众人物，应当如何规范自己的言行，保持怎样的社会形象？

濮存昕：我认为，明星和普通人一样，也是有缺点和毛病的，谁不会骂几句街，谁没有情绪失控的时候？谁的身体里都有狗屎，只是有一层皮和肉包着（笑）。所以人得

⬆ 绅士风度——濮存昕给被拍摄者让镜头 CFP供图

讲修行，修行成一个能约束自己道德行为的人。孔夫子说，“君子常怀刑，小人常怀惠，”君子想的是遵纪守法，别犯规，别出轨；小人想的是怎么得实惠，明知不可为而为之。我认为有些明星不是不重视自己的社会形象，而是禁不住诱惑。你要把自己放在一个适当的位置上，不要总是“老子天下第一”。

⬆ 濮存昕与姚明在北京史家胡同小学参加公益活动 CFP供图

老杜：你如何处理与观众、特别是喜爱你的粉丝的关系？

濮存昕：有时我想，喜欢你的观众找你签名呀，合影呀，到底想干吗？把提前签好的名字送他，他觉得没意思，送照片也觉得没意思，一定要让你当面签名，一定要与你合一张影，这里边最本真的意义是什么？是他要占据你几秒钟的生命，你要把这几秒钟的生命给他。时间就是过程，生命就是过程。正像我们今天中午半小时的车程，在一块做一次采访，我也一边想一边说，这个过程也是一种温习和自悟的过程。

⬆ 被《闯关东2》的美女包围的濮存昕 CFP供图

健康源
于“心脏快感”

老杜:我知道你热衷于公益事业,除担任艾滋病宣传员外,还与杨澜做过红十字会形象代言人,并为国际禁毒日、残疾人福利会做过一些工作,你这样做除了出于社会责任感外,还有无其他原因?

濮存昕:同情和扶助弱势群体是每个公民应尽的义务。我本人小时候就有过残疾经历,得过小儿麻痹症,到现在也没彻底治愈。小儿麻痹症的后遗症,就是神经性肌肉萎缩。为什么外表看不出来?使劲锻炼呗(笑)。打球,跑步,游泳,在地板上四脚着地像动物一样爬行,都是为了加快心脏的跳动,这是体育健身最基本的要求,也是保持生命活力的重要环节。因为适当加快心脏跳动,可促进血液循环,减少心血管病的发病率。再进一步说,健康就源于心脏快感、呼吸快感。你要运动得喘不上气来,大汗淋漓,喊一声“哎呀,舒坦啊”(笑),这就是快感。我演戏,你写文章,都是一种快感,否则,天天睡觉,无所事事,生命还有什么意义?

工作要
有娱乐心态

老杜:这其实也是一种积极的人生态度,除了体育锻炼外,你平时有空参加娱乐活动吗?

濮存昕:有,到处都有(笑),连工作时都要有娱乐心态:工作时就跟玩似的,玩时也没离开工作。当然我指的是我们演员的活儿,不能让铁路的人,扳道岔的也这样做,那就要出事了。

老杜:你今后有什么追求和打算?

濮存昕:没什么新的追求了,不是消极,而是已经做到这一步了,今后只是如何完善的问题,比如哪件事还没有做好,填点、补点的事,该收官了。

老杜:你准备演到什么时候呢?

濮存昕:演到别让观众看得太残酷就行了。如果以后不演戏了,我就到大学搞个美文诵读选修课。我现在是好几所大学的客座教授,你也没什么文化,客座什么?但你可以告诉孩子们,大声朗诵,锻炼口才,积累些阅历。朗诵内容侧重于古典文学,而且是美文,使大学生们从中陶冶情操,修身养性,而不要一遇挫折就出家当和尚(笑)。

张嘉译 热爱必然投入

他属于那种浓眉大眼、兼具硬朗和温文两种气质的男人，尤其是走路的姿势独一无二：含肩摇胯，松松垮垮，一看就是张嘉译。

张嘉译是条西北汉子，幼时梦想过参军、当科学家或医生，就是没想当演员。高中毕业那年，北京电影学院在西影厂设点招生，他被舅舅撺掇着报了名，结果顺利被录取，可以说是误打误撞进入影视圈。但他的演艺之路并非一帆风顺，1991年从电影学院毕业的张嘉译无缘立足北京，服从分配到了西影厂。2000年，在西安蛰伏九年的张嘉译重返京城，开始了"北漂"生涯。

从1990年到2010年，二十年间张嘉译主演过17部电影、千余集电视剧，如电影《埋伏》、《平原枪声》、《心急吃不了热豆腐》，其中王小帅的《日照重庆》还在国际电影节上获了奖；在电视剧《天下第一楼》、《变脸》、《半路夫妻》、《你是我兄弟》中，也有不俗表现。他对表演艺术已到了忘我境界，人称"戏疯子"，却常常"戏红人不红"，直到2008年，一部触及社会敏感话题的电视剧《蜗居》热播，才使他声名鹊起，跨入一线男星的行列。2011年夏，在天津卫视热播的谍战剧《借枪》，堪称他表演艺术的一次突破。在这部由《潜伏》小说作者龙一、导演姜伟再度联手打造的谍战大戏中，他饰演了一个"史上最落魄、最差钱的潜伏者"，从而颠覆了以往地下工作者智勇双全、无所不能的传统形象，引发了观众的热议和好评。在接受老杜专访时，张嘉译讲述了他塑造角色的过程，以及对表演、对家庭的热爱……

导演给我最大创作自由度

老杜：正在天津卫视热播的电视剧《借枪》中，你成功塑造了一个前所未有的、平民化的和具有黑色幽默的地下工作者形象，引起观众的热议。这是继《蜗居》和《你是我兄弟》后，你再次荧屏"发力"，非同凡响。你是怎样走进《借枪》剧组的，开拍前做了哪些案头准备，与导演姜伟合作有何感受？

张嘉译：《借枪》开拍前，我主要的案头准备就是研究剧本。我先从龙一的小说开始看，然后看剧本。剧本改得太精彩了，人物和故事都更加鲜活生动。其实老实说，这样一部“小长篇”要扩展成30集的电视剧很困难，而改编给了我们一个良好的再创作的基础，所以看完剧本我马上就答应了。我跟姜伟导演之前并不熟悉，只是在某些场合见过、打过招呼。我对姜导的印象一直非常好，他是一个低调又内敛的人。我也非常喜欢他的作品，一直期待能跟姜导合作。在整个戏的拍摄过程中，我们的合作是相当愉快的，导演给了我们最大的创作自由度。对于角色的塑造，导演会很有耐心地聆听我们的想法，我们的很多想法都被导演采纳了，他为我们营造了一个非常好的创作氛围。我一直非常相信导演对戏的把控能力和对人物的感觉，一场戏演得到不到位、演员的感觉对不对，他心里非常有谱儿。

⬆ 张嘉译在《借枪》中

把一个熊阔海
演成五个人

老杜：你如何理解和演绎熊阔海这个人物？他几乎颠覆了以往的地下工作者形象，不再智勇双全、无所不能，而是像普通人一样，生活拮据，一出场身上只有7分钱，女儿一块钱的学费都缴不起，只好到处“骗钱”，又被人逼债，显得颇为狼狈。你说过，演熊阔海的“最大挑战是平常”，请谈谈你怎样表现他的“平常”或者说“另类”？演这种从未演过的角色是否很刺激，最大难度在哪儿？

张嘉译：其实他的“平常”和“另类”都是剧本赋予的。在酝酿表演时我就想，这个人物我要“散”着演，包括走路的动作、略微夸张的表情、油嘴滑舌的劲头……所有的一切都是为了让这个角色更加生活化，让观众感觉与我们身边的市井小民没有什么区别，而事实上，这些也不过是他的伪装而已。这个角色的难度就在于他的“散”。所谓“散”，就是指这个人物的多面性和人格的丰富性。我跟导演探讨过，这个戏我可以演五个人，索性就照着五个人来演——回家是一个状态，他不会把烦恼带回家，哪怕身上再没钱，也能把老婆孩子逗乐；和安德森是哥们儿的状态，可以耍赖、不讲理，但这种情谊到关键时刻就显露出来了；和杨小菊是玩儿的心态，有点像猫捉老鼠；和铁锤在一起是工作状态，充满着上下级与战友之间的争执和服从；对裴艳玲的态度是有变化的，开始时感到她就是一个财迷，后来逐渐发现她还是个热血青年……在五个角色中，要不停地调整人物感觉、不停地出戏入戏，其实这对于演员来说，是件很崩溃的事情。

老杜：剧中最感人、最震撼的戏份，就是熊阔海与妻子周书真经济拮据又相濡以沫的家庭生活了。她本是个鼓书艺人，嫁给熊阔海后便告别舞台，甘为家庭主妇。我觉得你和颜丙燕的对手戏演得特别精彩，尤其是她深明大义慷慨赴死的情节，更是催人泪下……

张嘉译：是这样的，我看剧本看到书真牺牲时心里都特别难受，这种事儿发生在谁身上都是无法接受的。我强迫自己去理解她的行为，强迫自己忍受这种生离死别、撕心裂肺的痛苦，为了自己的理想和信仰、为了民族大义。

幽默气质激发创作冲动

老杜：熊阔海被设计成有学相声的背景，贫嘴聒舌，嬉皮笑脸，不时来个贯口、抖个小包袱什么的，这种小人物的幽默感好像并不是你的长项，能谈谈你在这方面是如何训练的吗？

张嘉译：我是个比较盲目自信的人，只要剧本好、角色精彩，什么样的角色类型我都敢演。这次的《借枪》也一样，尽管熊阔海的身份比较复杂，人物性格较以往的谍战剧也堪称颠覆，但也正是因为他的这种独特气质激发了我的好奇和创作的冲动。我没有过多地去训练，因为生活中每个人都是多面的，我相信熊阔海的性格中一定有与我重合的部分，比如幽默。至于相声演员的贯口，我的表现确实不够专业，但剧本提供给我一个特别好的借口是：他是被师傅赶出门的，说你不是吃这碗饭的，别干这行了。因为有这个背景，熊阔海既有这种职业带来的语言特质，幽默风趣，贫嘴聒舌，又不是特别专业、特别溜儿，也就情有可原了。

↑《你是我的兄弟》电视剧海报

老杜：经常有人拿《借枪》与《潜伏》比较，拿你与孙红雷比较，你对此怎么看？既然熊阔海是个突破性人物，理所当然的，你的表演也应当是一次突破。通过《借枪》，你有哪些重要收获和体会？

张嘉译："比"是观众的权利，你能成为大家的谈资，也说明观众对你的关注和喜爱，这有什么不好吗？哈哈。对于是不是突破，我确实没想过。仔细回想我以往创造的那些角色，重复的也不是很多。其实我对自己没有过多的规划，很随性也很随缘，遇到好的剧本、好的角色我还是会有创作冲动。说到体会和收获，可能我最大的收获就是结识了一帮好朋友、好哥们儿，像姜伟导演啊、龙一老师、编剧林黎胜啊等等，包括子键，我们是大学同学，这次一起拍戏，又找到当年在电影学院一起上学时的感觉，很亲切。

⬆ 张嘉译与邓超、史可在电视剧《你是我的兄弟》中

热爱必然投入，投入就要认真

老杜：你从1990年至2010年，20年间拍了17部电影、上千集电视剧，但并非一帆风顺，常常是戏红人不红，直到40岁才“发力”、大器晚成。据说你在总结自己的成功经验时，用了“执著”、“坚持”、“认真”几个关键词，能具体说明一下吗？

张嘉译：其实所谓的“执著”与“坚持”，是因为你对表演一直都有一份热爱在。你爱它，必然意味着付出和争取。每个人的人生都要经历这样的阶段，这都很正常，并不值得拿出来说事儿。认真是必须的，你热爱必然投入，投入就意味着认真。

老杜：有人称2011年的荧屏是“张嘉译年”，因为除了《借枪》、《你是我兄弟》之外，《下海》《告密者》也要开播了，如此频繁地在荧屏上露脸，你自己有什么感觉？

张嘉译：这些戏连着播，其实纯属偶然，我当初在接戏的时候也没想到是这样的结果。打开电视就是我，我还真怕观众看烦了，哈哈。

老杜：从艺20年，你确立了自己的表演方式吗？有人总结说你“自信与霸气浑然天成，亦正亦邪的语调与眼神的含而不露完美结合”，你认同这一说法吗？

张嘉译：谢谢大家伙对我的褒奖。其实每一个演员都会在长期的艺术实践中，形成个人的表演习惯与方式。说实话，我真没给自己刻意地去规划或设计过，如果观众能从我的表演里读到更多的内容，我当然非常高兴。

角色就像自己的孩子，个个都爱

老杜：近年来，观众对你印象最深的一部戏似乎还是《蜗居》，据说《蜗居》并非你最满意的戏，是这样吗，为什么？

张嘉译：《蜗居》的成功是所有主创共同努力的结果，“宋思明”这个角色被观众接受了，我当然很开心，也从未觉得有什么不满意。我演过的很多角色，我都非常喜欢，就好像自己的孩子，个个都爱，在我心里真的很难分出伯仲。

老杜：刚刚播完的《你是我的兄弟》也是一部很有看点的作品，你对这部戏还满意吗？

谈谈你与邓超等人的对手戏。

张嘉译:《兄弟》我也非常喜欢,也是我近年看到的描述亲情最好的戏。通过《兄弟》,我跟邓超也真的成了兄弟,平时也会经常打电话,互相惦记着。邓超是个非常出色的演员,他演戏有自己的风格,对角色的把握非常精准,是个很难得的好演员。我们的对手戏比较多,让我印象深刻的是一场"床戏":当时我们哥俩儿在睡觉前聊家常,包括谈到初恋、谈到邓超苦恋的"一枝花"。本来设计的是我们躺在各自的床上,后来邓超临时起意说:"嘉译哥,我一会儿能聊着聊着就钻你被窝里吗",我当时也觉得这个想法挺好,就这么演了。结果出来的效果导演也非常认可,哥俩儿躺在一个被窝里聊天,这种场景跟感觉都非常温暖。

↑ 张嘉译和李念在《蜗居》中

妻子和女儿是我最在乎的人

老杜:如何看待观众给你的"少妇杀手"、"戏疯子"的称谓?

张嘉译:哈哈,观众喜欢叫就叫,我对这些都不是很在意。

老杜:能谈谈你的爱人和女儿吗?

张嘉译:她们俩现在是我最在乎的部分。我这些年一直都很忙,很少陪家人,对海燕有些歉疚。女儿出生以后,我的人生好像进入了一个新的阶段,高兴得都昏了头。我希望以后能多抽时间陪陪家人,希望女儿的每一个成长阶段我都能陪在她身旁。

↑ 张嘉译、王海燕夫妇

黄志忠：脱下战袍仍是好汉

黄志忠属于那种“大器晚成”的演员，一米八的魁梧身材，古铜色的面庞，眉宇间透着坚毅与自信。在热播剧《人间正道是沧桑》、《中国远征军》中，他饰演了在历史进程中投笔从戎、叱咤风云的铁血男儿；而在家庭情感剧《家常菜》中，他脱下战袍，变身为一个十分接“地气”的国营食堂厨师形象，用他一生的守候，完成了一个男人对家庭的庄严承诺。

1969 年出生于天津的黄志忠，早在天津四十中学（今民族中学）读初中时，身高便已接近一米八。他八岁开始打篮球、十三四岁进入业余体校成为一名篮球队员。打了三四年篮球，又做了几年其他工作后，他考入中央戏剧学院，从此走上一条表演艺术之路。十几年来，他以从容淡泊的心态，默默无闻地一部部拍戏，不断积蓄着能量，终于有一天，当机会降临时，他的“惊鸿一瞥”令人眼前一亮。在张黎执导的年代大戏《人间正道是沧桑》中，他与孙红雷分别饰演了杨立仁、杨立青兄弟俩，因信仰不同而走上不同的人生道路。黄志忠也因此荣获 2010 上海电视节“白玉兰奖”最佳男演员称号，充分证明了他跻身一线演员的不凡实力。在接受老杜专访时，黄志忠笑称自己不是“撑杆跳”演员，没有一举成名的运气，一路摸爬滚打，是成长中必然要付出的代价。

摸爬滚打，成长中必须付出的代价

老杜：在成为一线演员之前，你已经演了 14 年戏，却多是戏份不重甚至跑龙套的角色。这个阶段既艰苦又漫长，你是怎样坚持下来的，这中间发生了哪些令你终生难忘的经历？

黄志忠：成长，是每个演员的必经之路。我当然也希望一出道就能碰到一部好戏、一

《中国远征军》剧照

个好的创作团队，这样可省却很多在路上行走的时间。但不是人人都有这种运气。我在中戏上学时，功课压得很紧，四年下来，每人都做了几百个片断，小说片断呀，剧本片断呀，业余还加了写作课、音乐课等等。老师不希望我们在学期间接拍影视作品，所以我们的表演基础打得很牢、很扎实。中戏毕业后，北漂的日子非常艰苦。当时我们两个人租一间六平方米的半地下室，屋里永远是潮乎乎的，空气异常沉闷。最初我们不断接戏，因为首先要解决温饱问题，才有精力考虑别的。现在回想起来，这些年的摸爬滚打，拍摄的这些影视作品，都代表了你的成长、你在路上的行走，都特别有必要有好处：不管是对人物的理解和把握、演技的逐渐成熟，还是身心的磨炼，都是量的堆积，到一定时候，就会产生一些质的变化。在这期间，虽然也有等待，也有焦虑，仍感到挺幸福的。

老杜：成功属于有准备的人。你在事业的低迷期是如何等待机遇的，是否做了一些文化上的准备？

黄志忠：当然。主要是看书嘛，这是我们的行业习惯，从在中戏时就培养出来了。我的书看得很杂，各种各样的知识、营养都需要摄取；还要留心生活中形形色色的人，以及身边发生的各种事情，这都是创作的“源头活水”。看书时，遇到好的人物心理、人物状态的描写，都要装到自己脑子里，拍戏时遇到一个角色之后，就能把它从记忆中提取出来，用到角色身上，可能会比剧本的提示更丰富、更立体。

热血军魂，以敬畏之心塑英雄

老杜：《人间正道是沧桑》使你荣获了“白玉兰奖”最佳男演员，这部戏是你演艺生涯的一次转折吗？你是怎样演绎剧中杨立仁这个角色的？

黄志忠：从某种意义上讲可能是。因为很多制片人通过这部戏认识了我，以后的片约可能会更多，选择余地也更大。但我说过，杨立仁这个角色我没花费太大精力，因为故事离我们比较近，有大量图文资料可以读到、参考到。实际上对我来说发挥最好的还是《大明王朝》中的海瑞，在古装剧中这是一部非常棒的作品。一个好演员，遇到一个好剧本、好团队，就像卷入一场恋爱似的，会有一种怦然心动的感觉，让你对周围的一切东西都视而不见，这种创作是非常幸福的。我非常怀念这个团队和导演张黎。那个有两个足球场大小的摄影棚，地上掉根铁钉都听得见，那么安静，那么专注。导演没来，工作人员已将所有准备工作做好，演员到现场没有带剧本的——早背得烂熟于心了。一个作品的生命力，与整个团队的创作氛围是息息相关的。

老杜：《中国远征军》是你演艺生涯的又一个亮点。听说你为此做了大量案头工作，认为这部反映真实历史、震撼人心的电视剧中的男主角韩绍功，是一个“值得拿命去拼的角色”，是这样吗？你是如何理解和塑造这个人物的？

黄志忠：我是在拍《家常菜》时接到《中国远征军》这个剧本的。剧中所反映的这段历史在以前的影视作品中是个空白。它所表达的情怀、承载的东西太多了，一下子就把我“震”了。但老实说，我对当时的剧本并不满意，另外我也没有准备好，所以搁置了几个月。好在制片方非常有诚意地等着我，制片人又与我交谈了一次，把我希望修改的东西、达到的高度都满足了。剧中的许多戏，都是我们后来调整、充实进来的。为使自己进入那段令人荡气回肠的抗战历史，我做了大量案头工作，包括观看凤凰卫视的专题片《中国远征军》，还有《探索·发现》中披露的有关史实，然后怀着一种敬畏之心投入创作。

↑ 黄志忠在《中国远征军》中

在《中国远征军》中，我

饰演的韩绍功是一个虚构的中层军官，他是一个悲情主义者，也是一个完美主义者，在他身上流淌着传统文化血液中的忠、孝、情、义，通过对人物形象的塑造、人物关系的构建，折射出历史和人性的光辉。韩绍功确实是一个值得我拿生命去拼的角色。剧中有大量硝烟弥漫的战争场面，我都坚持亲自完成、不用替身。在炸点之间奔跑时，我可以感到爆炸冲击波掀起的碎石在我耳旁呼啸，而这时只能把生命置之度外，因为我太希望通过这部戏来传递一些东西，让这段历史引起今人的关注了。在此期间，我在云南电视台做了十集专题片的主持工作，完全是尽义务、零片酬。播出那天，我还到腾冲的烈士陵园去祭奠，就是为了了却一个心愿——英烈在天上看着我们，我们要通过自己塑造的人物，弘扬伟大的民族精神。

《家常菜》里，透着一股“爷们儿气”

老杜：你在反映普通人悲欢离合的家庭情感剧《家常菜》中，塑造了一个国营食堂厨师的形象，他用一生的守候，完成了一个男人对家庭的承诺。你是如何走进《家常菜》的，剧中男主角刘洪昌最感动你和最令你产生创作欲望的是什么？

黄志忠：是这样，《家常菜》这个戏也比较巧合，当时我正为另一个剧本犹豫不决，看到《家常菜》一下被吸引了。因为我多年没拍家长里短的戏了，它有很强的烟火味，十分接“地气”，而剧中男主角刘洪昌与我小时候的成长离得又挺近。故事的时代背景是二十世纪七十年代末至九十年代初，正是我国从计划经济向市场经济的转型期，也是人们的思想意识最活跃的时期，所以人物显得很厚重。“厚”在哪儿？以往的生活剧，往往都有情节副线，《家常菜》却没有。剧中所有人物和情节线索，都与男主角刘洪昌发生联系；全剧1400多场戏中，刘洪昌的戏竟多达1200多场！戏的容量实在太大，演得非常累，到最后我都怕自己会崩溃了！

刘洪昌这个人物最感动我的，是他身上所承载的一个好男人的大情大义和“爷们儿气”。我起初觉得这人有点“二”；其实他不是糊涂的“二”，而是有头脑的，睿智的，又是善良和幽默的，性格上有多个侧面。有些事他明知做了会吃亏，为什么还要做？这就涉及一个人的价值观问题。剧本最初把主人公“写死”了，我与导演安建沟通后认为，好人不能死，因为一部作品要承担一种社会责任和道德引导，让一个好人死去会令大家失望的，所以最后又让他在矿难中“活”过来了。

老杜：我觉得你在《家常菜》中的表演自然、随性、富有张力，人物有情、有义、有大爱，也有“傻”的一面；他面对困境十分纠结，又不时表现出幽默乐天的性格，你如何处理这些看似矛盾的性格侧面？

黄志忠：是的，刘洪昌这样的人物，就要采用这样的表演手法。我不想把它拍成一部苦情戏，它应该是笑中带泪的，要阳光，要相信美好和道义，你只要相信，它就会存在。至于人物身上的幽默特质，还得感谢天津这方水土对我的养育。我在这个戏里大量吸收了天津人的喜感和幽默方式，大家看了都觉得挺好玩的。

大器晚成，不是“撑杆跳”演员

老杜：你认同“大器晚成”这个说法吗？

黄志忠：我说过，我不属于那种靠“撑杆跳”一下就达到一定高度的演员，有一个从量变到质变的过程。而且不过是遇到几部好作品，被大家承认了，并不说明什么。前面的路还很长、很远，以往的成绩并不代表未来，所以我一直还有紧迫感，不敢有丝毫懈怠，只能越来要求越高。

老杜：有报道说你平时为人低调，就爱“傻演戏”……

黄志忠：嗨，也不是傻演戏，就是专注度比较高吧。我认为每个职业都要对自己的工作有敬畏心，重视它，认真地对待它，全力以赴地做好。我每拍一部戏，都让自己沉浸在角色中，让人物的种子在心里生根、发芽、成长，就是为人物着迷吧！

老杜：你接戏有什么原则，现在和今后一段时间有什么规划？

黄志忠：我觉得是这样：一是在我表演档案中没有演过的角色可以接，决不重复自己；二是在娱乐圈这个特殊环境里，演员随时都会被消费，我想做的是不被过度消费。怎么做到？减少拍戏数量，让自己塑造的人物形象多一些变化。今年是我的调整年，我想不让自己太累，目前正在北京拍一部《咱家那些事》，也是家庭戏，我的戏只有200多场，比《家常菜》轻松多了。今后有什么规划？很简单，还是在路上吧！

← 黄志忠在《家常菜》中

范伟：千万别拿自己当喜剧人物

还记得那个“脑袋大、脖子粗、不是大款就是伙夫”的范厨师吧！脑瓜里缺根弦儿不说，还在“大忽悠”面前走两圈，还大跳，还接受四岁儿童的智力测验，诙谐幽默的表演，令人捧腹大笑，笑罢，又有几分辛酸。

年年参加央视春晚，2009年忽然缺席，还与老搭档赵本山爆出不和传闻，对此，范伟颇感委屈：缺席只因春晚彩排强度太大，自己身体不好怕吃不消；与本山乃多年老友，何来“拒听电话”之说？

范伟未上春晚，还因他“心有旁骛”——迄今，他已拍摄了30余部影视作品，给人印象最深的是《天下无贼》中公开抢劫的笨贼、《刘老根》中自作聪明的药匣子、《乡村爱情2》中磕磕巴巴的“钻石王老五”和《非诚勿扰》中的“天使”投资人范先生。因为在电影《看车人的七月》中的表演，他还得到一个蒙特利尔电影节“影帝”头衔！

自谓生活中“认真、迂腐”的范伟，现为中国煤矿文工团演员，在演艺圈一向低调、不擅张扬，身上的光芒几乎尽被喜剧小品中上当受骗的“傻人”、“笨人”所遮掩。

其实，说他“大智若愚”不算溢美。

在北京朝阳区一幢高档写字楼里，范伟正在拍摄电视剧《老大的幸福生活》，采访只能利用拍摄间隙见缝插针地进行了。这不，刚与老杜交谈了十几分钟，导演便差人来喊“老大”，“老大”只得乖乖起身，从桌上的饭盒里取出两块饼干塞到嘴里，匆匆拍戏走了。

一等便是一两个小时。

《南京！南京！》让我身心备受煎熬

侃侃而谈

老杜：正在热映的电影《南京！南京！》中，你饰演拉贝的秘书唐先生格外引人注目。因为在大家的印象里，你是一个充满幽默细胞的笑星，虽演过一些正剧，都不如这部反思历史的战争大片影响深远。你知道导演陆川为什么选择你吗？

范伟：在拍摄《南京！南京！》之前，陆川只在荧屏上见过我，都是我演的喜剧小品；他也看过我的电影《看门人的七月》、《芳香之旅》，看过我饰演的一些正剧角色。他选择演员是很慎重的。第一次见面时他对我说："我感觉你不像荧屏上那个范伟。"（笑）陆川把我叫去，原想让我演一个军人，那时我刚好腰伤，他一看我的身体状况就摇头说恐怕不行，因为军人要摸爬滚打，动作性强，我的腰承受不住剧烈运动的折腾。但没过几天，他又给我打电话，说剧中还有一个角色挺适合你，就是拉贝的秘书唐先生。他从我的举止言谈中，看到了我内心的"柔弱和善良"（笑）。

老杜：你如何理解和塑造唐先生这个角色？

范伟：陆川把剧本交给我，一看，呦，这不就是传统意义上的汉奸吗（笑）？陆川说，哥哥，咱别这么理解人物，文艺作品中的人物不能非此即彼、非好即坏嘛！每个人一生中都可能有亮点，也有污点，可能唐先生在一次战争中，把自己的亮点和污点都暴露无遗而已。他从软弱到坚强，从小爱到大爱，很有戏剧性。他这么一说我就释然了。我演过很多喜剧、正剧，还真没演过这样一种大悲情题材中，人物命运起伏很大、人性还原得很好的知识分子形象，我想，演就演了，不管将来别人怎么评价，一个演员能摊上这样的角色肯定挺过瘾、挺有挑战性的。

范伟在陆川的影片《南京！南京！》中

老杜：拍摄过程还顺利吗？

范伟：可以说，拍摄过程是一个从肉体到心灵都备受煎熬的过程。身体上，每天化装要花几个小时，然后在片场等，耗；面对炮火连天的战争，每天都要把情绪调整过来，投入进去。陆川又比较狠（笑），总让我设身处地，以亲身经历和体验进入唐先生的内心世界。当时他选中我，是看中我的身份，我内在的勇气；生活中的我是个好父亲、好丈夫，唐先生也是这样的人。比如孩子被日本兵扔到楼下时，他让我想一想：咱的女儿要是被扔到楼下，看见她血肉模糊的样子，你会怎么样？他总是这样启发诱导，让人备受煎熬。当时我就号啕大哭，一副歇斯底里的表现。当时心里很难受，现在回头一看，这种启发、刺激是特别有效的，比提前设计表演动作自然、生活得多！我等于是带着老婆孩子在那个残酷的战争年代里活了一次。

老杜：也可能我没看明白，我总觉得唐先生最后被毙得有些牵强。

范伟：是这样。包括唐先生在内，每个人的戏都被剪掉很多。原来拍摄的素材，唐先生被毙的理由很充分；现在是稍不留意就会被忽略。唐先生是替那个军人去死的。伊田问为什么要救他，唐先生回答：我是在救我自己。如果唐先生带着负罪感携妻外逃、苟且偷生了，这一辈子都会生不如死。这其实是一种自我救赎。

千万别拿
自己当喜剧人物

老杜：观看《南京！南京！》之前，我曾担心你一出来观众会不会笑场，结果正如媒体所称："两分钟后就忘记了原来演喜剧小品的范伟"，这应该是对你表演的最高褒奖。

范伟：我本人生活中是特别认真的一个人，也是很天真迂腐的一个人（笑）。真的，说心里话。只是说，我有幽默感，又不是自己在讲什么笑话（我这人内向，不能闹），而是一看这个人物挺具幽默性的，心里感悟到了，然后融入自己的表演和戏剧情境中。我觉得人有时认真、迂腐过分了就会产生喜剧（笑）。

老杜：真正的幽默是观众捧腹大笑，演员自己却不笑。我觉得你就具有这种特质。所以有专家评价你的表演是"寓谐于庄"。

范伟：诙谐是作品给我的，庄重是我的表演。我的经验是：千万别拿自己当喜剧人物。我一直没把自己定位为喜剧小品演员。说实话，我演喜剧也是正着演，台词、表演只做适度夸张。如果我时刻提醒自己是在演喜剧，夸大肢体动作，故意挤眉弄眼，反倒让观众感觉假了，不幽默了。我认为曲艺理论家薛宝琨关于喜剧的快感和美感的论述，很值得我们好好学习、揣摩。快感是让大家乐一乐，细琢磨却没什么意思；美感是乐完之后，越琢磨越可笑，越耐人寻味。后者是高明、隽永的，前者是比较低端的。快感像酗酒，令人沉醉一时其实对身体有害；美感像适度饮用葡萄酒，既带来心情愉悦，又有益健康。马三立老先生的相声为何高明？就是耐人寻味，越琢磨越哏儿，越琢磨越合理，越合理就越可笑。所以我们在塑造人物之前，先把他的合理性找到，而且要特别充分，从人物性格深处去挖掘，而不是依赖演员外在的表演。

大角色，小角色，只要喜欢我都演

老杜：我觉得你在表演上的可塑性特别强，憨厚老实的，自私狡黠的，刁钻奸猾的，幽默可笑的，即使是个小角色，只有不多的戏份，也会被你演绎得活灵活现。

范伟：谢谢夸奖（笑）。首先是我没想过我演的是大角色，还是小角色。我是一个有标准而没计划的人。比如我现在一直演配角，从牛年开始就演主角了，没这个计划。但我有标准，标准就是这个人物我喜欢。他可能是主角，也可能是配角；可能是大人物，也可能是小人物，只要是我喜欢的人物，不管有多少戏份，我都会去演。喜欢了才会兴奋，兴奋了才能演好。

老杜：你塑造的很多人物都可以说是典型，如《刘老根》中的药匣子，《乡村爱情2》中王大拿的儿子王总等等，生活气息、地域特色非常浓郁，十分出彩儿。

范伟：对，尤其在东北有这个生活基础，像药匣子这种人特别多，我亲戚朋友中就有（笑）。村子在东北叫“屯子”，这种人叫“屯不错”，也叫“知道分子”（比知识分子差一点），知道好多事，遇到问题能说明白。劝个架呀，摆平个事儿呀，啥都掺和，在屯里比较有威信，就被架楞起来了。架楞的后果，就是常常不懂装懂，一瓶子不满半瓶子晃荡（笑），于是出现喜剧效果。还有演本山大哥的儿子，从年龄感上就挺牵强的，我们就想办法尽量让这种父子关系合理一点，给他加些不伤大雅的小毛病，如口吃，臭美，喜欢念几句甭诗等，显得更幼稚可笑一点（笑）。

↑ 范伟在电视剧《老大的幸福生活》中

观众如父母，演员要做“乖孩子”

老杜：我高兴地看到，你在观众中口碑一直很好，几乎没有负面新闻。最近媒体曝出明星为问题网络代言，也只有你做了公开道歉。你如何看待演员与观众的关系？

范伟：怎么说呢？有时我觉得演员就像个厨师，可以做些自己的看家菜，但也要想想厨房外边的顾客，对你沾沾自喜的手艺是否买账，切不可孤芳自赏。作为一个演员，要明白你的戏是给谁拍的。为得奖而拍的，可以有一两部，美一美，但不是你的主要任务。比如我时不时也拍些文艺电影，如《看车人的七月》、《芳香之旅》，但它们毕竟是小众化的东西，我们主要面向的还是人民大众。演员的主要任务是给大众带来快乐，带来艺术享受，时时刻刻要为广大观众着想。然后，我又是一个面对观众比较忐忑的人，很怕观众不满意，有点像家里的一个乖孩子，特别想讨好父母，肯定就会表现特别乖，尽量不让父母操心、生气，想办法哄他们高兴（笑）。演员面对观众犹如面对父母一样。不让观众失望会心生忐忑，忐忑又让你变得特别认真，对每一个角色都尽心竭力。这样，即使演员稍有闪失，或力不从心，观众也能谅解和感到满意。

儿子说，老爸，得节省点子弹了

老杜：你的表演才能是受父母的影响吗？

范伟：我妈妈在表演方面挺有天赋的。她比较幽默，同样一句话，从她嘴里说出来就有意思，属于能说会道的那种人，模仿能力也很强，主要是没赶上好时候，只是一个普通的商店营业员。我爸爸呢，是特别有文学梦的一个人，一直是工厂的宣传干事，写得一手好字，坚持文学创作，但被退稿的时候多（笑）。可能父母的基因在我身上都有——我表演上的天赋像我妈；我对每件事情的认真、执著和勤奋又像我爸。

老杜：听说你的儿子是个相声迷，特别爱听李伯祥的相声？

范伟：我儿子吧，他看来说不了相声，不是这块料儿（笑）。但他的确酷爱相声，从几岁时开始，不听相声睡不着觉（笑）。现在他上学起得早，晚上就不让他听了。他对自己的“奖励”，就是听一段好的传统相声。他最爱听马三立、苏文茂、李伯祥和郭德纲的相声，特别喜欢天津的传统相声。

← 生活中的范伟低调而随和

老杜：谈谈今后的发展方向吧，你还会上央视春晚、表演喜剧小品吗？

范伟：还是那句话：有标准、没计划，达到标准的就去做。我儿子告诉我：老爸，咱得省点子弹呀（笑），意思是劝我别透支生命和健康。像现在正拍的《老大的幸福生活》，大家合作很愉快，就是有时觉得累了，年龄不饶人啦。他们管这部剧叫“范氏喜剧”，我听了觉得有些肉麻（笑），我就是一部一部地拍戏，没什么“氏”不“氏”的！

陈建斌：曹操是一颗复杂多面的钻石

大约十几年前，陈建斌请人写过一幅字悬于自家壁上，就是曹操的《短歌行》。

“对酒当歌，人生几何？譬如朝露，去日苦多，”“青青子衿，悠悠我心，但为君故，沉吟至今……”为何一个人能写出如此优美的诗篇，同时又被后人定义为“奸雄”？历史，到底发生了什么误会？这个问题，一直困惑着年轻的陈建斌。

生于新疆乌鲁木齐、毕业于中央戏剧学院、现为国家话剧院演员的陈建斌，是近年来崛起的影视新星，曾因在电视剧《结婚十年》、《乔家大院》、《亲兄热弟》和电影《孔子》中的出色表现，多次荣膺中国电视剧飞天奖、金鹰奖最佳男主角和最受欢迎男演员奖。尤其是他与夫人蒋勤勤牵手上台领奖的画面，令人记忆犹新……或许冥冥之中与古人自有缘分，或许是一种执著艺术追求的结果，在高希希执导的新版《三国》中，他终于如愿以偿地饰演了戏份很重的曹操的形象。尽管该剧在天津卫视首播后观众褒贬不一，但不可否认的是，从表演艺术角度分析，陈建斌的曹操终究揭示了人物性格的多面性和复杂性，比较接近原著中的描写。正如他在接受老杜独家专访时所比喻的：如果说普通人像一块玻璃，只有正、反两面和几个棱角的话，那么，曹操就是一颗复杂多面的钻石。

非曹操不演，一是喜欢，二是适合

老杜：两年前，你到天津卫视录节目时我们聊过一次，当时你正信心满满地准备在新版《三国》中，演绎曹操这个你心目中的大英雄形象。现在戏已拍完，并播出了 30 多集，虽然观众对你塑造的曹操形象褒贬不一，但依我的观点，你还是演出了曹操人性中

← 陈建斌的眼睛中透着一股霸气

的复杂性和多面性，与我想象中的曹操也比较接近。记得你对我讲过，年轻时读曹操的诗，觉得与他的“奸雄”形象十分矛盾，历史一定是误读了他，所以总想找机会解开心中的疑团？

历史上的曹操可能就是这个样子

陈建斌：没有，我认为没人能解开这个疑团。“对酒当歌，人生几何”、“青青子衿，悠悠我心”，曹操能写出这么优美的诗句，同时又是人们印象中的奸雄；他既求贤若渴、唯才是举，又生性多疑，心狠手辣……从一个小点到无数点上，他都是自相矛盾的，都勾着人们试图去了解、探讨其中的奥秘。但历史的真相一是我们可能找不到了，二是能否找到已不重要了，重要的是在追寻真相的过程中我们发现了一些东西，这些东西可能是有意思、有价值的。

老杜：据说新版《三国》中，你是主动请缨饰演曹操的，而且非曹操不演，你觉得你演曹操的优势何在？

陈建斌：我的优势只是喜欢他而已。《三国》中有名有姓的人物有一百多个，都很好。演个周瑜、诸葛亮吧，还得英俊潇洒、有儒雅之气，才能符合人们心目中的标准；演个孙权吧，得年轻，属于少壮派……你得用排除法吧，不能一厢情愿。其他名著也是，你演唐僧吧，肯定得是个清秀的、慈眉善目的；演孙悟空吧，你又不会翻跟头；演《红楼梦》里的人吧，你又太老了。分析来分析去，还就是曹操这个人物，伸缩性强，比较适合我，而且他也确实是《三国》中性格最复杂、最有诱惑力的人物。

曹操大概就是我演的这个样子

老杜：《三国演义》中，对曹操的外貌描写只有寥寥数语，“身长七尺，细眼长髯”，细眼与你贴近；还说他“有权谋，多机变”、身上有霸气、枭雄气，看了30集《三国》后，感到你在这些方面有接近他的地方。但从接近他到“变”成他，你一定下了不少工夫吧？

陈建斌：曹操究竟长得什么样，我们无法考证，只有简单的文字描写，还有一幅他儿子曹丕的画像供参考。说句笑话，曹操大概就是我演的这个样子！

⬆ 陈建斌风趣小照

这次拍《三国》，造型杨老师、服装陈老师都非常棒，从胡须、发型、面部造型到服装设计，都具有鲜明的东汉时代特点。在曹操的中后期，我在外形上增肥近十公斤，又加穿了肥袄，从状态和感觉上更贴近“老骥伏枥，志在千里；烈士暮年，壮心不已”的曹操。这些都从外到内，帮助我进入角色的心灵世界。

老杜：从《三国》前30集来看，我感觉曹操身上霸气、枭雄气有余，而诗人气质不足，不知你有没有这样的感觉？

陈建斌：确实，在拍摄中我与高导探讨过这个问题，怎样全面展示曹操政治家、军事家、文学家的风采？但我们拍的是“三国”，曹操的戏再多也只占三分之一，在三分之一的篇幅里讲述一个人完整的一生是不可能的，所以必须有所取舍。至于你说的“诗人气质”，我觉得通过他与文人陈琳的关系便可略见一斑：陈琳写了《讨贼檄文》，是痛骂曹操的，曹操看了不怒反喜，当面对曹丕、曹植说，此人文采斐然，看完我的病都好了！袁绍兵败陈琳被捕后，曹操不但不怪罪，反而赏识厚待他，令他感激涕零。从这些情节中，不难看出曹操对文学、对诗、对美好事物的追求和热爱，对知识分子的理解和宽容——很简单，他本人就具有这样的情怀。

他是一颗复杂多面的钻石

老杜：既机智又狡诈、既宽容又狭隘、既爱才如命又心狠手辣……曹操性格中这些看似矛盾，又确实集于一身的多面性和复杂性，无疑是对你表演功力的一大挑战，你是怎样完成这个艰难的塑造过程的？

陈建斌：其实我觉得这个人物的魅力所在，就在于他身上集合了人身上很多极端又矛盾的东西。我常想，如果我们做一个关于“人类”这个物种的科学研究，要从人类中挑选一个性格复杂的人做样本时，我认为曹操是最好的人选。他是我见过、接触过、扮演过的人性最复杂的一个。他既是天使，又是魔鬼；既是英雄，又是小人；既有诗人情怀，又是铁血心肠……所有这些相互矛盾的元素都聚合到曹操身上，我们很难在生活中或历史上再找到这样的典型了。每个人都有若干个面。普通人可能像一块玻璃，有正、反面，有几个棱角。而曹操的复杂性使他像一颗钻石，有很多面，好的，不好的，能接受的，不能接受的，都强烈闪烁着人性的光芒。这"强烈闪烁"，使有些人不舒服，觉得这人怎么这么坏，怎么能这样说话，把你心里想说而不敢说的话，堂而皇之地说出来了；把你想做而不敢做的事，坦坦荡荡地做出来了，而且根本不在乎别人怎么看。他就是这么一个人。

⬆《三国》剧照

老杜：在《三国》前30集中，曹操的戏份很重，所以有人戏称为"曹操的成长史"，我觉得这样说也不无道理，因为在诸葛亮出山之前，《三国》确实是以曹操为中心展开情节的；而且我注意到，你除了把握曹操人性的复杂性之外，也确实有分寸、有层次地展现了曹操的成长过程。

陈建斌：我希望把曹操塑造成一个性格复杂、有血有肉的人，而不能像传统戏曲那样，一出场就是个大白脸、长胡子、一脸奸相。一个人在不同情境中有不同的表现，才是真正的活人，血管里流淌的才是血而不是白开水。不管多伟大、多杰出的人物，生命中很多东西都是不可避免的。难道因为他是伟人、英雄，病了就不难受、不痛苦？当死亡来临之际，就没有一丝留恋和恐惧？难道因为他是英雄，成功了就不能欢呼雀跃，高兴得像个孩子？铁血人物难道就没有爱妻怜子之情、温柔纯真时候？只有当你进入角色之后才会发现：他不像我们原来理解得那么简单。刺杀董卓时他还有些慌张，败逃时还很狼狈；但随着时间的推移，你会发现曹操的性格是怎样一步步形成的，是在怎样残酷的环境中一点点变得多疑、铁血、无所不用其极的，尽可能真实完整地展现人物的成长变化过程，这才是我们拍摄《三国》的意义所在。

导演给了我们充分的创作空间

老杜：在影视作品中，演员往往是被动的，必须服从剧本和导演的总体构思。但听导演高希希说，他与你经常在片场碰撞出灵感的火花，如曹操临终前用手指蘸起一滴酒，又挥指弹开；还有垂暮之年把玩光束的动作，都是用直观的影像表现人物思想意念的点睛之笔。请谈谈你是如何运用影视表演的特殊手段，如眼神、表情和动作来塑造人物的？

陈建斌：高希希是个有胸怀的导演，能给演员最大的创作空间，而且特别善于营造一种愉快的创作氛围，让每个演员在他面前都觉得自己有无限的创造力。演员一旦获得了这种自信，潜能就会被充分挖掘出来。在这方面，高导做得很成功。至于表现手段，不管形体还是神态，都要紧紧围绕原著的精神，不断与导演沟通交流，争取每场戏都不留遗憾。比如我有两场戏，拍完觉得不满意，又推倒重来，虽然我们的拍摄时间很紧，又很劳累。

体验了一把超越平凡生活的英雄情境

老杜：近日你在新浪聊天时，谈到以敬畏之心创造人物，你认为《三国》英雄身上有哪些现代人缺失或向往的精神，重拍《三国》有何现实意义？

陈建斌：现实意义我倒真没考虑过。我只是觉得，为什么时隔一两千年，这些人物的名字，形象，人格魅力，仍在每个人心中栩栩如生？每个人心中都有一个"三国"英雄谱？确实是因为在他们身上具有我们普通人不具有的某些东西，比如我们每天为一些蝇营狗苟的事情操劳忙碌时，这些英雄却胸怀大志，挽江山于既倒，救万民于水火，干的是惊天动地的大事，这其中就有一个"大我"和"小我"的差异。

老杜：通过拍《三国》，你有哪些收获和心得？

陈建斌：我觉得拍这种厚重的历史题材戏，有一个最大的好处，就是能体验一种超越我们平凡生活的英雄情境。亲身参与营造了《三国》这样一个历史氛围，沉浸其中，然后你会发现：人除了平平庸庸活着，也许还有机会成为一个英雄，一个了不起的人；遇到与剧中人物类似的经历时，也会决定自己如何反应、判断和行动。

⬆ 陈建斌、蒋勤勤"风雨同舟"

总之，我们几百个人、耗费巨资、花费两三年时间，把古典名著《三国演义》转化为视觉形象，尽了最大努力，力求避免遗憾。我们所有的努力和水平，都反映到这部《三国》中了。用一句话说，就是："岂能尽如人意，但求无愧观众。"

胡军：大片当道是必然的

由胡军、梅婷联袂主演的电视剧《岁月》，播出后引起观众热议。剧中，胡军饰演的男主角梁志远，本是个血气方刚、棱角分明的年轻人，到机关工作后，因纠结于职场“潜规则”，逐渐变得圆滑世故，却又不甘沉沦、不失正直本色。该剧不仅震撼了人们的心灵，同时也表现出胡军娴熟精湛的演技。

胡军，是著名兄弟歌唱家胡宝善的公子、胡松华的侄儿，虽然天生一副极富磁性的好嗓音，却对歌唱不感兴趣，不愿子承父业，也不想沾父辈的光。高中毕业后，胡军考入中戏，毕业后分配到北京人艺，走上了影视和话剧表演的道路。

身材高大魁梧、古铜面色，颇具成熟男人风范的胡军，在二十余载的演艺生涯中，塑造过许多帝王将相、英雄豪杰的形象，如《楚汉风云》中的项羽、《赤壁》中的赵云、《天龙八部》中的萧峰、《朱元璋》中的朱元璋……也因此被誉为“银幕硬汉”。与此同时，他又不断拓宽戏路，多方发展，与内地和香港多位大牌导演合作，参加了《蓝宇》、《集结号》、《建国大业》、《无间道 2》、《十月围城》、《我的唐朝兄弟》、《机器侠》和《让子弹飞》等名片的拍摄，演技日趋成熟，人气益加旺盛。2008 年，他成为继章子怡、郎朗、李云迪之后，又一位被列入香港优才计划的内地演艺人士。

总结从艺二十年的经历，胡军认为不论影、视还是话剧，最重要的是让观众理解、接受和喜欢，艺术家不可因自己的偏爱，而将观众置之度外。

珍惜观众给我的“硬汉”头衔

老杜：你被称为银幕硬汉，除了你自身的条件外，还因为你主演了不少帝王将相、英雄豪杰。在你拍过的古装片中，你最满意自己塑造的哪个形象？

← “硬汉”胡军

胡军：项羽我喜欢，赵子龙我喜欢，朱元璋我喜欢，萧峰更甭说了，这几个戏我都挺满意的。因为每部戏都不一样，没有重复的，我就满意。当观众认为胡军是硬汉，擅演大英雄时，我特别感谢观众给我的这个头衔，而且会小心翼翼保持住这个头衔。这是观众给予我的荣誉，我没必要否认和避讳它，而是要发扬光大。但胡军只能演硬汉吗？非也。我也可以演梁志远(《岁月》)、可以演张忠良(《一江春水向东流》)、可以演潘赞化(《画魂》)等等。作为演员，我爱演戏，希望多方面尝试，多方面发展，戏路越来越宽；到一定时候，再回过头来走硬汉或英雄路线，也未尝不可。

⬆《我的唐朝兄弟》剧照

老杜：演历史人物，因距离我们时代比较遥远，对他们的思维和行为方式都有一个揣摩和体验的过程，其依据就是史书和史料的记载。你是怎样接近和演绎古人的呢？

胡军：史书必须得看，例如朱元璋这人到底怎么回事，历史上发生过什么，是否像史书上说的那么残暴，是否长得那么丑？他的画像就有好几个版本。朱元璋让画师给他画像，画完还给宰了。为什么呀？画得太漂亮了。朱元璋对着镜子一看，这是我吗？你犯了欺君之罪，拉出去斩了！最后终于有一位画师画出了他的真实模样。朱元璋对着镜子一看，这好，猪腰子嘴，鞋拔子脸，像我！可冷静下来一比，还是被杀画师画得顺眼，于是两幅都留下给后人看。这就是朱元璋的两面性。演朱元璋，就要演出人物性格的矛盾性和复杂性。

习惯让角色贴在自己身上

老杜：不久前刚刚看过你与梅婷主演的电视剧《岁月》，感到你除了彪悍硬朗的一面，还有比较圆滑、柔韧的一面，有点像当年的《一地鸡毛》，触及了官场上的一些"潜规则"。当时，导演是怎样找到你来演梁志远这个人物的？

胡军：导演刘江跟我不熟，是我看了《岁月》的剧本后把他约来的，结果我们一拍即合。他原以为我只擅长古装戏，擅长饰演硬汉、英雄，没想到我还有另一面。长时间以来，我一直想演一个现实题材的作品，更贴近生活，更有亲切感；看了很多剧本都觉得不靠谱。而《岁月》让我一下喜欢上了。改编也非常好。原小说《沧浪之水》写得太灰了，我们加了许多亮色，比较积极向上了。

老杜：第一次演一个机关干部，你觉得是自己的一次转型或挑战吗？

胡军：我觉得梁志远这个人物很亲切，很熟悉，在生活中曾相识，就像我的邻家大哥。在拍摄中也没遇到很大困难，也没刻意去改变自己，就按我的理解和感觉去演。我演戏有个习惯：不愿把自己贴在角色身上，而让角色贴在我身上。当时我就想：如果我胡军是梁志远，遇到这类问题该怎么办？一切都跟着我的感觉走，让每一个细节，每一个眼神，每一句台词，与对手的每一次交流，都由心而发。外部动作没有大开大合，完全是人物内心的纠结、斗争和转变。另外，《岁月》的剧本虽然很好，我们还是把台词变成自己的话，变成生活中的语言，与梅婷、王彤和导演的交流也很顺畅。我一直想做到，尤其在现代戏中，不要尴尬，不要装，尽量贴近和还原生活，把握好艺术的分寸。可以说，《岁月》是我的一次成功尝试，为我的表演又打开一扇窗户。

与香港导演合作有原则、不盲目

老杜：在我的印象中，你与香港导演合作较多。你与他们中的哪位合作更默契，学的东西更多，交流起来有没有障碍？

胡军：刘伟强、关锦鹏、刘镇伟、陈可辛，我们合作得都很好，可以说各有千秋。至于障碍，主要是语言的障碍，但他们都在学普通话，比以前沟通方便了。香港导演为何愿与内地合作？市场大呗！香港毕竟是弹丸之地，一部电影最高票房三四千万，已乐得屁颠屁颠的了，与内地动辄几个亿的票房怎么比？

老杜：在与你合作过的女演员中，你比较喜欢谁？

胡军：我觉得都可以。因为与我合作过的女演员都挺优秀的：梅婷不错，嘉玲不错，吴君如不错，李嘉欣也不错……总之合作都挺默契、舒服的。

老杜：你今后还会参演与香港的这类合拍片吗？

↑ 颇具成熟男人风范的胡军

胡军:如有合作机会当然不会放过,最重要的是看自己适合不适合。如徐克导演两次邀我都没去,因为戏里角色不适合我。一个演员不能盲目接戏。还有,我尝试过香港人制作无厘头喜剧的过程,拍了一部《机器侠》就可以了;后来《越光宝盒》又请我去演曹操,我就婉拒了。一定不要在伤害自己的情况下去尝试新东西。

大片当道,是电影市场发展的必然阶段

老杜:不可否认,近年来中国电影市场的复苏,是与大投资、豪华阵容和高科技手段制造的"大片"密不可分的。最早是好莱坞大片冲击中国电影市场,其后有冯小刚的贺岁片一枝独秀,最后是国产大片当道,你对此怎么看?

胡军:大片当道是必然的,是中国电影市场发展的一个必然阶段。因为中国人还是要看中国电影。看美国电影猎奇的成分多,看中国电影审视的成分多。好莱坞电影技术含量多高,与中国电影不可同日而语。但现在中国电影追上来了,仅以冯小刚为例,从《集结号》到《唐山大地震》,一部做得比一部好,一部比一部观众爱看。这是一个令人鼓舞的趋势。如果不以美国大片为参照物,中国电影的发展速度还是很快的。而且中国电影在威尼斯也好,戛纳也好,柏林也好,奥斯卡也好,日韩的电影节也好,正慢慢受到世界的重视。

老杜:电影市场有一个培育过程,除了大片当道之外,你认为那些文艺片何时能"咸鱼翻身",占领一定的市场份额?

胡军:当大片当道这个阶段过去之后,观众看腻看烦了的时候,真正坐下来、安安静静欣赏一部文艺片时,中国电影才能真正繁荣起来,各种类型片也有了存活的可能性。

老杜:有报道说,你认为中国演员的市场号召力比较差,有的甚至是票房毒药?

胡军:我说过谁是票房毒药?要说也得先说我自己呀!中国演员没有票房号召力,这是我说的。因为最有票房号召力的,是那几位大导演。陈凯歌又拍什么电影了?张艺谋又拍什么电影了?冯小刚又有什么新动

胡军在电影《赤壁》中饰赵子龙

作？这是大家最关注的事情。而演员中，即使像葛优这样的大腕儿主演的电影，也未必都有票房啊！中国电影只有这几个导演吗？也不是。我相信一定会有更多新锐导演喷薄而出的，这种力量也不可小觑。

不因个人偏爱而忽视大众需求

老杜：作为一个电影人，你对自己未来的发展有何设计和向往？

胡军：制作一部自己喜欢的电影，是我的最大向往。当然不能着急，要看自己的精力、时间以及电影文化积累的程度。

老杜：如果你自己制作电影，倾向于拍摄哪类题材，历史的、传记的、警匪的还是言情的？

胡军：我要拍就拍观众喜欢看的，而且不仅限于小众观看的。我觉得中国电影要解决的主要问题就在于此。从校园戏剧、荒诞戏剧、先锋戏剧，直到现实主义、文艺片，我都干过。总结从艺二十年的经验，我认为不管影、视、话剧，最主要的是让观众能够理解、接受和喜爱。

其实，作为一个创作者，应与观众同步，或领着他们往前走，而不能超越他们一大块以后（这很容易），让他们跟你走。观众是没有这个耐心的。他们只看身边的东西，或回头看过去的东西，不会看前瞻性的、自己够不着的东西。总之，不要因为自己的艺术偏爱，而忽视大众的需求。艺术家自我的坚持是必要的，但应与当代社会相融合，不能脱离现实、脱离群众、孤芳自赏。

把戏剧当成一种时尚是不妥的

老杜：十年前，你在北京人艺主演曹禺的话剧《原野》时，曾说过自己被“伤着了”，此次再演《原野》，有什么感慨？

胡军：在很长的一段时间里，曹禺的《原野》被人们误读了。十年前我演《原野》时，它被包装成一部具有荒诞色彩的先锋戏剧，什么马桶里打可乐，屋里挂满电视机，这个现代版的《原野》变得让我们摸不着头脑，觉得戏剧不能再这么干下去了。把戏剧当成一种时尚看待是不妥的，戏剧有它自身的精神。当戏剧不再纯粹时，我不得不离开它，转向影视表演。十年过去了，我这次重返话剧舞台，真的是一种命运的安排。我赞成导演的阐述，此次再演《原野》，一定要忠实于原著，把曹禺作品的真正精神内核挖掘出来。

冯远征："戏痴"的真情年代

长脸，大脑门，小眼睛，貌不出众的冯远征，当年曾因长得不帅而被电影学院拒之门外。

但天无绝人之路。冯远征在考场表演的戏剧小品，受到在场一位女导演张暖昕的青睐，当即邀他在电影《青春祭》中，饰演一个下乡知青。虽戏份不多，他却格外用功，在外景地西双版纳干农活，赶牛车，学傣语，与当地知青唠家常，顺利完成了自己的银幕处女作。1985年，他凭着自己的努力考上了北京人艺学员班，两年后又远赴德国留学。学成回国后，练就一身过硬本领，成为影视剧三栖演员。

在二十余载的演艺生涯中，他演过皇帝、太监，也演过警察、知识分子和性格变态者。无论角色大小，他都沉浸其中，浑然忘我，表现出深厚的文化底蕴和精湛演技，因此被人称作"戏痴"。其中，给人印象最深的是在电视剧《不要与陌生人说话》中，他饰演了一个性格变态的医生安嘉和，对温柔美丽的妻子滥施家庭暴力，激起众怒。此后，他在冯小刚的贺岁片《非诚勿扰》中饰演的"伪娘"艾茉莉，又使人对他的性取向产生怀疑。而正在天津卫视热播的开年大戏《钢铁年代》中，他与陈宝国飙戏的精彩片段，更使人看得津津有味，十分过瘾。

2011年初，在北京人艺主演话剧《全家福》的冯远征，利用休息时间接受了老杜的独家专访。他说，拍完《钢铁年代》后，他有一种罕见的期待感，尤其是有机会与陈宝国合作，感到非常幸运。

我与钢铁工人：一副手套见真情

老杜：正在热播的电视剧《钢铁年代》，是近年来荧屏上少见的工业题材电视剧，它以强烈的时代感、新鲜的故事和呼之欲出人物，深深吸引了广大观众。你在剧中的表演也广受好评。据说是陈宝国推荐你演他的对手杨寿山的，是这样吗？

← "戏痴"冯远征 CFP供图

⬆ 冯远征在电视剧《钢铁年代》中

冯远征：接到《钢铁年代》剧本时，制片方已确定由陈宝国饰演男一号尚铁龙。巧的是，宝国和制片方不谋而合，都想让我演杨寿山。遗憾的是，当时我正拍一个戏，合同订到前年十月，而他们九月就要开机。没想到他们为了等我，将开机时间推后一个月，这让我非常感动。为什么宝国愿意与我合作？我是最近才知道的，他说喜欢人艺的戏，喜欢人艺的演员；他在读剧本时，脑子里浮现出的杨寿山的形象就是我，而且非我莫属，如果我不演，他也不想演了（笑）。

老杜：第一次演产业工人，如何熟悉和体验他们的生活并建立起感情？

冯远征：我对产业工人的生活虽不熟悉，但有一些间接的经验，如看过工业题材的电影《火红的年代》和一些纪录片及图像资料，还到首钢拍过戏，对钢厂有一定的感觉。这次到大连钢厂实景拍摄，直接接触钢铁工人，更增加了感性认识。让我特别难忘的一件事是，一次，我在炼钢车间准备拍戏，当时穿着工装，光着手，忽然一个工人跑来塞给我一副手套，我还以为是服装师让他送的，于是对他说："谢谢你，这场戏需要戴手套吗？""不是，冯老师，我是怕你的手被钢花灼伤了，还是戴上好！"一个素不相识的工人，能够这样关爱一个演员，用一种朴素的行为，把自己的劳保手套送给我，让我十分感动。我当即把这副手套放入我的提包里，当作最好的礼物和纪念品收藏起来。

我与陈宝国：飙戏飙成好兄弟

老杜：《钢铁年代》的一大看点，是你和陈宝国这对"欢喜冤家"情趣横生的飙戏。你们不但在事业上，而且在感情生活上互掐、唱对台戏，你们如何处理这些争斗戏，与陈宝国合作中擦出了哪些火花？

冯远征：我和陈宝国一开始就很默契，一见面宝国大哥便以调侃的方式，确立了我们之间关系的基调。比如我觉得拍戏辛苦，要把自己的生活调理好，就准备了一小桌，上面放点好吃的东西，如点心、咖啡之类，宝国就用剧中尚铁龙的方式，阴阳怪气地损我："嗬，还弄个小桌？还弄这么多好吃的？……"我也不示弱，也用剧中杨寿山的方式反唇相讥。戏里戏外，皆入情境。满堂老师偶尔来现场探班，晚上请客大家最高兴，因为可以在饭桌上看我们俩耍贫斗嘴了（笑）。宝国本来已经戒酒，完全是因为《钢铁年代》又把酒"捡"回来了。这个戏

↑ 冯远征在《钢铁年代》首播式现场 CFP供图

真的创造了电视剧中饮酒戏份的最高纪录，而且每次饮酒都在戏眼上，每次饮酒都会出事。满堂老师高就高在这儿。因为剧情陡变，俩人喝着喝着就红脸了，大嘴巴子就抽上了。有一次他演得太投入了，一巴掌把我打下床，帽子也飞了，两耳嗡嗡作响；他失手后我的戏却没断，只要导演没喊停就接着演。

老杜：记得高满堂说过，你和陈宝国完成的两个人物，比他写得还好，因为加入了演员的二度创作和细节处理，人物更丰满、更立体化了。

冯远征：是的，我们的二度创作太多了，几乎每场戏都有。比如我俩的儿女长大了，相爱了，开始时家长反对，后来不反对了，就比谁能促成儿女的婚事，谁促成了，对方就得向自己喊声"爹"。结果我办成了，他开始耍赖了——"真喊哇？""真喊。""DIE。""怎么拼？""DIE 爹呀！""哎！"（笑）……有意思的是，他霸气十足，总想把我压下去，我也会使小心眼，用阴损的招数耍弄他，让他当众出丑。两个人明争暗斗，工作时却很认真和较劲，都想争第一；感情上又被同一个女人牵制，最后成为一生都离不开的好朋友。戏将杀青时我向宝国敬酒，说很高兴这次与你合作，他抬头看了我一眼，想了想说：我认你这个兄弟（笑）！

老杜：从表演角度说，这次通过拍《钢铁年代》，你有哪些新的尝试和感受？

冯远征：到了钢厂那样一个环境，与钢铁工人在一起，内心深处会自然产生一种创作冲动。那种大气势，高炉，吊车，相比之下，人显得很渺小；但你再渺小，也是操纵那些大家伙的，你在它面前，内心仍是强大的。再有，在演技方面，不应叫突破吧，可能随着表演的成熟，经验的丰富，把握起来更有余地，更自如了。而且这个戏演完了，还有一种留恋、一种期待感，期待着观众对自己表演的反馈，这是以前很少有的。

我与《建党伟业》：还陈独秀本来面目

老杜：正在热拍的献礼大片《建党伟业》中，你饰演了我党早期领导人陈独秀，为什么导演会找你演呢，从外形上看你并不像陈独秀，他是方脸，你是长脸。有把握演好并得到观众认同吗？

冯远征：不不，陈独秀也是长脸，也是秃头，头发比我还少（笑），嘴唇比我厚，大双眼皮，导演就说我像，尤其是定妆后神态比较像。他们希望把陈独秀塑造成一个有文化的气质儒雅的人，而不单纯是一个激情的革命者；他必须有文化，有思想，有大段独白和演讲。陈独秀，过去对我们来说，是"右倾机会主义分子"，这次我们还原了他的本来面目。为了进入他的内心世界，我通过网络搜索了他的大量图文资料，又跟导演聊天，商量探讨。陈独秀与李大钊的几场戏，我们处理得很生活。比如成立政党的想法，是一个冬夜，陈独秀与李大钊在家里，身上披个毯子，一起烤白薯时酝酿的。还有五四前，二人都预感到风暴即将来临时，我就建议导演让人物到一个更生活化的环境——饭馆里边涮羊肉边交谈。最后他们把白酒倒入火锅的炭炉里，"呼"地燃烧起来，内中寓意不言自明。

我与话剧：人艺造就了我的现在

老杜：你是个性格演员，擅长表现角色鲜明的个性和复杂的心理，尤其是一些"阴柔"的角色，被你演绎得惟妙惟肖，如《不要和陌生人说话》中的安嘉和、《非诚勿扰》中的艾茉莉等，你如何刻画这些色彩人物，不怕因此引起家庭和社会的某些质疑吗？

冯远征：开始演时没担心。演完以后观众会不自觉地往那方面去联想，特别是安嘉和这个人物，不了解我的人会说，生活中冯远征可能就是这种人，不然不会演得这么像（笑）！演完艾茉莉，也有些人、包括圈里人，对我的性取向产生了怀疑。对我个人来说，接到一个好戏时，我会很兴奋，想办法如何创造

↑ 冯远征和梅婷在电视剧《不要和陌生人说话》中

↑《天下无贼》中的笨贼

↑《非诚勿扰》中的性变态者

好他，而从不顾及后果。演完以后才会想：可能当时我太勇敢了吧（笑）！但这也是一个演员的幸福吧，也是另一种形式的奖赏。

老杜：你有长期话剧舞台表演经历，最近又荣获了话剧表演“金狮奖”。与影视表演相比，是否对话剧感情更深？

冯远征：是的，是北京人艺对我的锻炼培养，造就了我的现在。人艺的传统，是戏比天大，认认真真演戏；是只有小演员，没有小角色。与影视表演比较起来，我对话剧更情有独钟。冯小刚的贺岁片《非诚勿扰 2》没接，也是因为当时我正在演话剧，没有档期。有人问我遗憾不遗憾，我想，有得必有失，你在得到一个好机会时，可能又会失去另外一些机会，不能总是患得患失。就像人艺这个舞台，我是非常热爱的，多少人梦想站上这个舞台，而我实现了这个梦想，并得到观众喜欢，让我非常满足！

↑ 生活中的冯远征颇具亲和力

我与梁丹妮：夫唱妇随更默契

老杜：生活中的你有一个幸福美满的家庭，爱人梁丹妮不但是名编剧梁信之后，也是一位有实力的女演员。你们合作多吗？一起合作时，有无心理障碍，还是更容易默契？

冯远征：我们俩合作挺多的。因为我

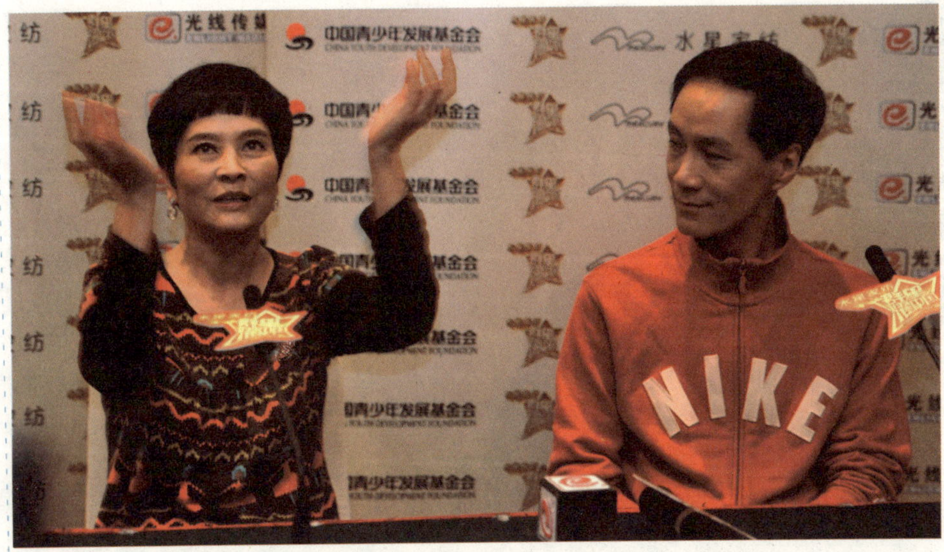

↑ 2010年10月，重庆，群星耀中国生活大典上的冯远征、梁丹妮夫妇。 CFP供图

们没孩子，她又为我牺牲了很多，有时为了在一起，就让她接个戏少的活儿，也方便相互照顾一下。我出去拍戏最担心她的吃饭问题，因为她不会做饭。每到吃饭时我都要打个电话问她吃了没有，剧组的人都觉得我们"真恩爱"，我就是怕她凑合。我的厨艺还可以，尤以炸酱面最拿手，一提这个剧组的人就流口水（笑）。红烧肉也做得不错。至于夫妻合作有无心理障碍，因为都是做演员的，为啥会有障碍？你可以跟陌生人叫爸叫妈，陌生人可演你儿子女儿，夫妇俩当然可以更默契！

老杜：除了工作，你们有什么业余爱好吗，比如收藏、炒股之类？

冯远征：我们都对自己的工作太投入了，所以没心思和精力做别的。古董我不收藏，人说玩收藏必须缴学费，我心想，缴学费干吗？我不学就得了（笑）！我只收藏小的、便宜的，如火柴盒，牛仔裤之类，反正赔不了。我们都不善理财，有钱就往银行送。我曾尝试买了点基金，涨到30万时没抛，到金融危机时跌到10万了，我只能无奈地感叹：钱啊，我的钱哪儿去了（笑）？

↑ 冯远征、梁丹妮夫唱妇随

秋

霜重色愈浓

远上寒山石径斜，白云深处有人家。
停车坐爱枫林晚，霜叶红于二月花。

——（唐）杜牧

林青霞

窗里窗外演绎多彩人生

2011年7月23日，第22届香港书展演讲厅迎来一位名副其实的“美女作家”、已淡出影坛十七载的电影明星林青霞。现年五十六岁的她，虽已美人迟暮，却风韵依旧：一袭黑色透视裙装衬托出其白皙的皮肤，容貌依旧清丽可人，言谈举止间，尽显知性成熟女人的优雅聪慧。当香港作家、凤凰卫视主持人马家辉称她“大美人”时，她马上笑着纠正说：我不是大美人，我是作家、作家、作家！

这位曾被誉为东南亚第一美女、在银幕上塑造过上百个清新脱俗、风采各异角色的台湾影星，在淡出娱乐圈十七年之后，却出人意料地以“作家”身份复出，带来一本装帧考究的散文集《窗里窗外——林青霞的戏梦人生》，参加第22届香港书展并与读者见面。书中收录了她近年撰写的51篇散文，分为“戏、亲、友、趣、缘、悟”六辑，娓娓记述了她从影38年来对事业、家人、朋友的态度以及人生的感悟，是“唯一的林青霞写林青霞”的书。

林青霞的新书推介会不仅吸引了超过2000人的粉丝和媒体，打破了此前金庸在书展上吸引读者人数的记录，更有林青霞的好友、导演徐克，作家董桥等前来捧场助阵。

“我的一生就像在梦里一样”，林青霞出场伊始便幽默了一把，“我拍戏，做明星，是小时候做梦都不敢想的事，如今变成了现实；现在我仍然像在梦中一样，家辉，让我摸摸你的手，看看是不是在做梦？”说着便隔着茶几将手递给马家辉，激起全场一片会意的笑声。

← 林青霞在香港出席新书《窗里窗外》首发式 CFP供图

我与琼瑶：一本书改变了一生

林青霞是以拍摄琼瑶电影而一举成名的。

17岁那年，林青霞高中毕业，走出校门，烫了头发，一个清纯美丽的花季少女走在台北街头，被星探发现后推荐给电影公司，公司送她一本小说——女作家琼瑶的《窗外》。看完《窗外》，林青霞感到小说中的女主角江雁容，简直就是为她而写的。于是，林青霞不顾父母的反对，毅然走进《窗外》剧组，也从此步入琼瑶的电影世界。那是她最开心快乐的时光，每天像小鸟一样飞来飞去，往返于片场和家里，感染了父母和她身边的每一个人。其后，她又先后接拍了《在水一方》、《我是一片云》等11部根据琼瑶小说改编的电影，成为琼瑶最赏识最喜爱的女演员。

"琼瑶姐和我的命运，都是因为一本书而改变了自己的一生，"林青霞说。这本书就是《窗外》。

"我常想，如果没有《窗外》，青霞会有怎样的人生？总之，那会是另外一个青霞，"琼瑶深情地说，"一看到林青霞《窗里窗外》这个书名，我就知道她受《窗外》的影响实在太大了。我知道她在写文章，却不知道她写得这么好！"

所以，琼瑶义不容辞地为林青霞的文学处女作《窗里窗外》撰写了序言。序言中说："我认识的青霞，美丽、飘逸、青春、纯真，而且充满了灵性。至今，我都没有遇到第二个可以与她媲美的女人。所以，每次有人访问我，问我用了那么多女演员，最喜欢的是谁？我都会诚实地回答：林青霞，她是我心中永远的青霞。"

琼瑶回忆，林青霞最好的年龄都是在琼瑶的电影和琼瑶家中度过的，常常拍完戏她俩会聊天到深夜，少女的小秘密，初恋的刻骨铭心，以及发生在青霞身上的有趣故事，都不曾逃脱琼瑶的眼睛。后来林青霞到香港发展、恋爱结婚、相夫教子，琼瑶都与之息息相通："这个《窗里窗外》的青霞，正用成熟的心态，走进另一个境界。她不再饰演别人，而是开始寻找自我、发掘自我，在发掘中探索着人生的真谛。当媒体报道青霞如何幸运，富豪老公为她打造多少多少亿的'皇宫'时，

林青霞与秦汉在一起
CFP供图

我看到的依然是我那纯真飘逸的青霞，坐在灯下挥笔写作的青霞……”

正所谓：人生难得一知己。知青霞者，非琼瑶莫属！

“纸上做梦”：季羡林启发最大

林青霞将写作喻为“纸上做梦”，这是她“戏梦人生”的另一种形式的延续，是她事业与人生的真情告白。

从少女时代便在片场度过、最累时站着就能入睡的林青霞是无暇读书的，她甚至坦承自己有“阅读障碍”，不仅读书很慢，连阅读菜单都会头昏。马家辉当即调侃她头昏是因为“害怕埋单”，林青霞却莞尔一笑，话锋一转说，她更喜欢“听书”，例如学者蒋勋讲述诗经、红楼和唐诗宋词时，她会特意飞过去听个痛快。

↑ 林青霞参观法国画家米勒的画展 CFP供图

林青霞和夫君邢李㷧参加社交活动 CFP供图

何时养成的读书习惯呢？林青霞说，有一次她去书店闲逛，遇到一个爱读书的女孩，向她推荐了一本《人生中不可不想的事》，买回家一看，仿佛一把开启她智慧的钥匙，令她一下尝到了读书的甜头，从此渐渐与书籍结缘；尤其是息影后有了大把的空闲时间，读书，便成了她的最大爱好。

在读书和写作的日子里，林青霞得到了很多“贵人”的相助，如作家龙应台、施南生、董桥、马家辉和美术设计大师张叔平等。

“比如董桥对我说，只要看看窗外风景，就可以写600字；优雅地剥开和品尝一颗芒果，也可写成一篇千字文。我不会写文章的结尾，董桥又告诉我：爱在哪里停就在哪里停。”

马家辉接过话题说，有一次董桥请他吃饭时，瞪大眼睛问：林青霞的文章写得太好了，是否有人为她代笔？“我告诉他不会，假如有人代笔，她就不会半夜三点半吵醒我，把刚写完的文章传真到我床头，等待听我的读后感了……”

“对不起，惊扰了你的好梦！”林青霞俏皮地打趣说。

“吵醒了也没关系，因为读到一篇好文章，我也替你高兴啊！”马家辉说得很实在。

“有一次我传真了一篇文章征求他的意见，他居然说‘一字不改’，吓了我一跳；后来才知道他没找到眼镜，看不清楚字迹，所以只能‘一字不改’了。”林青霞抖了个小

“包袱”。

林青霞说，在文学写作方面给她启发最大的，是大陆学界泰斗季羡林。

有一次，好友金震华向她推荐了季羡林写的一篇描述人与猫的情感的散文《老猫》，令林青霞茅塞顿开：“我于是受到启发：原来写文章不一定要用多少华丽的辞藻和高深的语言，只要把作者的真性情生动表达出来就好。”她还喜欢百岁翻译家杨绛的作品，不但最爱读她翻译的外国小说《斐多》，还自掏腰包买了很多本分发给文友们。

《窗里窗外》：演艺人生多姿多彩

林青霞为何要向文学华丽转身，她的散文写的是哪些题材和内容呢？想必是读者们关心的问题。

林青霞的第一篇散文，是2004年发表在香港《明报》的纪念词作家黄霑的《沧海一声笑》。黄霑生前曾邀请林青霞为报纸写专栏文章，缺乏写作经验的林青霞不敢造次，婉言谢绝，但心里一直欠了黄霑一笔文债：“在他追思会的前一天，我忽然想到要为他做点什么，于是坐下来一提笔就写了两三千字，好像他在引导着我写……”

第二篇是关于她主演的电影《红楼梦》的《戏里戏外都是戏》。“说实话，我的三个女儿很少看我的电影，因为早期的文艺片谈情说爱，她们不爱看；后期的动作片打打杀杀，她们不敢看，只有《红楼梦》她们蛮喜欢的。看到我反串的贾宝玉被父亲打屁股时，小女儿紧紧抱住我，贴着我的脸，问我是否被打痛了，让我感到很温暖，也很有趣。”

第三篇是《小花》，讲述了林青霞走红后经常被媒体“八卦”，飞短流长，无奈之下到柬埔寨吴哥窟旅游。途中，见到千年巨石中，一束小花顽强地从石缝中钻出，顿生感悟：人生苦短，何必计较那些流言飞语，自寻烦恼呢？心情也豁然开朗起来。

林青霞还用诸多篇幅，回顾了她演艺生涯中经历的一些磨难。

在《我哭了大半个中国》一文中，林青霞忆起在敦煌拍摄影片《新龙门客栈》时的惊魂一幕。当时，在拍摄竹箭射向林青霞的面部特写时，一根竹箭击中她的眼睛，导致眼膜破裂。在乘飞机返回香港治疗途中，她将脸埋在草帽里，一路抽抽搭搭十分委屈难过：“传说孟姜女千里寻夫哭倒长城，我是因为《新龙门客栈》哭了大半个中国”。

林青霞的演艺人生充满坎坷又多姿多彩，从《窗里窗外》细腻而生动的描述中，可以感受到林青霞对艺术、对美的追求和表现出的顽强毅力。

在讲述亲情和友情的篇章中，读者还可看到她与邓丽君、三毛、张国荣、徐克等文坛挚友的纯真友谊。

在《宠爱张国荣》中，她深情追忆了1994年与张国荣合作《东邪西毒》时成为好友，彼此惺惺相惜。得知哥哥跳楼身亡后，她唏嘘不已，连问：“为什么不帮他安排，为什么不

帮他安排？”

在《三梦三毛》中，林青霞把她因电影《滚滚红尘》获得金马奖的功劳记在三毛头上，至今遗憾当时上台领奖时，未请三毛一起分享这份荣誉。“在她临走前几天，我总有一种与她通个电话的欲望。就在她走的那天晚上，我把电话打到她家，电话铃声响了很久没有人接……不料她竟在病房的洗手间里，用丝袜结束了她自由而浪漫的一生。”

艺术归宿：最想演好的角色是自己

“从《窗外》到《东邪西毒》，我演过一百个戏，在一百个角色里面，我认为最难演、最想演好的角色就是自己，但其实我演得最差。”林青霞在书中这样写道。

龙应台评价林青霞说，她是光芒四射的明星，却有着一颗朴素的心灵。低调的林青霞婚后在家静心看书、画画、练习书法，有时也提笔写写文章，打算在60岁做个艺术家。

她的情感是丰富的，她的爱情是浪漫的。几乎无人不知她与秦汉、秦祥林的无果之恋。1994年，她“闪婚”嫁给香港富商邢李㷧，成为轰动一时的新闻。名人的婚姻总是会遭人猜忌的，虽然媒体屡屡曝出二人婚变的消息，但婚后17年，他们依然手牵着手，邢李㷧还在香港的半山为她建造了一所价值6亿港元的“皇宫”，作为献给爱妻结婚20周年的礼物。

但诚如琼瑶所言，林青霞更看重的可能不是奢华的“皇宫”，而是“艺术家”这个诱人的头衔。她的女儿爱林曾这样描述母亲：“妈妈是个夜猫子，无数个夜晚，她总是伏在梳妆台前写东西，一见我进屋，就眼睛发亮，仿佛找到了唯一的读者。她拿起稿纸像个小学生似的让我听她念自己的文章。我看到她揉成一团团的废稿纸和沾在手上的墨水，只好勉为其难地听下去……”

“60岁做个艺术家”，显然，林青霞说的“艺术家”有着更广泛的内涵，除了表演，文学，绘画，书法都是她施展才能的领域。这将使她的人生更丰富、更深刻、更完美。她最想演好的角色是自己，她将在人生的舞台上，活色生香地完成最精彩的压轴大戏。

← 参加服装发布会的林青霞雍容华贵 CFP供图

斯琴高娃的"后现代"生活

斯琴高娃，是改革开放30年中国影坛的一个传奇。从1979年的银幕处女作《归心似箭》，到2011年的电视剧《武则天秘史》，她纵横影坛三十余载，主演电影三十余部、电视剧四十余部千余集，从风华正茂演到年届花甲，与她同时代的影星中，只有刘晓庆、陈冲可与之比肩了。她塑造的角色类型也十分丰富：既有中国历史上唯一的女皇帝武则天，又有紫禁城里专横跋扈的慈禧；既有老舍笔下倔强而苦命的虎妞，又有《大宅门》里威严的封建家长二奶奶；既有白洋淀边的农妇香魂女和土得掉渣的二愣妈，又有当代时尚的《姨妈的后现代生活》。30年中，她摘得了金鸡、百花、飞天、香港金像等多个奖项，仅《姨妈的后现代生活》就囊括香港金像、大学生电影节、上海影评人、香港影评人颁发的四个"最佳女主角"奖。

最令人不可思议的是，早在二十世纪八十年代，她便远嫁瑞士，并取得了瑞士国籍；而她30年的电影生涯中，几乎没有一年是空白，她一直在国内拍戏，瑞士反倒成了她的暂栖之所！

"我的根永远在中国"，她坦然而自豪地说。

斯琴高娃，在蒙古语中是"聪明、美丽"的意思。内蒙古草原上有无数个"高娃"，只有这个高娃飞得最高、最远，成功实现了她的银色梦幻。

熟悉和喜欢高娃的观众想必都在关心一个问题：走下银幕和荧屏的高娃会是什么样子呢？一个偶然的机会，她坦然"自曝"家史，从家乡、老母、老公到儿女，一一"解密"，使人看到了一个质朴、爽快、真实的斯琴高娃——

← 斯琴高娃在天津卫视《津夜嘉年华》节目中

家乡：红山文化发源地 人杰地灵好地方

因拍戏时骑马摔伤过双腿，高娃是拄着双拐来的。虽然已届花甲之年，她的精神依然健旺，心态依然年轻，性格依然率真，谈吐依然幽默。虽然已是熠熠闪光的大明星，她却一贯做事低调，不擅炒作，让人感觉活得十分真实。

"天津的老少爷们儿，我看你们来了！"

年轻的朋友们可能有所不知：天津是高娃的"第二故乡"，这不仅因为她的大弟弟一家都在天津，更因为 1993 年，由天津电影制片厂投拍、谢飞执导、高娃主演的电影《香魂女》荣获柏林电影节金熊奖，给中国电影、也给天津带来荣耀，高娃因此被授予天津市荣誉市民称号，从此，她便成了"半个天津人"。

高娃的祖籍是内蒙古赤峰市。谈起赤峰，高娃如数家珍、神秘兮兮——"赤峰是玉龙的故乡，红山文化的发源地，契丹王朝的古都，称得上是北方文化的摇篮。萧太后知道吗？她就是赤峰人。这里有山有水有湖泊有辽阔的草原，还有亿万年前留下的海底生物化石，够神奇的吧？从北京到赤峰只有五个小时的车程，是北京的后花园，真是无比的美！欢迎各位到赤峰做客！"

把家乡赤峰夸耀一番后，高娃才抖出"包袱"——原来，她是赤峰的义务旅游大使！

老母：能写会画擅歌舞 模仿本山是一绝

都知道草原上的蒙古族人能歌善舞，于是便想听听高娃一展歌喉。

不料一向为人豪爽的高娃却连连推辞："不行不行，天津的海河水滋润了多少金嗓子？李光羲、蒋大为、刘欢、关牧村……我唱岂不是班门弄斧？说到唱，那得说我妈妈，她会唱 100 多首歌，我比不上她……"

谈起妈妈，高娃仿佛有说不完的话题：她会画画，写字（书法），耍剑，扭秧歌，打太极拳，跳迪斯科，模仿赵本山的喜剧小品更是一绝，是个特别可爱的老太太。

老太太心胸豁达，处事严谨。她膝下五男一女，高娃行大，是她唯一的女儿，所以格外宠爱，从小舍不得打她。高娃记得唯一一次挨打，是不知何事惹妈妈生气，抬手欲打她，她一躲闪撞破了面颊，弟弟急忙从河里捞了两条小鱼砸烂了敷在她脸上。为此，妈妈懊悔了好长时间。1964 年，高娃参加全国少数民族文艺汇演后，被选入内蒙古歌舞团当演员，此后便很少回家，让妈妈更多了一份牵挂："就这么一个女儿，我还没稀罕够呀！"怕她涉世不深，在外边"犯错误"，妈妈特意关照女儿说："家里还给你留着房子，不行就回来！"高娃也是个孝顺女儿，只要一有空闲便回家看望妈妈，或把她接到自己身边，带她上街溜达，唱歌跳舞，吃好吃的东西，买漂亮的衣服，有病了陪她去医院，让她老有所为，老有所乐，事事不让老人操心。"最重要的是，我在孝庄身上，二奶奶身上，都投射了妈妈的影子，她对我的演艺事业产生了潜移默化的影响"。

↑ 2010年9月，第14届“北京放映”开幕式上，斯琴高娃与蔡明、董璇等女星在一起。 CFP供图

老公：相亲借别人衣服 婚后成良师益友

高娃的老公陈亮声是瑞士著名华裔指挥家，供职于瑞士日内瓦青年交响乐团。从八十年代开始，义务回国为中央音乐学院讲学，同时担任中国电影乐团特邀指挥，经常到世界各地演出。

大她十几岁的陈亮声，有过一次失败的婚姻，此后长达20年未娶。说来有趣，他在地球上转了一圈，忽然一天有人告诉他，“你未来的妻子是个东方人，但不是汉族人”。仿佛冥冥之中早有定数，小爱神丘比特之箭，果然就射到了“东方的蒙古族人”高娃身上。

当年，高娃刚刚调入北京八一电影制片厂，有了房，提了级，又将父母从内蒙古接来，正想把孩子的学习抓一抓，暂不考虑个人的婚姻问题。冷不丁的，于洋的女儿江江为她牵线搭桥，把陈亮声介绍给她。

“见面那天才有意思哪”，忆起当时的情景，高娃仍忍俊不禁，“当时我正在北影的摄影棚里拍《月牙儿》，穿的是角色的一身破棉袄棉裤，自己却没件像样的衣服。江江就把她的一件连衣裙借给我穿。她比我小两号，衣服穿在我身上都快爆炸了，拉锁都拉不上，鞋子也夹得我生疼，就这么去相亲了。陈亮声呢，也和我一样狼狈。他来不及回宾馆换衣服，就把一起排练的小提琴演奏家林耀基的一件绿色T恤衫扒下来穿在自己身上。那天我先到的，在民族宫前厅的沙发上等着，远远看见一个鬓发有些斑白的中年男子走来，江江捅捅我说，这就是！”

初次见面，陈亮声很满意，高娃却没找到感觉。

在陈亮声“死气白赖”的追求下，高娃才答应在前门饭店见了第二面。

这次，高娃竭力“把丑话说在前面”：我基本上是个残疾人，从马上摔下过三次，踝骨也断过两次。脊椎不对，尾骨也不对，还离过婚，有俩孩子，还抽烟喝酒……总之哪儿都不对。

离过婚又怎样？有孩子又怎样？陈亮声毫不在乎。反正他爱上她了，一切均可宽容。

高娃生病时，他捧着一大束鲜花前往医院探视。

陈亮声演出时，她带上父母一起捧场。妈妈本来嫌女婿年纪大，看完演出就折服了：“他是一个深刻的，有修养的人。”

高娃自幼是个崇尚知识的人，求知欲特别强，所以十分欣赏陈亮声的才能和修养。如今，他们已结婚22年，虽天各一方，离多聚少，却相濡以沫，相敬如宾。每当高娃要回国拍戏时，老公就为她订机票，一起研究剧本，听她谈戏；为让老公独处时生活方便，高娃离开日内瓦前，会把他爱吃的饺子、汤圆、牛羊肉等食品分别包好，装在不同的瓶子里，贴上标签放进冰箱……

同样是艺术家的陈亮声理解和支持妻子的事业，已成了高娃的良师益友。

↑ 斯琴高娃客串演出京剧《贵妃醉酒》 CFP供图

↑ 斯琴高娃与老电影艺术家田华 CFP供图

儿女：母与子同台飙戏 女与婿同开餐馆

高娃与前夫生有一对儿女：儿子孙铁，女儿孙丹。

孙铁高中毕业后被送到比利时一家台湾人办的私立学校学习，不久，学校因资金不足而倒闭，孙铁只得辍学回家。看到妈妈一心扎在影视艺术中，孙铁十分羡慕，便对高娃说："妈妈，我也跟你演戏吧！"一句话吓了高娃一跳："没看出来！首先你害羞，不愿在公开场合露面，又没受过表演方面的训练，怎么能演戏呢？"嘴上这么说，心里却暗暗为儿子寻找机会。

一次高娃接拍新片时，剧组正缺一个演她儿子的演员，高娃便不失时机地将儿子推荐给导演："我儿子想演戏，你让他跑个龙套，栽培栽培他吧！"儿子的戏只有一场，出乎高娃的意料，他演得松弛极了，很快就进入了角色。结果一发而不可收，迄今孙铁已在20余部影视作品中饰演角色，很多是母子同台演出的。

女儿孙丹更有意思，她从小对写作感兴趣，经常半夜三更起床写诗，写了一页不满意，撕了，又写了一页还不满意，又撕了，高娃便替她在背后捡废纸。后来又迷上唱歌，唱得特别好听，只是起初有些怯场。后来胆子大了，居然跟人外出"走穴"，却一个子儿也没挣着。长大后，高娃送她到法国留学，学的是酒店管理专业。至今，高娃都认为这个选择是正确的："这个专业很有学问的，涉及美学、心理学、建筑学还有社交礼仪，毕业出来，走遍全世界都饿不着！"

孙丹的老公是个法国人，名叫让·米赫斯，精通传统的法国厨艺，人也很浪漫："别拿我当厨师，我是艺术家！"小两口在北京开了一家富有文化情调的法式西餐厅，不仅顾客盈门，更有许多高娃文艺界的朋友经常光顾。因为女儿的职业，高娃对法国大餐的种种讲究，对法国葡萄酒的贮存和饮用学问都津津乐道，俨然一个"美食家"。

我自己：台上风光无限 台下普通至极

"我演过武则天，演过慈禧，演过孝庄皇太后，演过白家二奶奶等大家风范的角色，但生活中的我普通至极。真的，我也有很多狼狈之时，可笑之时，见不得人之时，你妈妈什么样我就什么样，你姐姐什么样我就什么样。《姨妈的后现代生活》中的人物和故事我特别理解。同龄人总怕我落伍。我觉得自己没落伍，还赶趟。现在各个年龄段的人都挺喜欢我，你说我是不是活得挺好?

"每个角色身上都有我的影子，毕竟是斯琴高娃在演。演员——我就把它比作一块材料，爹妈给你一点遗传，后天的努力是最重要的。没人一降生就是才子。我每成功一步，或失败一步，都会认真想一想：你是个什么，具备什么条件，想干什么，能干什么，干到什么程度，不断审视自己。一个演员的能量是有限的，每次起步都要从零开始，才会有下一步。永远不要重复过去，重复自己，啃别人啃过的馍没有味道。一定要突破，突破才有明天！"

刘晓庆

女人因心态而年轻

过去的两年，对刘晓庆来说，又是一个“多事之秋”：先是其中国作协会员身份遭到质疑，不久又传出与患难之交的爱人阿峰离婚和与助理易钢的绯闻。然而这位历尽磨难的中国影坛“大姐大”，仿佛总能时来运转，逢凶化吉。

2009年金秋十月，为庆祝结婚6周年，刘晓庆偕阿峰恩爱游澳洲、在香港庆生、在亚洲小姐总决赛担任评委的报道和图片纷纷曝光，令人艳羡不已，使谣言不攻自破。不仅如此，在北京电视台主办的“60年中国十大风尚影响力女性”评选中，刘晓庆与林志玲、吕燕、李银河、郎平、吴小莉等一起入选，并在颁奖礼上发表获奖感言：“世界因为有女人而美丽。如果有下辈子，我还要做女人。我将来一定要做一个更好、更完美的女人。”

与刘晓庆和阿峰的交谈是在“能吃的博物馆”粤唯鲜进行的。津门著名企业家、收藏家张连志，北京巨龙公司老总刘忠奎都是刘晓庆多年的好友，几乎每次刘晓庆来津都要在此落脚：从几年前刘晓庆的一次生日晚宴、刘晓庆主演话剧《金大班的最后一夜》津门公演庆功会；到此次刘晓庆夫妇来津短暂逗留，张老板为他们摆下的“螃蟹宴”。

眼前的刘晓庆，一袭黑灰相间的时尚羊绒套衫，胸前佩戴一枚翡翠饰品，深棕色的短发自然而柔顺地贴在两颊，显得既年轻，又洒脱。令人奇怪的是，每次见到她，都几乎看不到岁月在她身上留下的痕迹：五官依旧精致，皮肤依旧滋润，双眸依旧灵动，性格依旧率真，或许正应了她的一句话：女人因心态而年轻，因可爱而美丽。

夫妻双双
出演电影《37》

阿峰，原名孙向光，因在刘晓庆的电视剧《皇嫂田桂花》中饰演角色，而与刘晓庆擦出爱的火花。在刘晓庆因税案羁押期间，他四处奔波为之分忧解难，一度不理发、不剃须，形如穴居野人。死心塌地的忠诚感动了晓庆，使这对有情人终成眷属。2004年，阿峰随晓庆来津拍摄电影《281封信》时，与老杜有过一面之交。此番来津，他剪掉一头及肩长发，比以前更精神，更随和了。看得出，他与晓庆的婚姻是幸福的。

老杜：前段时间关于你和晓庆离婚的传闻甚嚣尘上，当时你心里有压力吗？

阿峰：没有的事，我们已经辟谣了嘛！对谣言我不会有什么心理压力的，何况谣言很快就被戳穿了。我们一起去澳洲旅游，最近又在香港为她过生日，香港演艺界朋友和20多家媒体都到现场助兴、报道。我们还参加了电影《37》的新闻发布会，这部影片由香港资深导演陈国新执导，晓庆和我都参加了演出。

⬆ 悠然笑对人生

老杜：这是你们首次在大银幕上合作吗？

阿峰：不，《281封信》是第一次，我们已在银幕上搭档多次了。

老杜：《37》是一部什么样的片子，你们各自饰演什么角色？

阿峰：这是一部年代片，写人性的。晓庆在片中扮演一个上了年纪的内蒙古原生态民歌手，为挖掘和传承蒙古族文化遗产——长调而教孩子们唱歌。我演的是一个有钱的汉人，喜欢她扮演的民歌手并为她提供了资金支持。

老杜：片名《37》是什么意思？

阿峰：影片讲述的是晓庆扮演的蒙古族民歌手与37个有音乐天赋的蒙古族孩子的故事，所以叫《37》。晓庆认为这个角色是她最近十年来接受的最大挑战，因为这个原生态的蒙古族老太太并不适合她，她也从未尝试过类似的角色。

⬅ 依然年轻干练的晓庆

我欣赏追求真爱的蒋碧微

如果从2004年刘晓庆复出后拍摄的第一部作品算起，短短5年间，她已主演了《我的兄弟姐妹》、《京城四少》、《宝莲灯》、《徽娘宛心》、《女人何苦为难女人》等18部电视剧和《春花开》、《37》两部电影；电视剧中篇幅最长的46集，最短的也有20集，平均每年都有4部作品问世，产量之高，工作量之大，令人咋舌。

老杜：听说今年你又拍了电视剧《徐悲鸿》，饰演徐悲鸿的首任妻子蒋碧微。为什么选你演蒋碧微，你在外形上与她相似吗？

刘晓庆：我本人和蒋碧微一点都不像。但由我来演，就是漂亮人嘛！蒋本人不算多漂亮。之所以让我演，是因为《徐悲鸿》的导演王好为从《瞧这一家子》开始，就一直让我在她的戏里扮演女主角，她好像认为我无所不能（笑）。我也主要是为了与王导合作才接受这个角色的。当然谢晋也与我合作过，但不是每一部。

刘晓庆、阿峰在香港庆生

老杜：塑造绘画大师的妻子，你认为难度主要在哪儿？

刘晓庆：说实话，不是很困难，比起我之前演过的武则天呀，慈禧太后呀，都要容易。如果说难度，我认为最大难度是这个人物的情感比较复杂，需要认真体验和揣摩：她一直游离于两个男人中间，前半部分，处于青春少女时代的蒋碧微确实很爱徐悲鸿，她需要男人的爱和呵护；而徐悲鸿的全部精力和热情似乎都在他的绘画里，忽略了男女之间的情爱，这时，另一个男人（张道藩）闯入了她的情感世界，对方身居高位，又不能离婚，所以两人的爱情注定是一场悲剧。但蒋碧微是追求真爱的，在这一点上我欣赏她。这部片子虽然主角是徐悲鸿，但我觉得写得最好的是蒋碧微，她的戏份不如徐悲鸿多，却比较丰满。

老杜：一年中，你拍了《37》，拍了《徐悲鸿》和《凝香劫》，密度这么大，你不觉得累吗？

刘晓庆：是呀，今年就有十几部戏找我，我都快累死了（笑）！

老杜：你选本子的标准是什么？

刘晓庆：只要是感动了我，以前又没演过的角色就可以。

刘晓庆在电视剧《徐悲鸿》中，右为徐悲鸿遗孀廖静文

年龄问题，我都懒得辟谣了

一个明星，做到刘晓庆这个份上，就什么都算新闻了，譬如她的年龄问题。不问女士年龄，本是件很绅士的事，偏偏有人揪住刘晓庆的年龄问题不放，说她“装嫩”、“瞒报年龄”，恨不得赶紧把她归类到老妇人的行列中，也不知是何种心态作祟。

老杜：我从网上看到，关于你年龄的最新说法是58岁。

刘晓庆：关于我的年龄，一共有9个版本！还有说我是四几年（出生）的，马上就快70了（笑）！本来还想隐瞒年龄，瞒不了，我要瞒，他们就说得比我的实际年龄还要大得多！只好自己跳出来说，我是哪年哪月出生的。身份证都给他们看了嘛，1955年的，他们就是闭着眼睛不承认，非要把我往老太太堆儿里推（笑）。其实对他们不利。因为我越来越年轻，用事实给了他们一记响亮的耳光（笑）！我都懒得辟谣。这次过生日，又说我已经58岁，我一想反正也差不了几岁，算了吧（笑）！

老杜：其实年龄对一个实力派演员来说不是问题，像好莱坞的伊丽莎白·泰勒、凯瑟琳·赫本，都是到了晚年还演戏，不愧为影坛常青树。即使是“老演少”，即所谓的“装嫩”，也是艺术的需要，角色的需要，完全不应被诟病。

刘晓庆：我想，有人纠缠这个问题，不外两个原因：一是对我的外貌和状态期望值太低；二是对我的真实年龄不了解，人云亦云。

女人因心态而年轻，因可爱而美丽

对刘晓庆的不屑和指责多与她的个性有关，例如她曾扬言，自己是中国最好的女演员，这在以谦虚为美德的国度里自然是不受待见的。但熟悉她的人都知道，她其实活得比较真实、率性，而且经过时间的磨砺，年轻时的“张狂”已收敛了许多。

老杜：近来接触过你的人都觉得你的变化挺大，不像以前那么年轻气盛、锋芒外露了。

刘晓庆：决不是，“江山易改，本性难移”呀（笑）！只不过是比过去成熟了，与媒体的关系不像以前那么紧张了。（阿峰插话：其实你有变化，只是自己不觉得）。骄傲也是一样的，说实在的，说自己是中国最好的女演员，我心里真是这么想的，只是不经常把它挂在嘴边，也不像过去那么笨而已（笑）。

↑ 女人因心态好而年轻

老杜：你对自己的未来有什么规划吗？

刘晓庆：没有，从来没有计划。我喜欢无为而治，生活也好，生命也好，跟着感觉走；没感觉，又非要这么去干，多辛苦呀！我觉得一个人，最要不得的是勉强自己做什么事情，白费了很多精力。在不损害他人利益的前提下，想做什么就做什么。你想，人生这么短促，不能扭曲自己，做自己不喜欢做的事情。工作时好好工作，工作之外好好享受生活。

老杜：大家都认为，你是保持年轻和生命活力的典范，有什么秘诀吗？

刘晓庆：没什么秘诀（笑）。

↑ 刘晓庆在《武则天》中

我本来想写一本《怎样做一个美丽的女人》，出版社约了很久了。写写怎么保持心理、生理的健康，怎么保持良好的生活习惯，也包括如何美容、养颜。很多人都以为我会保养，甚至整了容，其实我从来没有钻研过这方面的学问（笑）。我始终认为：女人只有可爱才美丽，不是因为美丽才可爱。

老杜：实际上我觉得保持一个好心态最重要，这样不论遇到什么困难和挫折，都能淡然处之，并很快得到恢复。

刘晓庆：嗯，保持快乐吧。我是个乐观主义者。我认为保持年轻有三个要素：一是心态好；二是喜欢运动；三是健康的生活方式。

老杜：这几年没写书吧？对前段时间有人质疑你的作协会员身份怎么看？

刘晓庆：我早就是中国作协会员了，他们太不了解我的历史了（笑）！这几年没写书，因为戏还拍不过来嘛！其实，写博客文章也是一种写作，及时把我的经历，感受，我的所思所想，通过网络与大家交流，多好啊！

↑ 红毯上的刘晓庆神采飞扬

娜仁花 电影一定要有思想

娜仁花，在蒙古语中是“向阳花”的意思。这朵盛开在内蒙古锡林浩特的美丽小花“触电”很早，13 岁便在电影《战地黄花》中初吐芬芳，“星途”一片光明。16 岁时，她在《乳燕飞》中的表现广受关注，从此片约不断，主演了《爱情与遗产》、《叛国者》、《战争，让女人走开》等电影。1986 年，她因主演谢飞的电影《湘女潇潇》而获中国电影金鸡奖最佳女演员提名。当时，她的竞争者是刘晓庆。最终，娜仁花不敌刘晓庆的原因之一是，她马上要受北京电影学院公派赴英国进修了。

此后，她似乎从公众视线中消失了。

在英国这些年，她有哪些有趣的经历和感触，回国后，又是如何重返影坛的，现在的创作和生活状态如何？2010 年夏，老杜在天津近距离采访她，感觉岁月虽在她身上留下一些痕迹，却依稀可见当年“乳燕”、“湘女”和《黑骏马》中的风采，散发着一股成熟女人的韵味。“电影一定要有思想”，在国际电影界摸爬滚打多年，又热心传播中国文化的娜仁花深有感触地说。

我是被电影选择的

“很多年轻人梦寐以求想当明星，而我是被电影选择的”，回忆当年的情景，娜仁花仿佛历历在目。

娜仁花有两个姐姐，所以自幼妈妈是拿她当男孩养的；留个小平头，眼睛大大的，漂亮得像个洋娃娃。所以无论妈妈带她走到哪儿，都会引来一群人围观，看得她很害羞。

那时，娜仁花的理想是长大后当医生，并未觉得电影有多神奇，也从未想过当明星。

1976年岁末的一天，在锡林浩特一中读书的娜仁花忽然接到一个电话，邀她到北影新片《战地黄花》中试装，于是首度"触电"，饰演了一位老艺人的孙女锡林花。《战地黄花》断断续续拍了一年，耽误了学业，不能再回中学读书了，娜仁花便被安排到当地歌舞团学习舞蹈。数月后，西影导演在《战地黄花》中看到娜仁花的几个镜头，觉得这孩子漂亮伶俐，很符合《乳燕飞》中体操运动员尚小立的形象，而她的舞蹈功底也在其中派上了用场。所以连娜仁花自己都很奇怪：从未想当明星的她，竟一次次被电影选择，仿佛所有事情都是上天悄悄安排好的。

娜仁花与电影《海霞》中小海霞的饰演者蔡明、《闪闪的红星》中潘冬子的饰演者祝新运，是一个时期的童星，比同为蒙古族明星的斯琴高娃出道还早，所以比娜仁花大十几岁的斯琴高娃见到娜仁花时，曾夸张地说："你是我的老前辈！"

↑ 娜仁花早期作品《黑骏马》

↑ 电影《额吉》剧照，娜仁花因此片荣获中国电影华表、金鸡双料影后

谢飞：我相信你的演技

书到用时方恨少，对从未受过表演训练的娜仁花来说，拍戏多了，才产生了捉襟见肘、缺乏演技的苦恼。在根据王蒙的小说《蝴蝶》改编的电影《大地之子》中，娜仁花饰演的女一号与郭允泰饰演的男主角有大量情感戏。当时，她年方十八，尚未恋爱，不懂爱情；而郭允泰已年近半百，鬓发染霜，还要不时酝酿感情。“导演说，从未见过女孩的眼睛这么清澈，清澈得像湖水一样；可我整个一个小傻瓜，啥也不懂，单纯得要命，一遇到这类情感戏，根本找不到感觉。这个戏对我刺激很大，让我从此下决心到北京电影学院进修。因为我这块海绵里已经挤不出水来了……”

在电影学院，娜仁花在表演课中演过许多与自己性格迥异的角色，例如王熙凤、虎妞、琼玛(《牛虻》)等。记得第一次排练，李冉冉老师让她演个女流氓，她很抗拒，说我也不是女流氓，怎么会演女流氓呢？李冉冉急赤白脸地对她说：“你是个演员，难道演员只能演自己吗？”逐渐地，她摸到了表演艺术的门道，心里也越发感激老师的教诲。

大四时，时任北京电影学院副院长的谢飞导演看中了娜仁花，邀她在电影《湘女潇潇》中饰演女主角潇潇。在很多人眼中，娜仁花漂亮、洋气，压根儿演不了农村女孩，谢飞却独具慧眼地对她说：“我相信你的演技。”结果，娜仁花成功演绎了在封建礼教压抑下，一个村姑情窦初开时人性的萌动，片中的激情戏大胆而真切，她也因此获得金鸡奖最佳女主角的提名。

毕业后，成绩优异又敬业严谨的娜仁花留校任教。但她在这个位置上只待了一年多，幸运之神便向她招手了。

在英国拍《秦始皇》和《张艺谋》

在人生的道路上，娜仁花无疑属于宠儿、幸运儿，总是有

➜ 风采依旧

贵人相助，使机遇一次次落到自己头上。“留校后，沈院长对我特别好，当时有一个公派英国伯明翰大学进修的任务，我的英语不错，院长就派我去了”，娜仁花谈起电影学院，至今心存感激。

娜仁花在英国工作照

娜仁花是到伯明翰大学艺术系研究表演教学的。一次，有人带她到英国电影学院参观。有趣的是，这个学院给人的第一印象是个废弃的大厂房，没有教室，只有摄影棚和剪接室，各种设备一应俱全，又像个电影厂。但一进办公区她就惊了：楼道里摆满世界各大电影节的奖杯，都是这个学院的师生得的！报考英国电影学院门槛很高，但娜仁花跃跃欲试。学位她有了，还差一件电影作品。于是 1989 年初，她利用寒假时间回国拍摄了一部纪录片《自然与人》，把中国社会变革中的四个小故事集纳到一起，如中国人买“大件”的奇观：大雪纷飞中，商店门口排起长龙，发号的，吃盒饭的，热闹非凡。等到商店大门一开，人群便不顾一切往大厅里冲。影片还表现了一位教授买到一台电视机，在雪地里用自行车驮回家的情景。娜仁花从当时中国人对家电的渴求中，由小见大，用影像见证了改革开放给中国带来的巨大变化。纪录片送到英国电影学院后颇受赞赏：“这女孩太有思想了！”

就这样，娜仁花不仅考上了英国电影学院，还获得了李嘉诚奖学金，走上了一条国际化发展的路线。在学习期间，她为英国多家电视公司，包括 BBC 拍摄了向海外介绍中国历史文化的纪录片，如《秦始皇》、《长城的秘密》、《三峡大坝》、《中国导演张艺谋》以

年轻时的娜仁花

及反映内蒙古牧民生活状态的《游牧人》等。她还为美国著名的 Discovery(探索频道),拍摄了《三峡沿岸的文化遗产》一片。

与二十世纪八十年代出国热中的明星不同,娜仁花不是到西方生活和定居的,她的身份是访问学者,她所学到的西方电影的观念和技巧,对中西方文化的接轨和国际合作是大有裨益的。

为谢晋的《鸦片战争》遴选演员

1996 年,著名导演谢晋到英国拍摄《鸦片战争》的海外部分,特意找到娜仁花,请她帮助遴选片中的外籍演员。

"娜,你明天找几个演员来喝咖啡,"谢晋道。

"谢导,在英国可不是这样选演员的,您必须通过当地的经纪人公司……"

"需要这么复杂吗?"

"是的。您要先将剧本发出,由经纪人根据剧本需要进行推荐,然后面试。面试者中有酗酒、吸毒经历的必须剔除,这都需要有经纪人在场。"

面试那天,来了许多应试者,娜仁花用熟练的英语与他们交谈,谢晋在一旁坐镇。他发现娜仁花真的很能干,于是邀她担纲《鸦片战争》副导演,专门负责外籍演员的戏份。

"你必须来,"谢晋用命令般的口气对娜仁花说。

她当然要来,为了她崇敬的谢导,也为了中国电影。

但有一件事却让娜仁花大跌眼镜:谢导居然想让英国王妃戴安娜饰演维多利亚女皇,而他身边的

← 依然活跃在中国影坛的娜仁花

人却一片奉迎之声！他以为女皇是美女，而历史上的维多利亚女皇又矮又丑；再说，戴安娜也不可能接受邀请。

娜仁花把在英国演过维多利亚女皇的 29 人的影像资料送给谢导挑选，只有第 30 个没演过，长得比较漂亮。结果，29 个他都嫌丑，唯独看中了第 30 个！但化完妆一出来，经验丰富的谢导叫苦不迭："哎呀，我上当了，这个女皇没气质，简直就是个村姑嘛！"

"村姑"也得用，因为已经签了演出合同。

一部电视剧，成全了一段美满姻缘

作为一名蒙古族演员，娜仁花一直有个愿望：主演一部本民族题材的电影。机会终于来了。1994 年，谢飞将张承志的小说《黑骏马》搬上银幕，选中娜仁花和歌手腾格尔饰演一对草原上青梅竹马的恋人，圆了娜仁花的一个梦。

十几年后，当蒙古族导演宁才筹拍电视剧《静静的艾敏河》时，把所有蒙古族女演员在头脑中过了一遍，最后定格在娜仁花身上，因为他看过《黑骏马》。

一个陌生导演忽然来电，让娜仁花感到很意外。但当宁才讲完这部剧的故事梗概后，娜仁花却动了心：剧中这位蒙古族母亲，用自己伟大的母爱，抚养了 3000 个孤儿！这样弘扬无私大爱的题材、关注弱势群体的题材，她最喜欢！

《静静的艾敏河》的拍摄跨越了夏秋冬三季，娜仁花与这个大胡子导演也由相识、相知到渐生情愫。当浸透着他们心血和汗水的作品终于问世时，他们的爱情也瓜熟蒂落了。

俗话说，好事成双，《静静的艾敏河》刚在央视播出不久，另一对蒙古族夫妻档塞夫、麦丽斯便邀请娜仁花出演电影《天上草原》的女主角。娜仁花又举荐了丈夫宁才。于是这对生活中的夫妇又在戏中扮演了一对夫妇。他们也因此双双获得金鸡奖最佳男女演员提名。"那届金鸡，倪萍、陶红得了双黄蛋，我哪比得了？所以奖杯给了我丈夫，也算一个平衡吧！"娜

↑ 女人如花——娜仁花与女友在一起

仁花对此看得很开，很超脱。

然后，娜仁花做了母亲，并将很多精力和心思用在培养和教育儿子方面。

电影一定要深刻，有思想

夫妻俩近年还合作过一部充满灵感的黑色幽默电影《季风中的马》。影片描写一家牧人，面对草原的沙化，即将迁徙。男主人故土难离，最舍不得的是家中一匹老马。马，在蒙古民族中有象征意义，他们的祖先成吉思汗曾在马背上征服了世界。而今，马已被汽车、摩托车代替，马肉全被卖到外地做驴肉火烧了。无奈中，他把马卖给一个老板，条件是让它活着。但一个偶然的机会，他在一家迪厅发现一个穿着三点式内衣的肥胖女人，正骑在他的马上做表演，他的精神立刻崩溃了，歇斯底里地扑上前去，说与其这样，还不如杀了它！……

这部电影在内蒙古以及日本、瑞士、法国上映时反响相当热烈，被评论家认为是一部体现了导演思想的作品。

“电影一定要深刻，有思想，才能震撼人心，才能不流俗，不轻飘。”娜仁花说。就在本书即将付梓时，传来娜仁花分获中国电影华表奖和金鸡奖双料影后的喜讯。这朵内蒙古草原上的“向阳花”，迎来她艺术的第二个春天！

➡ 迎来艺术第二春

倪萍 日子过得像画一样

2011年2月20日，倪萍应邀来津签售新书《姥姥语录》，并在今晚渤海大讲堂演讲，与读者亲密接触交流。中午，倪萍从图书大厦如约来到南京路一家星级酒店的日餐厅。数年不见，岁月在倪萍脸上留下了些许痕迹，一副黑框眼镜为她平添了知性和成熟的韵味；而永远不变的是她那山东女子的质朴、坦诚和率真。脱下黑色休闲式防寒大衣，点上一支女士香烟，一向为人低调、从容淡定的倪萍在缭绕的烟雾中，开始了与老杜的"工作午餐"。

初次采访倪萍，是1988年在沈阳举办的大众电视金鹰奖颁奖活动中。当时，她因参演电视剧《雪城》而摘得最佳女配角桂冠。此后二十余载，老杜一直追随她的脚步，在第一时间发表有关她的专访和报道。1997年，她的第一本书《日子》出版，老杜为她主办了《倪萍〈日子〉及主持风格研讨会》。倪萍从家喻户晓的央视主持人位置退出后，重返影坛，在多部影视作品中，塑造了一个个性格鲜明的女性形象。

出版《姥姥语录》是倪萍与姥姥生前的约定。首次透露这个想法时，姥姥那只剩一颗牙的嘴笑出了哈喇子："我一个大字不识的老婆子说的话还敢叫语录，那不得叫人笑掉大牙？"姥姥离开人世后，倪萍满怀深情地写出了《姥姥语录》。因为姥姥是她最亲、最爱、对她一生的事业影响最大的人，在这些"萝卜白菜的理儿，陈芝麻烂谷子的事儿"中，蕴藏着朴素又深奥的人生哲理，释放着"草根"的幽默与智慧。

翻开仍散发着墨香的《姥姥语录》，来不及细读文字，首先映入眼帘的是倪萍为新书所做的插图。这些以中国水墨画形式描绘的菊、荷、牡丹、向日葵和家禽飞鸟，看似随意挥洒，并无太多章法，也不够"专业"，却灵动清新，别有生趣；最重要的是，透过这些画作，可以看到倪萍和姥姥对生活、对美的热爱，以及在五十年朝夕相处中所形成的共同的审美情趣。

← 质朴、坦诚、率真是倪萍的本色

画画的兴趣，是姥姥“夸”出来的

《美丽的大脚》海报

写了一本《姥姥语录》，给倪萍印象最深的一句话是：“人的肚子不怕饿，没有稠的就喝点稀的；眼睛可不能饿着，眼要是见不着好东西，慢慢地心就瞎了……”倪萍是用老家山东荣成话模仿姥姥口音的，怕老杜听不懂，又“翻译”成普通话。

姥姥一生爱花，即使最穷的日子里，姥姥庭院的门口都有两丛怒放的月季。当时倪萍只有五六岁，怎么也不明白，寒冬腊月，人都穿不暖和，被剪了枝过冬的月季却穿得五颜六色，碎布条、旧绳子、玉米叶，远看犹如印象派大师莫奈的油画。还有，豆子地开满小黄花时，姥姥把她抱进地中央，说真像穿了条大花裙子；七月七牛郎会织女的夜晚，姥姥把用面团做的“项链”戴到她脖子上，说她像画上的人儿……“多少年后我才弄懂，姥姥是用最质朴的情感、最省钱的方式养育着眼睛，养育着美；她说的‘心’，就是人的精神、人的灵魂呀！”

倪萍第一次画画，是在姥姥家的灶台上。那天是哥哥的生日，按当地风俗，要在锅里“蒸属相”。哥哥是属鸡的，姥姥就为他蒸了一只大公鸡。倪萍在一旁看着，忽然想画下来，便用树枝在灶台上胡涂乱抹，居然画出了大公鸡的几分模样。姥姥一看眉开眼笑夸赞起来：“比锅里的大公鸡还好看，鼻子是鼻子，眼儿是眼儿的！”说得倪萍一下子有了自信，从此画上瘾了。那时，家里有一本《三毛流浪记》，倪萍成天在姥姥家的墙上、灶台上画三毛。姥姥照例是一通夸奖：“画得真像，再画，人就活了，上饭桌子吃饭来了！”姥姥曾对妈妈说：“别舍不得夸孩子，芝麻夸着夸着就变成西瓜了！”

“今天我能成这样，姥姥的夸奖最给力，她为我事业的成功打下了坚实的基础！”倪萍至今对姥姥的教育方法感恩戴德。

倪萍的气质中透着知性与才气。

当主持人，与中外画家结下不解之缘

画家，在倪萍心目中一直有着很高的位置，是一个令人向往的职业：它以新鲜独到的视角观察和表现世界，以一颗自由的心灵，宣泄艺术家丰富的情感。

但倪萍走的是另外一条艺术之路。她不仅主演了多部影视剧，成为一颗影视新星，而且有幸主持了央视名牌栏目《综艺大观》和多届央视春晚，成为家喻户晓的“国嘴”。在此期间，她虽然没有机会重拾画笔，却欣赏了许多中外名画，接触到不少画坛大家。“我很早就对八大山人的大写意十分着迷。为什么寥寥数笔，便能抓住物象的特征，那么凝练，那么传神？还有画中的大量留白，给人充分的想象和联想空间。在外国画家中，我最喜欢凡·高。欧文·斯通写的《渴望生活》是我读得最早的一部画家传记。他的作品那么伟大，生前的境遇又那么凄惨，我在看书时眼泪劈里啪啦往书页上滴落！现代画家中，我非常欣赏齐白石、李苦禅的花鸟画和华君武、丰子恺的漫画。我怀孕时曾画了几张自画像，挺着个大肚子，头上包着围巾，肿脸肿脚，脚比脸还大呢！那种夸张变形的手法，可能也是受到了漫画家影响吧！……”

⬆ 倪萍在综艺节目中采访陕北老农 CFP供图

倪萍绘画作品《吉祥》

在央视担任主持人期间，倪萍有机会采访过诸多画坛大家，如黄胄、范曾、许麟庐、吴冠中、韩美林、陈丹青等，通过在他们的画室看他们现场作画，拜读和收藏他们的文字作品，耳濡目染，心领神会，从中学习和感悟到不少绘画知识和理论。兴之所至，她也不怕班门弄斧，在大家面前抹上几笔。十几年前一个春节，倪萍与赵忠祥等在范曾家中做客时，范曾问她会否作画？她说，什么叫会不会呀，有胆子就能画！斗胆画了一幅，令范曾连连点头："以后你能以画画为生了！"

守着这么多大师级人物，为什么不拜师求艺呢？谈到这个问题时，倪萍引用了一句姥姥语录："在地上站着就别老想着天上的事儿。""为啥不敢找名师指导？水平差得太远呗！我从未入过这个门，用笔用墨，全无章法，怎么好让大师指导？ 再说，上了十几年学，受限制太多了，我还想解放一下呢！"

姥姥看不到花了，我给她画出来

读过《姥姥语录》的人，多不相信书中那些虽嫌稚嫩，却颇有灵气的水墨花鸟出自倪萍之手，正如当年《日子》出笼，有人怀疑那些生动流畅的文字出自倪萍之手一样。其实，倪萍并不只会演戏，她从小爱读书，最崇拜散文大师孙犁，他的文风甚至世界观，都令倪萍心向往之。还有大冯、铁凝、贾平凹、莫言、史铁生，甚至写过《金光大道》的浩然，概括生活和刻画人物的手法，都深深影响和感染着她。而姥姥虽然没文化，却最崇尚读书人。"人

倪萍绘画作品《吉祥如意》

的两腿才能走多远，看了书，想上哪儿上哪儿”——姥姥语录。所以，演戏之外的倪萍，将大量家居时间花在给姥姥读书上。而姥姥不仅听懂了，还对作家笔下的人物命运牵肠挂肚。

倪萍爱画，赏画，为何未给姥姥画张像呢？倪萍说，她从未想过，总觉得姥姥的日子是无限的，直到姥姥以 99 岁高龄离世后，她才用了整整一个夏天，饱蘸着思念和泪水写完了《姥姥语录》，也画完了那些充满灵性的水墨花鸟画。

姥姥生前最爱花。如今姥姥走了，看不到花了，她要用心给姥姥画些美丽养眼的花。姥姥在乡下时精心培育过的月季花，晚年日夜守护的一盆牡丹花，还有姥姥一辈子离不开的荷塘、水鸟、仙鹤、麻雀，最爱吃的萝卜白菜……都成了倪萍的描摹对象。

真拿起笔来画时，倪萍说自己几乎没有章法，也不会运笔落墨，“但我的心灵是自由的，浪漫的，胆子大，敢下笔。艺术哪有一定之规呀，只要把你的情感、你的立意画出来。中国画有极大的想象空间，讲究笔情墨趣，真的，我画完《荷塘》后，总觉得有一只鹅引颈向天叫着，似乎在问，为何要让秋风吹残了荷叶？其实也是借景生情，拷问生命的价值和意义。”

白天画，晚上画，一个夏天，她不停地为姥姥画着，逐渐地会拿笔会用色了，画也有模有样了。“盼望姥姥的那个世界不再冷清，鲜花永远盛开，丰收的喜悦还挂在她好看的脸上。”

倪萍绘画作品《喜》

↑ 倪萍绘画作品《向太阳》

以文会友，日子过得像画一样

自从半年前为了《姥姥语录》而重拾画笔后，倪萍便一发而不可收，不仅画画上了瘾、着了迷，而且惊动了身边的亲戚朋友们，有求画的，也有“订货”的，把倪萍自己也弄蒙了：我的画真这么值钱吗？

但倪萍是不差钱的，也从未想过以卖画为生。她是个性情中人，画画只是为了一抒胸臆：樱桃下来时买来一筐放在桌上写生，荔枝下来又去买荔枝，边吃边画，画得开心，吃得也开心，也许画的画还不如樱桃贵，她也不在乎。她画花鸟，也尝试画人物。最近她为助理小倩画像，鼻子眼睛不好画，就干脆省略，只画了下巴。还答应小倩有了对象，再画个男青年。画画还使她多了一个以文会友的平台。歌手苏小明从未学过画，拿起笔就画了幅自画像，用手机发给卢秀梅，卢一看说：“这是猴子还是人？”小明不怕打击，接着画，画王朔、画刘索拉、画姜文……不但自己画，还逼倪萍画。倪萍才画了一个星期，苏小明就用手机把倪萍的画拍下来发给张暴默和丁芯，这些外行朋友一通鼓励夸奖，还要跟她“订货”。

最有趣的是倪萍家的保姆安子，春节要回家过年，倪萍说家里的东西你喜欢什么随便拿，只要你用得着、拿得动。“你猜怎么着？她只要了我两幅画、四本书(《姥姥语录》)，书两本送了同学，另两本全村传阅，一个春

↑ 谈兴正浓

休闲时刻

节过去，书被翻烂了，书皮儿都没了。两幅画呢，给了婆家一幅，老爹一幅，她爹不让往墙上挂，怕烟熏火燎地把画弄坏了，要留着收藏！连农村都懂得收藏了，你说中国的收藏热都热到何种程度了！

“我目前的状态是着迷”，谈起画画，倪萍有些自得地说。她的主业还是演员，还要不断塑造各种类型的女性形象；而至少业余时间，尤其是她最爱的那个人走了以后，她有了新的艺术追求和精神寄托。十数年前，她写了《日子》；又过了那么多日子，她一定会有更生动的故事、更深刻的艺术和人生感悟。但愿她现在和未来的日子过得像画一样，色彩斑斓、赏心悦目！

李雪健：沉静并创造着

李雪健来了，是为宣传反腐悬疑剧《高纬度战栗》。新闻发布会刚刚结束，他就被请到电视台演播室，录制《男人世界》。这完全是计划外日程，李雪健却没有拒绝。这一方面是他忠厚谦和的个性所致，另一方面也因为他对天津有着一种特殊的情感和记忆。

曾记否，18年前，一部《渴望》风靡华夏，让宋大成这位老实憨厚的小人物走进千家万户，饰演者李雪健也一夜成名。随后，《渴望》剧组应邀与观众见面联欢，在津门掀起一股“《渴望》热”。那次，导演鲁晓威来了，主演凯丽、黄梅莹、孙松、韩影来了，唯独不见“大成哥”李雪健的身影。原来，他又被峨影导演王冀邢请到电影《焦裕禄》剧组，饰演二十世纪六十年代感动了一代人的“县委书记的榜样”焦裕禄。《焦裕禄》获奖后他说了一句耐人寻味的大实话：“苦和累，都让一个好人——焦裕禄受了；名和利，都让一个傻小子——李雪健得了。”

几年后，李雪健出现在天津戏博、一宫和五大道，这次，他变身为一位须发皆白、手拄拐杖的“台胞”，回乡寻找失散多年的亲人。这便是鲁晓威执导的电影《如烟往事》，与李雪健演对手戏的，是台湾“金马影后”张艾嘉。正是在那次拍摄中，老杜与李雪健建立起一种相互信任的关系和友情。

所以，当《高纬度战栗》在天津电视台播出之际，老杜提出进京采访李雪健时，他不仅欣然允诺，而且态度十分诚恳认真：“你看我的戏，我接受你的采访，我是把它当成一项创作来对待的。演员是需要通过媒体与观众进行沟通的。这块阵地你不占领，别人就会占领……”他的意思我明白：对演员也好，作品也好，倾听各方意见总是有益的，但无论批评还是肯定，一定要实事求是，公正客观。

说漂亮话
不如多演几个好角色

与李雪健相约在北京昌平一家星级酒店的茶吧里，陪同他的是爱妻于海丹。老友相见格外亲热，而令老杜惊异的是，几年前的一场大病似乎并未在李雪健身上留下多少痕迹，除了比以前消瘦些、因拍戏需要蓄了胡须外，他依然是我心目中的“大成哥”，从容淡定，憨厚随和；眼睛也依然年轻纯净，少有世俗的困扰。

“我属于嘴笨之人，更愿通过自己的艺术形象与观众朋友交流，”李雪健开宗明义地说，“我认为说漂亮话，不如多演几个好的角色。有时外界感到我为人低调，好像有意封闭自己，其实不然。到了我们这个岁数，要做的是将多年艺术实践加以总结，拿出点理性认识。比如我进入艺术团体后，接触了斯坦尼斯拉夫斯基、布莱希特和梅兰芳三大表演体系，又演了这么多戏，塑造了这么多人物，应该摸索出一些表演经验并形成个人风格了。”

李雪健将他的演艺之路概括为三个阶段：一，业余演员阶段。当时他在“二炮”文工团演小品，调入空政文工团后演“匪兵甲”、“匪兵乙”，直到当替补演员饰演“九·一三事件”中的林彪后，才走上专业艺术舞台。二，在影视艺术作品中崭露头角。这一时期他主演的影视剧有《钢锉将军》、《鼓书艺人》、《大侦探》、《渴望》、《焦裕禄》、《水浒传》、《摇啊摇，摇到外婆桥》等，

↑ 2006年10月，李雪健在第六届中国金鹰电视艺术节上，走在他旁边的是演员殷桃。 CFP供图

事业如日中天。三,大病初愈,他对剧本选择更严格,戏路更宽广,表演更成熟,主要作品有《历史的天空》、《搭错车》、《赵树理》、《横空出世》、《新上海滩》、《高纬度战栗》等。从艺二十余载,李雪健获奖无数,从戏剧"梅花"到电影"金鸡"、"百花",电视剧"飞天"、"金鹰"一一收入囊中,还担任过中国影协副主席一职,成就卓著,令人艳羡。

↑ 李雪健在《高纬度战栗》中

↑ 李雪健在电影《焦裕禄》中

谈到近期播出的《高纬度战栗》时,老杜问,听说您是主动请缨饰演劳东林这个卧底警察的?李雪健淡然一笑,摇摇头说:"我是一个比较懒惰的演员,从不主动要求饰演某一个角色,唯一的例外是《鲁迅》,可惜没用我……"2006年夏,李雪健沪上拍罢《新上海滩》,正收拾行装准备返京时,导演高希希来电称,一会儿有位朋友要为他送行。来人送他一本陆天明的小说《高纬度战栗》,引起他的强烈兴趣。就这样,他走进郭靖宇执导的反腐悬疑剧《高纬度战栗》,被人戏称:上半年演了"黑爷"冯敬尧,下半年演了"红爷"劳东林,"红与黑"全让他占了。

《高纬度战栗》播出后,有观众评价李雪健塑造了一个另类的、不像警察的警察,对此,李雪健回答:"不像就对了!"劳东林为何脱掉警服?为的就是卧底,掩盖自己的真实面目,是现代版的杨子荣!对这样的角色李雪健说他并不陌生——其一,因为不穿警服,他不需要强化公安人员的职业特征;其二,这些年来,他交过一些警察朋友,熟悉他们的生活;其三,他平时比较关注公安题材的作品,如张平的小说《十面埋伏》,所以演来得心应手,唯一的"负面反应"是嫌他"老牛吃嫩草",娶了个小媳妇,未能脱开"英雄加美女"的俗套。

追求完美
不想留下太多遗憾

当老杜追问,在您拍过的戏中,哪一部最成功、最满意时,李雪健面露难色:"这个问题很难回答。因为每部戏我都尽力了,留下的更多是遗憾。到了现在这个年龄,总想把事情做得完美一些,给观众留下几部好作品、好角色,多年后回忆起来仍津津乐道,千万不要应景、赶时髦,成为过眼烟云……"

在李雪健主演过的影视作品中，他似乎更偏爱根据老舍名著改编、田壮壮执导的电视剧《鼓书艺人》。他说限于当时的理解能力和表演水平，现在看来遗憾不少，他不仅有重拍的欲望，而且自信会演得更好。对有些遗憾他则“很难容忍、郁闷至极”。如《赵树理》是表现人民作家、“山药蛋”派代表人物赵树理生平事迹的作品，想做这种戏的人本来就不多，又不能挣钱、打市场，结果20集的戏被删掉3集，许多辛苦付诸东流，他心疼，想不通，曾暗暗发誓，以后再也不接这类剧本了。但一遇到好本子，他又接着激动，“戏瘾”大发。说到“戏瘾”，于海丹插话说，她最烦有些媒体加在李雪健头上的一个词儿——“老戏骨”了。何为“老戏骨”？那是从港台传来的，与“戏油子”近似，与李雪健的敬业精神不是一个概念。

一世清白 借书画直抒胸臆

在演艺界，李雪健属于“德艺双馨”的艺术家，口碑颇佳，从来没有负面新闻。他多次说过，最欣赏老前辈的做人准则：“认认真真做事，清清白白做人，平平静静生活。”

都知道他喜欢书画，这也与他的“粉丝”（李雪健纠正说，他从不称拥趸为“粉丝”，而称“知音”）有关。原来，自从演了《渴望》和《焦裕禄》后，请他签名者骤增，但他的字却拿不出手，有点对不起观众。于是，一位通晓天文地理能写会画的李姓大哥主动请缨帮他练习书画。不料想，在拍《水浒传》宋江浔阳楼题写反诗一场戏中，他的书法功夫还真的派上用场，这组镜头不仅一次拍成，至今他的“墨宝”还留在无锡“水浒城”供游人观赏。李雪健得意地说，这叫“艺不压身”！

研习书画使李雪健受益匪浅：既可在拍戏时免用“替身”，又可修身养性，增长知识，陶冶情操。除了李大哥，他的书画无师无派，常常是突发奇想，信手拈来；有人索要，他慨然相送，并配上镜框，产生一种装饰美，非让你挂上墙不可！他送朋友最多的是一幅“一世清白”，几株白菜，一枚红柿，寥寥数笔，意趣横生。

李雪健清醒地意识到：自己从一个默默无闻的年轻人一步步走过来，能干这一行已经不容易了，能走到今天这一步更不容易。毕竟，他身处的演艺圈是个名利场，都有一个如何对待名利和观众的问题。观众是他的知音，也是他创作的动力。只有踏踏实实，谦虚谨慎，大家才更愿帮你，给你更多机会。李雪健常说自己“傻”，但傻人有傻福，他的付出得到了加倍的回馈。

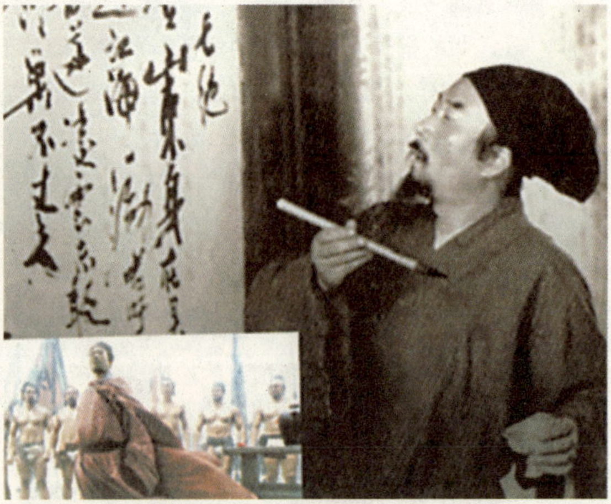

↑ 李雪健在电视剧《水浒传》中饰演宋江

不愿谈病
因为现在身体健康

8年前的一场大病，曾让喜欢他的朋友和观众黯然神伤，而一度关于他病逝的假新闻更使人反思媒体的职业操守问题。李雪健曾用愤怒、更用自己的心血之作证明着自己的存在价值。老杜注意到，在整个采访过程中，李雪健夫妇都小心翼翼回避着这一令人伤感和已成"过去时"的话题。

当老杜想从积极的方面请李雪健谈谈病后的人生感悟时，他再次面露难色："我真谈不上来。变化肯定会有，也许别人能感觉出来，但我自己确实说不清楚。"此刻，于海丹出来为丈夫说话了："很多记者提出这个问题，弄得他也挺无奈的。我们并不特别希望谈他的身体状况。他现在的身体肯定是健康的，只有身体健康才能出去拍戏；否则不是毁自己吗？既然能拍戏呢，正像他自己说的，希望通过角色与观众交流，他的感悟全在角色里了。本子不好不能去，不动心的不能去，总之他对艺术的投入程度是一般人难以想象的！"

这时李雪健想到一个比喻："四十不惑，五十知天命，六十耳顺，这场病之后，可能我提前十年'耳顺'了，这就是变化！"

于海丹马上打断他的话："别说你老了，外边所有不了解他的人，都说他60多岁了，衰老了，我要为他更正：李雪健，属马，今年53，年轻着呢，帅着呢！气死我了！……"说罢，自己也忍不住哈哈大笑起来。

"应该是沉静，比以前更沉静了，更懂得调整自己了。"李雪健终于琢磨出一个能准确表达自己当前状态的词语，并得到了大家的一致认同。

⬅ 感慨万千——李雪健在电影频道百合奖颁奖礼上接受经纬采访。CFP供图

六小龄童 永远的“美猴王”

“你挑着担，我牵着马，迎来日出，送走晚霞，踏平坎坷成大道，斗罢艰险又出发……”

优美而熟悉的旋律，又一次响彻天津卫视《津夜嘉年华》录制现场，只不过演唱者不是著名歌唱家蒋大为，而是82版电视剧《西游记》中，孙悟空、猪八戒和沙僧的扮演者六小龄童、马德华和刘大刚（饰续集中的沙僧）。

如果问，世界上有哪位演员，为主演同一题材的影视作品而花费了27年的漫漫光阴？

答案只有一个：六小龄童。

从82版电视剧《西游记》，到99版《西游记》续集；从2007年的电视剧《吴承恩与西游记》，到2009年开拍的电影《大闹天宫》，六小龄童为了同一个角色——大闹天宫的“美猴王”孙悟空，前后经历了27年，从而成为中国影视界入选大世界吉尼斯纪录的第一人。

穿一件红色衬衫，鼻梁上架副近视眼镜的六小龄童，一进演播厅就被热情的观众认出，纷纷称呼他“六老师”、“六爷爷”，一下逗乐了六小龄童：“中国哪有姓六的？我本名章金莱，艺名叫六小龄童……”六小龄童出生于一个梨园世家，父亲也是著名表演艺术家，而且都以猴戏驰名。六小龄童因主演《西游记》而荣获第六届大众电视金鹰奖最佳男主角、“中国电影电视十大明星”等荣誉称号，不仅收获了事业，也收获了爱情；不仅在荧屏上塑造了一个个活生生堪称经典的“美猴王”形象，更成了一个西游文化的专家和传播者。

1982年他主演《西游记》时，还是个20多岁的小青年，如今已在脸上留下了岁月沧桑。然而，他那颗痴迷西游文化之心，依然年轻而炽热！

← 中国“猴王”六小龄童 CFP供图

为拍“西游”，他几乎脱了一层皮

电视剧《西游记》诞生27年，六小龄童的“美猴王”形象也在荧屏上活跃了27年。谁也说不清它到底在央视和各地方台重播过多少遍，但凡寒暑假、“六一”儿童节，甚至“三八”妇女节，似乎都可以找到重播“西游”的理由！

“西游”的长寿，“美猴王”的长寿，常常使人感叹经典的无穷魅力。但你能想到，六小龄童和他的师兄弟们，为拍“西游”付出了怎样的心血和代价吗？

在节目录制现场，六小龄童、马德华、刘大刚分别演示了他们的拿手绝活。

孙悟空，亦人亦神，亦人亦猴，无论春夏秋冬，拍摄中都要披上一身“猴皮”，只露一双滴溜乱转的“火眼金睛”。猪八戒，不仅要用胶水粘上“猪脸”，挂上“猪耳”，胸前还要贴上一个大肚皮，这些物件都是硫化乳胶材料制成，密不透风，一场戏下来必大汗淋漓、酷热难耐；而且经常忍饥挨饿——因为拍摄过程中嘴不能吃东西，一吃，乳胶就会变形甚至撕裂。卸妆时需用浓度很高的酒精擦拭脸上的胶水，不仅伤皮肤，一不小心还可能会脱下一层皮！

想当年，《西游记》拍摄条件简陋，特技手段远不如现在先进，拍“红孩儿火烧孙悟空”一场戏时，六小龄童穿上防火的石棉衣，全身淋上汽油后用火点燃。导演事先告诉他：如

↑《吴承恩与西游记》中的唐僧师徒　CFP供图

⬆ 六小龄童和他的美猴王成了不朽的经典

果烧疼了就赶紧叫停。谁知点火后，六小龄童发现烈火焚身时根本喊不出声音，只觉得自己在套子里快被烧熟了，便倒地打滚叫停，不料导演没看明白，继续拍摄。一场戏拍完，导演还称赞六小龄童说，你即兴设计的那个翻滚动作太逼真了！令六小龄童啼笑皆非，心说我都快被烧死了，哪还有什么即兴创作？

录制现场，六小龄童向马德华赠送了一把扇子，扇面上是他亲笔书写的“猴缘”二字，以表达二人合作27年亲如手足的情谊。马德华也激动地表示，他有一个愿望：再过20年，待他们都老态龙钟时，师徒四人还要扮上，在“西游”舞台上走一遭！

“西游”途中的地下恋情

六小龄童坦白承认：电视剧《西游记》中，他是最大赢家——不仅成就了事业，还娶了媳妇。

《西游记》剧组成立之初，导演就与六小龄童的父亲“约法三章”，其中一条即拍摄期间，六小龄童不许谈情说爱。为何后来他未遵守该项约定呢？六小龄童“辩解”说：原来说《西游记》只拍一年，谁知一拍就是五六年，朝夕相处，他便与剧中的场记俞虹日久生情，擦出了爱情的火花……

最早发现六小龄童地下恋情的是“猪八戒”马德华：“他做事一向小心谨慎，其实猴精猴精的，我与沙僧闫怀礼加起来100岁，竟让他一个小年轻蒙骗了。本来演员有事要找导演，他却总往场记俞虹那跑，问这问那的。有时我正与猴哥聊天，俞虹来了，我就知趣地躲开，不给人家当灯泡！当时还有人也有察觉，便当面问他，听说你和俞虹好上了？他马上跟人家翻了脸……”

有一次，剧组在云南拍戏时，俞虹找到马德华说，今天是你的生日，我和猴哥陪你到外边吃饭吧！啊？马德华自己都忘了自己的生日，她怎么会知道？一定是猴哥告诉她的！三个人不敢一起走，便分头离开剧组驻地，到街上一家餐馆集合。走到半路，马德华回头一看，俞虹手里还拎着一盒生日蛋糕，想到兄弟之间的情分，马德华的眼泪夺眶而出。

六小龄童与俞虹结婚时，适逢他荣获大众电视金鹰奖最佳男主角，可谓双喜临门，一时传为佳话。

↑ 再现猴王风采

↑ 现了“原形”的悟空、八戒和沙僧

“老猴王”为“小猴王”示范

主持人推荐了一位天津青年京剧团演员唐春园，想请六小龄童评判一下他的表演，预测一下他能否成为未来的“美猴王”。一身戏装的唐春园手舞金箍棒，在六小龄童面前班门弄斧。“老猴王”当即为“小猴王”示范，从眼神到动作，那股霸气、帅气、猴气，表现得淋漓尽致，令“小猴王”心服口服，当即要拜六小龄童为师。

六小龄童语重心长地对他说：“小伙子年轻有为，希望继续努力！我觉得要真正演好观众心目中的‘美猴王’，一定要是戏曲演员，唱念做打，都经过了严格的规范和训练。在这方面，真要感谢老祖宗为我们留下的宝贵文化遗产！……”

六小龄童说他十分羡慕成龙、赵本山，身边有很多徒弟；他由于拍戏占据了大部分时间和精力，对收徒一事考虑较少，但他记住了冯骥才对他说过的一句话：“不希望六小龄童成为中国的末代猴王。”所以，他计划拍罢电影《大闹天宫》后，创立一所“美猴王艺术学校”：“中国猴戏有多种表现风格和形式，脸谱、服装、金箍棒的长短都不尽相同，各有讲究，大有研究探讨的空间。而且我将来培养的也不只是演猴戏的演员，而要能文能武，能古能今，训练他们扎实的戏曲基本功。拿我来说，除了‘美猴王’，还演过鲁迅、周恩来等形象，所以我希望未来能培养出全面发展的学生。”

畅想《西游记》主题公园

从82版《西游记》到99版《西游记》续集，断断续续17年，圆了六小龄童的“西游梦”，这个时间与唐僧西天取经的时间正不谋而合！

2007年，中国首部立体电视剧《吴承恩与西游记》投拍，六小龄童一人饰二角：吴承恩和孙悟空。25年后，师徒四人再聚首，不禁百感交集；被北京媒体评为“四人组合最佳精神奖”，也在情理之中。经历了九九八十一难，仿佛他的一生都注定离不开“美猴王”，离不开西游文化。

如今的六小龄童，几乎成了西游文化的专家，家里的藏书，壁挂的饰品，手腕的佛珠，胸前的项链，手机的彩铃，都与《西游记》与美猴王息息相关！他太太原喜欢搜集形形色色的丑娃，满满当当摆了一屋子；现在受老公影响，转而搜集与“美猴王”相关的装饰品，夫妻俩热爱西游文化，到了如痴如醉的程度。

不仅如此，六小龄童还创办了“美猴网”，在网上发布与西游文化相关的信息，他还准备成立一个“猴王博物馆”、做一本《美猴王》杂志、开办一个“猴文化”电视专栏……“我们不能让孩子们只吃洋快餐，游洋公园，要让他们接受和热爱中国优秀的传统文化，传播东方文化精神，我希望在华夏大地上建立一个《西游记》主题公园，相信完全可与迪斯尼乐园相媲美！”

艺术家要发扬光大西游文化

近年来，经典电视剧翻拍风生水起，以《西游记》为例，不仅有浙版《西游记》，还有张纪中版《西游记》。优秀文学名著多次搬上银幕是国际惯例，不足为奇。而六小龄童更主张尊重原著，尊重传统，因为名著是祖先留下的宝贵遗产，不可随意篡改。在西方像米老鼠、唐老鸭这些形象，都是不能随便篡改的，而且要经过授权才能使用。他认为，经典作品的翻拍要考虑三个因素：为什么拍，怎么拍和由谁来拍？其中最关键的问题是，有没有抓住原著的核心和灵魂。艺术家要以强烈的社会责任感发扬光大西游文化。他是这样说的，也是这样做的。

六小龄童，永远的“美猴王”！

冬

雪飘春不远

众芳摇落独暄妍，占尽风情向小园。
疏影横斜水清浅，暗香浮动月黄昏。

——(宋)林逋

陈凯歌：从魔幻到现实的回归

当中国式魔幻大片《无极》公映后遭到一片非议甚至恶搞时，导演陈凯歌肯定是在一种痛苦而复杂的心境中，闭门思过，卧薪尝胆，酝酿一场漂亮的翻身仗的。否则，我们便无法解释，何以在短短三年之后，他的华丽转身之作《梅兰芳》就闪亮登场并获得广泛认同。如果抛开对该片历史真实性和演员表演的某些质疑，仅从电影艺术的角度分析的话，《梅兰芳》都应算是一部精致优雅、颇得大师风范的作品，尤其大家公认的开片 45 分钟的镜头画面，与好莱坞大片相比并不逊色。

《无极》使一位才子型的具有探索精神的导演，在探索中国式魔幻大片的过程中遭遇了滑铁卢，而《梅兰芳》又实现了他从魔幻到现实的回归。这中间有哪些值得我们认真思考的东西呢？

反思：本土魔幻大片的“先天不足”

陈凯歌是一位具有探索精神的导演，早在改革开放初期，他就通过《黄土地》、《大阅兵》等影片，表现出独特的艺术理念和美学追求；《霸王别姬》则是他的导演艺术走向成熟期的代表作，至今令人称道，并成为很多观众评判《梅兰芳》的一个参照物。

本世纪初，当越来越多借助高科技手段制作的好莱坞大片给萎靡不振的中国电影市场带来前所未有的冲击时，陈凯歌便跃跃欲试，立足打造具有本民族特征和风格的“大片”。他在接受老杜独家专访时说：“中国观众对美国电影，除少数‘发烧友’外，

← 国际知名导演陈凯歌 CFP供图

多数只是看看热闹而已，等于天天吃西餐，终究不对胃口。一个民族的文化传统根深蒂固，很难改变。”可能从那时起，他就一头钻进《无极》的魔幻世界，欲“通过特技效果营造中国文化的精髓”。但这部耗资巨大、阵容豪华（汇聚了中、日、韩三国演员）、特技手段攀比《指环王》的本土魔幻大片，结出的却是一颗青涩的果实，从主题、故事到人物，很难找到中国本土的文化味道。

《无极》的立意是：一个神预言了人的命运，一群人无可挽回地实现了预言。结果有人发现，这与黑泽明的《蜘蛛巢城》和古希腊悲剧《俄狄浦斯王》有似曾相识之感。片中人物：昆仑、光明、鬼狼、无欢、倾城亦不伦不类，令人费解，很难与中国古代神话传说或魔幻故事对上号，也就很难让观众产生共鸣。总之，《无极》与《英雄》、《十面埋伏》等“国产大片”一样，瑰丽奢华的包装背后，掩藏不住思想内容的空洞贫乏。

站在世界电影的角度看，《无极》失败的一个重要原因，是未能克服本土魔幻大片的先天不足——缺乏深厚扎实的文学基础。

以风靡全球的好莱坞魔幻大片《指环王》为例，从《护戒使者》、《双塔奇兵》到《王者归来》，三部曲连续三年席卷全球电影票房之冠，究其原因，除了新西兰电影“鬼才”彼得·杰克逊擅长运用电影语言讲故事以及令人叹为观止的特技效果外，还因为《指环王》的故事早为西方人熟悉和喜爱。英国作家托尔金的文学巨著《指环王》影响了几代读者，当它从瑰丽的文学想象变成具有视觉震撼力的电影画面时，自然更容易为大众所接受，就像中国人对待本土神魔小说《西游记》的态度一样。此外，J.K.罗琳的系列小说《哈利·波特》也为同名电影享誉全球奠定了坚实的文学基础。

遗憾的是，《无极》未能从本民族文化的深厚历史积淀中汲取素材和营养，而是凭借主观想象加上借鉴西方故事，凑成了一个不中不洋食之无味的大拼盘。而一部思想内容空洞贫乏的电影，纵然有再高超的特技手段也是缺乏震撼力和感染力的，何况我们的电影特技尚处于学步阶段。

回归：将镜头对准熟悉的题材

当陈凯歌在他主观臆想出的魔幻世界里天马行空、独往独来时，并未获得创作的自由；相反，当他将镜头对准自己真正熟悉和喜爱的题材时，他的艺术才华方得到充分施展。

在《梅兰芳》中，那个颇具隐喻意义的“纸枷锁”贯穿全片，是梅兰芳人生的“枷锁”，又何尝不是陈凯歌创作的“枷锁”？但此枷锁不同于彼枷锁，在一个他所熟悉的题材领域里，他知道怎样小心翼翼避免捅破那层薄纸，而做到游刃有余。歌德说过：“巨匠在限制中表现。”在有限的空间里，蕴藏着无限的创造空间。

从《英雄》到《无极》，从《夜宴》到《黄金甲》，一部部盛装登场，又一个个铩羽而归，于

↑ 2010年11月，在《赵氏孤儿》首映式上，陈凯歌与葛优互拜，一个大赞“真演员”，一个连称“接不住”。 CFP供图

是人们一次次慨叹：中国最具才华和实力的大导演们，为何无视中国文化里既有的丰富宝藏，在自己不熟悉也不擅长的领域里虚构那些陌生又无趣的故事呢？所以，当冯小刚的《集结号》、陈凯歌的《梅兰芳》横空出世后，我们隐约看到了“中国大片”经过痛苦的反思，逐渐走向成熟的一抹曙光。

《梅兰芳》是一部带有人物传记性质的影片，而传记片在世界影坛中占有不可替代的地位。从讴歌古罗马奴隶起义的《斯巴达克斯》，到描写二战盟军统帅的《巴顿将军》；从表现俄罗斯画家生平的《画家苏里柯夫》，到再现奥地利圆舞曲之王的《施特劳斯》，那些不朽的历史人物通过电影画面长久地活跃在人们的记忆中。梅兰芳无疑具有这样的文化价值。作为二十世纪上半叶中国最具影响力的艺术大师、世界三大戏剧体系的代表人物之一和中国“国粹”艺术京剧的创新者，梅兰芳的人生际遇和舞台生涯具有典型意义和传奇色彩，是电影艺术表现的绝佳题材。陈凯歌抓住这一题材倾力打造中国大片，确属明智之举。

首先，陈凯歌具有较深的文学修养和文人气质，熟悉和喜爱包括京剧在内的优秀传统文化，深知内中堂奥，这是他深入涉猎京剧艺术殿堂的“敲门砖”。其次，从父辈陈怀皑起，陈梅两家便交往甚密，陈凯歌亲眼目睹过梅兰芳“风华绝代”的舞台表演，并得

⬆ 2010年6月，第13届上海电影节上，《赵氏孤儿》剧组集体亮相 CFP供图

到梅兰芳之子梅葆玖的拍摄授权，拥有得天独厚的人脉关系。第三，陈凯歌拍摄过同类题材并广受赞誉的电影《霸王别姬》，对揭示京剧名伶的艺术人生和心灵世界可谓驾轻就熟。

这次，陈凯歌没有让观众失望。《梅兰芳》大幕拉开，我们便被紧紧吸引到二十世纪初那个军阀混战的纷乱年代，犹如津津有味地翻阅一本纸页已经发黄的民国时期的老画报。你看那灯光幽暗的北京小胡同，雕梁画栋的老戏台，台下一排排如痴如醉的老戏迷，包厢上举起单筒望远镜的旗装妇女，还有一身戎装大摇大摆走进戏园独坐头排的"袁大总统"……活画出一幅老北京的民俗风情画卷。正是在这样一个弥漫着纷杂陈腐气息的环境氛围中，少年梅兰芳那仿佛与生俱来、只可意会不可言传的媚、魅、美，才显得更加超凡脱俗、倾倒众生，在舞台上大放异彩。凝神屏息地观赏《梅兰芳》所营造的特定环境中的特定人物，你不能不佩服陈凯歌对电影语言的精确而传神的把握。无论是少年梅兰芳抑或是十三燕，旧时伶人的举止、做派、腔调和神韵，乃至浮华背后的孤独与悲凉，无不表现得逼真地道，入木三分！几乎众口一词对《梅兰芳》

前45分钟的激赏，无疑是对陈凯歌回归现实、回归本色的肯定和认同。在他所熟悉和热爱的题材中，他找到了自己的位置、自己的感觉，实现了一次自我超越。

遗憾：历史名人形象难模仿

在有关《梅兰芳》的评论中，我们看到最多的是：余少群的小梅兰芳最出彩，王学圻的十三燕最出彩，甚至章子怡的孟小冬、孙红雷的邱如白都获得不少喝彩，唯独影片的核心人物、成年梅兰芳的饰演者黎明却颇受诟病：温吞，木讷，缺乏梅兰芳特有的神韵。观众对成年梅兰芳形象不满意固然不无道理，但平心而论，却也有些难为了黎明。其中一个容易为人忽视的事实是：历史名人的形象很难模仿，而且越是人们熟悉和喜爱的历史名人越难模仿。许多人拿《梅兰芳》与《霸王别姬》相比，拿黎明的梅兰芳与张国荣的程蝶衣相比，其实这是不具可比性的：前者是真实的历史人物，后者是艺术虚构的人物；张国荣的程蝶衣什么样无人在乎，黎明的梅兰芳却往往"失之毫厘，谬以千里"。

传记电影的最大难题之一，是如何选择与角色最为贴近的"形神兼备"的演员。客观地说，像梅兰芳那样雍容大度、仪态不凡、多少年才出一个的"风华绝代"的艺术大师，在现实生活中几乎是找不到的。比较而言，黎明还算比较"靠谱"（例如他在艺术经历和艺术气质上与大师有相似之处）。问题在于，他给人的第一印象就是不像梅兰芳。梅兰芳的面颊圆润饱满，看上去祥和富态，眼皮很双，微有眼袋；而黎明的脸型偏长，鼻、眼形状也与大师有异。而"形"不似，是影响观众对人物认同感的最大障碍。这是一种天然的缺憾，很难通过表演或对"神似"的追摹加以弥补。记者在观赏《梅兰芳》的过程中，始终没感觉黎明就是梅兰芳，梅兰芳就是黎明，总是脱不开"四大天王"的形象。如果对照一下之前央视播出的电视剧《李小龙传奇》中，与生活原型酷似的李小龙形象，便会明白：黎明的梅兰芳不够成功，最吃亏是在外形上。

毕竟，电影是遗憾的艺术，留下些许遗憾，对一位有追求的导演来说，其实也是留下了未来的发展空间。

从《无极》到《梅兰芳》，陈凯歌完成了从魔幻到现实的华丽转身，打造出无愧于他国际知名导演身份的作品，仅从这一点上说，就是一个巨大的进步。

片名
PRODUCTION
TAKE 次数
SHOT 镜号
SCENE 场号
ROLL 卷号
摄影师
CAMERAMAN

冯小刚：最大震撼是人的心灵世界

公元1976年7月28日凌晨，中国唐山发生了里氏7.8级强烈地震。地震时间仅23秒，却使一座百万人口的城市顷刻间化作一片废墟，并给一对劫后余生的母女带来长达32年的心灵深处的“余震”。

这便是震撼上映的冯小刚电影《唐山大地震》向我们描绘的场景和讲述的故事。

《唐山大地震》是中国首部大制作的灾难片，也是首部IMAX版本电影。在如此短暂的时间里，便能赶上世界电影技术的最新潮流，令人不禁感叹冯小刚非凡的胆识和魄力。

灾难片，是世界电影的一个重要类型，从《龙卷风》、《天崩地裂》到《后天》、《2012》，好莱坞擅长以高科技的电脑特效模拟灾难场面，在给人如临其境的逼真视听感受的同时，又能引发人们对自身生存环境的忧思和警醒。但灾难片由于耗资巨大，科技含量高，以及某些观念上的原因，一直被中国电影导演视为畏途，不敢轻举妄动。2008年发生的汶川大地震，曾感动了无数文艺工作者深入抗震救灾第一线，创作出一批感人肺腑的文学和影视作品。当时，冯小刚曾透露，他正在酝酿一部有关地震的灾难大片。冯小刚的聪明之处在于，他避开了离灾难发生时间太近、容易触动人们敏感神经的汶川，而选择了发生在32年前的唐山大地震，同时又让影片中一对离散的兄妹32年后意外重逢于汶川，从而将中国两次破坏性最大的地震巧妙而自然地联系在一起，涵盖了广阔时空并深化了作品的主题。

← “怪才”冯小刚，中国贺岁片之父，最具商业价值的影视导演。

冯小刚为何要拍这样一部灾难片？如何理解和演绎片中亲情、大爱的主题？拍摄中克服了哪些困难，以及如何借助世界上最先进的电脑制作技术，营造特定的环境氛围？对这些观众感兴趣的问题，冯小刚一一作出了回答——

亲身经历和一部小说引发的创作冲动

老杜：唐山大地震对我们这些亲历者来说，至今仍是一场挥之不去的噩梦。我想这恐怕也是你要用电影艺术的形式，再现这场灾难给人们内心深处带来的痛苦的直接诱因之一吧！

冯小刚：没错，唐山大地震那会儿我18岁，在离唐山仅一百多公里的北京，醒来时听到屋里所有东西都在响，震感非常强烈。那一瞬间，我被我妈推着往外跑，从楼梯逃生时几乎一步好几级台阶，从没想过自己能跑那么快。到楼下时，看到很多大人都没穿什么衣服。然后就开始给家里搭建地震棚。别人家人手多，我是单亲家庭，家里只有我妈、我姐和我。就是在这个时候，我才觉得自己这个儿子终于派上用场了。

老杜：两年前汶川大震时，一些电影人在第一时间赶赴灾区，用纪实手法或故事片的形式，记录了灾区人民可歌可泣的英雄壮举。那时，我就期待着像你这样的大导演，能拍摄一部史诗性的灾难大片，留下一部值得纪念和反思的抗震救灾影像史。后来却得知你要拍的是发生在三十多年前的唐山大地震。这是为什么？

冯小刚：很多年前我看过作家张翎写的一部小说，小说的名字叫《余震》，看完以后我产生了非常强烈的创作冲动，想把它搬上大银幕。但是制作这样一部电影，需要巨资的投入和技术手段的支持，所以当时没敢碰这个题材。但这部小说一直深埋在我心里。刚好2007年秋天，唐山市政府想拍一部纪念唐山大地震的影片，为这个事找到我。这样，这部小说在我心里又复活了。然后我向唐山推荐了这部小

↑ 冯小刚《唐山大地震》工作照

说，他们也觉得这部小说非常好，就促成了这件事。那阵子，我曾在饭桌上给朋友们讲小说里的故事，请了不下十拨人，讲一次，他们哭一次。当时我就觉得，人性和人情的力量是巨大无比的，这个小说拍成电影肯定能成！

地震震了23秒，“余震”却持续了32年

老杜：好莱坞的灾难片，虽也有人物和情节，但他们更乐于炫耀的，似乎是令人瞠目结舌、如临其境的灾难场面。听说你的《唐山大地震》打的是“亲情牌”，让看过影片的人无不泪流满面、感动不已。从小说到电影，最打动你的就是这个“情”字吧？

冯小刚：《唐山大地震》毫无疑问是一部灾难片。好莱坞的灾难片，往往形式大于内容，就像你说的那样。而我的《唐山大地震》则不同，是一部内容大于形式的电影。当然我们也要让观众看到那些具有强烈视听冲击力的画面，这些手段我们都有；但我们更希望把观众带入人物的内心世界。这就是我们要做的事。我觉得这部电影真正“震”的不是这些房屋，而是我们每个人的内心。如果能做到这一点，我们就成功了。

《唐山大地震》最打动我的就是，地震只发生了23秒，其余震却持续了32年。

我们所说的“余震”，是指地震对人心的伤害。当人性被天灾逼到一个角落、一个绝境的时候，我们看到了亲历者内心的崩溃和坍塌。这种崩溃和坍塌是不能愈合的，它伴随着他们日后每天的生活。几十年过去了，地震废墟已经被清理得了无痕迹，震塌的房子也都重建、恢复，但内心深处的这种伤痛，这个伤口，实际上一直没有完全愈合。几十年的时间里，我觉得这些亲历者、这些失去亲人的人，每天就守着他们心灵深处的废墟度日。当灾难的飓风扫过之后，一切都不复存在，唯一留下的就是亲情。正是这亲情支撑着他们的生活，成为他们活下来的希望和勇气。

李元妮是徐帆演过的最成功的角色

老杜：时隔多年之后，你在《唐山大地震》中再次启用夫人徐帆饰演女主角，是因为李元妮这个母亲形象适合她，还是别的什么原因？

冯小刚：我认为演员要与她最有缘分的角色相遇，李元妮这个角色就与徐帆有缘。每一个演员可能都在等待这样的角色，徐帆正好赶上了，像烟花一样被点燃了。我认为到目前为止，《唐山大地震》中的母亲李元妮，是徐帆演过的最成功的角色，已达到“人戏不分”的境界。之前我曾考虑过章子怡等演员，也征询了我的创作团队的意见，结果大多数人都认为徐帆是最佳人选，非她莫属。我觉得徐帆的能量在这部电影里有一个大的迸发，甚至可以说，是她撑起了整部戏。

老杜:你对其他演员,例如陈道明、张静初、李晨的表现有何评价?

冯小刚:我非常感谢这些演员,他们每个人都在自己的位置上发光,都怀着诚心和敬意塑造着各自的角色。比如陈道明,这么大的腕儿,根本不谈片酬的事,他说小刚,我经历过唐山大地震,愿意做这么一件事,为那些死去的人。静初、李晨也从内心上非常尊重他们饰演的角色。还有两位小演员的表演也让我非常吃惊,尤其演小妞妞的小演员,悟性非常好,演得非常真切,我觉得她是个天才。

把唐山人的精气神拍好,比建十座医院更有益

老杜:唐山大地震约一周后,我曾搭车去过唐山,亲眼目睹了劫后余生的唐山人在一片荒墟上顽强生存的感人场面。尽管几乎家家都失去了亲人,活着的人仍苦笑着自嘲为“出土文物”,仍未失去生的勇气。此次拍《唐山大地震》,是否也有很多感动你的唐山人?

冯小刚:是这样,我们在唐山拍摄期间,很多唐山人为我们当群众演员,他们都非常投入。有一次拍烧纸的戏,就是地震10年以后,大街小巷都在烧纸祭奠亲人。拍这场戏时,我们请了很多群众演员。我们对他们说,如果你们也有地震中失去的亲人,可以跟他们说说心里话。当他们一旦说起来,基本就停不住了,而且是声泪俱下。30多年过去了,你可以看到那些老人,他们望着燃烧的火焰,往里头续纸时,就好像又回到了那个时候。他们跟亲人说的那些话,每一句都像锥子似的扎你的心,整条巷子里一片哭声。我说“停,停,我们拍完了”,他们仍停不下来,仍蹲在地上,守着那些余烬在哭诉……

有人问,唐山市投资6000多万给这部电影,为什么不用这些钱去盖医院、盖学校?他们之所以决定投资,是希望通过电影把唐山人的精神、勇气拍出来。如果拍好,会比盖十座医院更有益处。所以我必须全力以赴拍好《唐山大地震》。

地震特效镜头达到世界一流水准

老杜:拍《唐山大地震》,大家最关心的还有一个问题:三十多年前的老唐山和大地震的场面你们是如何“复原”的?这也是灾难片的一大看点。而且你说过,《唐山大地震》的特效不逊于《2012》,是这样吗?

冯小刚:我不担心文戏的部分,因为剧本上可以控制。比较难的是怎么“制作”地震。这是一个前提,有了这个前提才有后面32年的故事。唐山在1976年被夷为平地,要拍就要建一个唐山。我们想国内的团队肯定做不了,好莱坞说真正好的团队也不在好莱坞,而在新西兰的威塔工作室(《指环王》特效公司)。我们就去了新西兰,威塔为我们介绍制作步骤,说要达到你要的效果,至少需要2000万美元。最后他们帮我们做模型,搭了一条街,全是1比12的模型,做了10个月。然后又请韩国团队做地裂的效果,把设备铺在地下,然后种树埋

⬆ 徐帆获最佳女主角庆功,丈夫冯小刚奉上贴面拥抱 CFP供图

土。做三维主楼的倒塌需要全系扫描这个楼。我们调来了军用设备,一架在那儿,这楼就是透明的,每块砖的比例都清清楚楚。可以说,拍这部电影我们使用了所有能用上的世界最先进的东西。

我们有一些高难度的特效镜头,需要6次拍摄才能把镜头合成在一起,营造出我们需要的效果。包括在三维上也有特别高难的镜头。比如一个大吊车被砸倒,钢缆怎么崩断,配重怎么下来打在机器身上,吊的预制板怎么靠惯力冲到房间里,把人从房间里一直给撞出去。这个吊车怎么倒,砸过廊桥,在廊桥上跑的人被砸垮,落地时离两个主人公只是一步之遥。像这样高难度镜头,我在验收的时候觉得做到了A类的水平。包括我们主场景的坍塌,这个镜头我认为在目前同类的电脑特效镜头里都是世界一流水平。我们还要做物理测试,如果地裂开了,旁边的环境会产生什么影响,人在上面重心会倒向哪儿,包括地震时地面像波浪一样扭动,我认为这都是高新技术,确实做得不错。

老杜:记得从好莱坞大片《阿凡达》开始,我们才有了IMAX这种版本和放映方式,当时觉得中国的IMAX离我们还比较遥远。想不到你这么快就在《唐山大地震》实现了。你是如何做到的?

冯小刚:其实我在拍《集结号》的时候,美国IMAX公司就找过我,但当时我们没有准备,所以一些素材没有保留好,就流产了。这次拍《唐山大地震》,他们又找上门来,在开拍前就已经确定了将制作《唐山大地震》的IMAX版本。对我来说,拍IMAX版本和拍以往电影没什么区别,所有的东西都一样,唯一不同就是全部拍完以后,把素材提供给对方一份,然后给他们一个月的时间制作,就能出来IMAX版本的电影了。

李安：没有《色·戒》也精彩

李安来了，带着在奥斯卡和威尼斯走红毯时的谦恭儒雅和标志性的微笑，走进了人们的视线。

虽然他此行的主题是推介他的传记《十年一觉电影梦》，因而不愿媒体提及有关《色·戒》的话题，然而在热闹的媒体见面会和节目的录制过程中，他所讲述的自己的电影人生却同样精彩。生活中文静内敛，艺术上却极不“安分”，这就是国际知名导演李安给老杜留下的强烈印象。

“鸭子划水”的妙喻

张艺谋曾在威尼斯电影节上称赞李安是唯一可以在中英文电影中游刃有余的华语片导演，对此李安谦虚地说，真要谢谢张艺谋。1993 年，我的电影《喜宴》获柏林电影节金狮奖，就是他当评审，他是我的福星。李安说，他与吴宇森在好莱坞拍片，不是因为英语讲得好，比他们英语更好的人有的是；他们的影片之所以打入美国电影市场，是因为他们都能立足本土，在中华文化的根基上，向西方电影学习，直接或间接受到西方文化的影响，融会贯通的结果。“说游刃有余不敢当，也不符合实际，其实我做电影做得很吃力，就像台湾人常说的鸭子划水，上面看着游刃有余，脚底下却要不停地用力……”生动的比喻引起全场一片会心的笑声。

⬅ 李安在天津卫视《男人世界》上

拍电影
就是“做梦”

《十年一觉电影梦》是台湾传媒人张靓蓓以第一人称的手法撰写的李安传。谈及此书，李安笑言是被张小姐“逼供”出来的。因为他从来不愿把电影之外的私人生活公开曝光，更不想写什么传记。真正触动他的是，张靓蓓说他的经历太特殊了，有责任把他的经验和故事整理出来，让年轻的电影人有所借鉴，“我这个人是知无不言，言无不尽，非常老实，别人怎么问，我就怎么回答，不会讲假话，编故事。本来说好讲三个钟头，结果被她死死缠住，没完没了讲了三天三夜。”

李安认为，电影是表现梦境和潜意识的有力工具。坐在一间黑屋里，看着一个屏幕的反光，透过幻想力和欣赏力，我们看到的世界是真的，还是梦是真的？常常会产生一种亦真亦幻的感觉。于是在一次梦醒后，他的书名《十年一觉电影梦》便灵光乍现了。李安说，他的工作就是“做梦”——通过梦来诠释他对人生的理解与思辨。

不安，才有刺激，
才有戏

李安，从姓名到性格，都与他的艺术追求和成就十分矛盾、大相径庭。从表面上看，他性格内敛，温文尔雅，具有亲和力；而他执导的影片却喜欢标新立异，颇有大将风度。你能想象眼前这位文人型的导演，一会儿塑造出“绿巨人”这样的洋怪物，一会儿又让周润发、杨紫琼和章子怡在竹林和水面上飞来飞去吗？你能想象这位很传统、很文静的导演，能通过《断背山》关注西方的同性恋问题，又大胆突破东方人的心理底线，让梁朝伟和汤唯在床上翻云覆雨吗？

所以，连李安自己也承认，他每次拍片都会经历一个从“不安”到“安”的过程，因为只有你心中有不平衡，有刺激，有冲击，才会产生有丰富人性看头的故事。平平安安，银行有存款，妻儿老小活得都挺好，还有什么戏可演？又有谁爱看呢？于是，李安总是“不安”着，从一个“不安”到下一个“不安”，构成了李安令世人惊叹的辉煌电影历程。

从吃“软饭”到走
红地毯

在从影之前，李安曾做过6年“家庭主妇”。当时，李安夫妇蛰居美国纽约，妻子每天出去上班，他留在家里编写剧本、接送孩子。起初是两人一起做饭，让妻子买菜做糖醋排骨，买回来却是牛尾。李安无奈，只好把做饭的任务一人包揽下来。

现在的李安则彻底“翻身”了。回忆一家四口在奥斯卡颁奖典礼上走红地毯的感受时，李安说，当时，他执导的《断背山》使更多西方主流人群熟悉和了解了他，所以他虽不是光芒四

➡ 2010年11月，第47届台湾电影金马奖红毯上的李安、张艾嘉和成龙。CFP供图

金馬獎
金馬獎
金馬獎
金馬獎
金馬獎

射的大明星，走在红毯上同样有人为他欢呼、鼓掌、拍照。而他的夫人是做实验室工作的，以前从不陪他参加社交活动，也不“妻以夫贵”。那天，她穿着男人一样的礼服，一双不合脚的高跟鞋，头发也没烫好，在李安看来，她当陪衬和花瓶的滋味一定挺受罪，因此在荣耀的光环下也有几分内疚。好在儿子更喜欢观看奥斯卡颁奖典礼的全过程，座位又非常好，一家人还是开开心心地享受了一次难得的嘉宾礼遇。

“四个第一”显真情

在《男人世界》录制现场，主持人那威亮出一个题板，内容是李安与电影有关的“四个第一”，第一次有人喊他导演；第一次走红地毯；第一次在国际上领奖；第一次感觉熬不住了。

第一次有人喊他导演，是拍《推手》时：“开拍第一天，我的副手第一次叫我李导演，当时觉得有些飘飘然，仿佛脚离地面三尺的样子；有人把苹果箱倒扣在地上请我坐，也美得不得了，好像比现在得奥斯卡奖都美……”

第一次走红地毯，是在柏林电影节上《喜宴》捧得金熊奖，“当时就觉得很多双眼睛盯着我，到处是闪光灯的强光，脑子里一片空白，觉得动作也有些僵硬了。”

第一次在国际影节领奖，“一位同胞嫌我的服装搭配不合理，很难看，就把自己的衣服脱下借给了我，自己却在雪地里冻了半天……”

第一次感觉熬不住了，是拍《卧虎藏龙》时。当时，他太太刚生了小孩，身体虚弱，心情不佳，而拍摄又遇到很多困难，使李安切实体会到当导演的辛苦，很想“改邪归正”，不折磨自己，也不折磨别人了。

结果却是，正如女人生孩子一样，疼时痛彻心扉，生完孩子便把疼痛全忘记了。“有个词叫痛快，没有痛，也就快不起来了。”李安很有创意地解释说。

⬇ 2009年11月，李安和张曼玉在46届台湾金马奖上走红毯。CFP供图

⬅ 2007年12月，台北，电影《色·戒》斩获八匹“金马”，乐坏了李安、汤唯、王力宏。CFP供图

陆川：中国大片正走向理性时代

爱与死，战争与和平，是文艺作品永恒的主题，而战争片则是观众最喜爱的影片类型。从《斯大林格勒大血战》到《巴顿将军》，从《日本海大海战》到《辛德勒名单》，都在使我们领略世界战争史上的奇观时，产生一种强烈期待——中国何时能生产出这样的战争大片？终于，2007 年冯小刚的《集结号》和一年后陆川的《南京！南京！》，使人看到了中国战争大片走向成熟的一抹曙光。

历史离我们并不遥远。当历史上那些惊天地泣鬼神的悲惨场面已淡出人们的记忆时，《南京！南京！》为我们敲响了警钟。前事不忘，后事之师，看惯了银屏上的风花雪月、幽默搞笑，偶尔看看《南京！南京！》这样沉重壮烈的战争史诗，可以使人居安思危，保持清醒的头脑，增强历史使命感。

中国大片正走向理性时代

老杜：你是中国新生代导演的代表人物之一，在我的印象里，你的电影《寻枪》、《可可西里》具有强烈的艺术探索精神，在国内外获奖无数，却缺乏市场和票房。《南京！南京！》的横空出世改变了这一状况。有评论说，中国电影的陆川时代已经到来，对此你怎么看？

陆川：我觉得新生代导演进入市场是一个必然，而且市场也在培育自己的导演。以前的电影市场是电影节培育出来的，而新生代导演都是中国的电影市场自己培育出来的，包括我，宁浩，都是这样。我们进入市场，为中国的老百姓拍片，这是一个必然，也是

← 善于探索的新生代导演陆川

一种责任。我正在一个城市一个城市地为《南京！南京！》做宣传，媒体评论没来得及去看，我觉得过度夸张了(指“陆川时代已经到来”)，没到时候，我们的工作刚刚开始吧！

老杜：你认为什么是中国的大片，是否只有大片才能带来震撼人心的艺术感受？

陆川：能给人带来震撼的不一定是大片，我的《可可西里》不是大片，同样可以给人带来心灵的震撼。我认为中国的大片这几年逐渐走向成熟，开始是追求场面和制作的奢华，现在开始追求内心的表达了，场面和表达开始结合在一起了。冯小刚的《集结号》走出了一条特别好的路子，相信未来会有更多形式和表达结合非常好的大片出来。

↑ 电影《寻枪》海报

老杜：从《集结号》到《南京！南京！》，是否标志着中国大片时代的到来？

陆川：中国的大片正在走向理性，走向一个言之有物的时代。

选材，是一种世界观的表现

老杜：中国是文艺创作题材的富矿，因为我们有悠久的历史和文化，有无数彪炳千秋、值得大书特书的历史人物和历史故事，还有蜚声中外的古典名著。但以往的中国大片却远离历史和现实，热衷于编造一些古怪离奇、令人匪夷所思的情节和人物，所以尽管阵容豪华、耗资巨大，口碑却普遍不好。你认为这是否与题材的选择有关？

↑ 2010年初，陆川参观位于惠灵顿的威塔公司。

陆川：我认为题材选择是一种世界观的表现。真正的大片应与观众拉近距离，让他们看得懂，感兴趣并产生思想和情感上的共鸣。

老杜：我认为，《南京！南京！》是迄今最具大片气质的抗战题材影片。关于南京大屠杀，多年前就有导演将其搬上大银幕，如吴子牛的《屠城血证》。你为何还要再拍，意义何在？

陆川：吴子牛的《屠城血证》我看过，在当时的政治环境下，能拍成那样已经很不容易了。一代一代导演拍摄同一个题材，必然会有不同的角度和诠释。我的《南京！南京！》首次采用一个日本士兵的视角，这其实象征着中国的自信，中国整个民众的自信。我们今天可以用一种普世的价值观念，理性地、反战地、和平主义地反映那场战争，使世界更容易接受，这说明我们的国家和民众更开放、更宽容了。所以说，每一代导演在拍摄这一题材时，都会打上这个时代的鲜明烙印。

⬆ 2010年初，陆川参观位于惠灵顿的威塔公司

什么也抹杀不了我们对民族的情感

老杜：开放的中国应有全球的视角、人类的视角。《南京！南京！》中颇有争议的日本士兵角川的视角，我觉得它只是一种叙事手法而已，与所谓的“立场”无关。

陆川：对对，这件事是被刻意放大了，因为电影尚未公映，已经有人往这方面引导了。这部电影可以去关注、探讨的地方很多，恰恰在这一点上被放大了，这显然是个偏见。观众从电影中看到的是南京大屠杀这个铁的事实，用角川的视角只是一种叙述上的策略。我感到欣慰的是，观众用他们的有力支持（票房）回应了这种误导。什么也抹杀不了我们对自己民族的情感。

老杜：还有对日军祭祀场面的非议，我看到这个场面时并未感到有何不妥，因为你表现的是一场“魔鬼的盛筵”，只会使人产生心理上的厌恶感。

陆川：《南京！南京！》展示了两场屠杀，第一场是影片前45分钟日军对生命和肉体的屠杀；第二场废墟上的舞蹈，是侵略者对被侵略者民族精神和文化的屠杀。在我看来，任何一场侵略战争，都是以第二种屠杀为核心目的的。我知道这场戏有些观众看了可能不太舒服，但我是用批判而非欣赏的态度去展示这一场景的，为的是向人们敲响警钟。

我从内心深处厌恶暴力

老杜：纪实风格、纪录片般的真实画面，是《南京！南京！》的一个重要艺术特色。我一直以为，电影离戏剧的假定性越远，离历史和生活的原貌越近。我在你的影片中发现许多镜头，像一幅幅流动的历史老照片。我想你一定参考了大量翔实的图文资料，以再现南京大屠杀的真实场景。

陆川：对，我想在影片中复原一些历史的场面，向这些历史瞬间致敬。例如，看到妓女小江原型的历史记录特别打动我，就设计了小江举手甘当"慰安妇"以拯救更多无辜者；看到陈瑞芳日记中写到一位妇女换了6身衣服去救6个男人的事迹，就设计了姜淑云多次冒充伤兵的丈夫，被发现后从容赴死的义举；看到有关日军占领南京后满城都发生巷战的记载心灵特别震撼——这将颠覆那段历史记忆，证明南京不是耻辱之城，而是光荣之城、抵抗之城。角川这个人物也是魏特琳日记中有的。日记记载了日军如何强奸妇女发泄兽欲，忽然有两个日本兵找她借《圣经》，说他们讨厌这场战争，并愿帮助魏特琳解救一些狱中关押的男人……这些使我深感震惊，原来在日本士兵中也有反思战争的。我没经历过战争，拍戏过程就是我和我的团队一起重新学习和感悟这场战争的过程，在此过程中不断修正我的坐标和视角。

老杜：我注意到，你在《南京！南京！》中，除采用黑白胶片使影片风格更冷静、凝重和单纯外，也将战争的残酷血腥的描写降到最低程度。换言之，影片对观众心灵的震撼要大于感官的刺激。

陆川：你要拍这个东西，就要拍到最好，让观众产生身临

⬆ 每个车间都能看到《金刚》或者《魔戒》的道具，显然这两部电影对威塔的崛起起到了决定作用。

⬆ 电影《南京！南京！》海报

其境的感觉。历史在我脑子中是没有色彩的，采用黑白影像更干净、更专注，更有仪式感。我不喜欢那种开膛破肚式的血腥描写，我认为那样太低级，是以暴力炫耀暴力、玩弄暴力。我从内心深处厌恶暴力。

下一部还想拍战争片

老杜：一般来说，导演的气质常常决定着一部影片的气质。你不仅年轻，而且文质彬彬的，不像拍战争大片的导演。然而你却做到了，这是什么原因呢？

陆川：其实外表永远是有欺骗性的。我有过8年的军旅生涯，本身就对军事题材熟悉、有兴趣；其次，人也是通过创作了解自己的，当年拍完《可可西里》，我觉得好像不是我拍的。到拍《南京！南京！》时，已没有这种好奇了。知道你留下的作品一定是你的一部分，知道人的外貌与内心是有差距的。

老杜：你从何时开始对战争片产生了兴趣？

陆川：我一直感兴趣。从小就看了大量中外战争片，每次看了都会想：我能不能拍得比它更好？

老杜：听说你拍完《南京！南京！》后，想拍些轻松娱乐的片子，是这样吗？

陆川：不，我还会拍战争片，现已有了目标，但还没酝酿成熟。

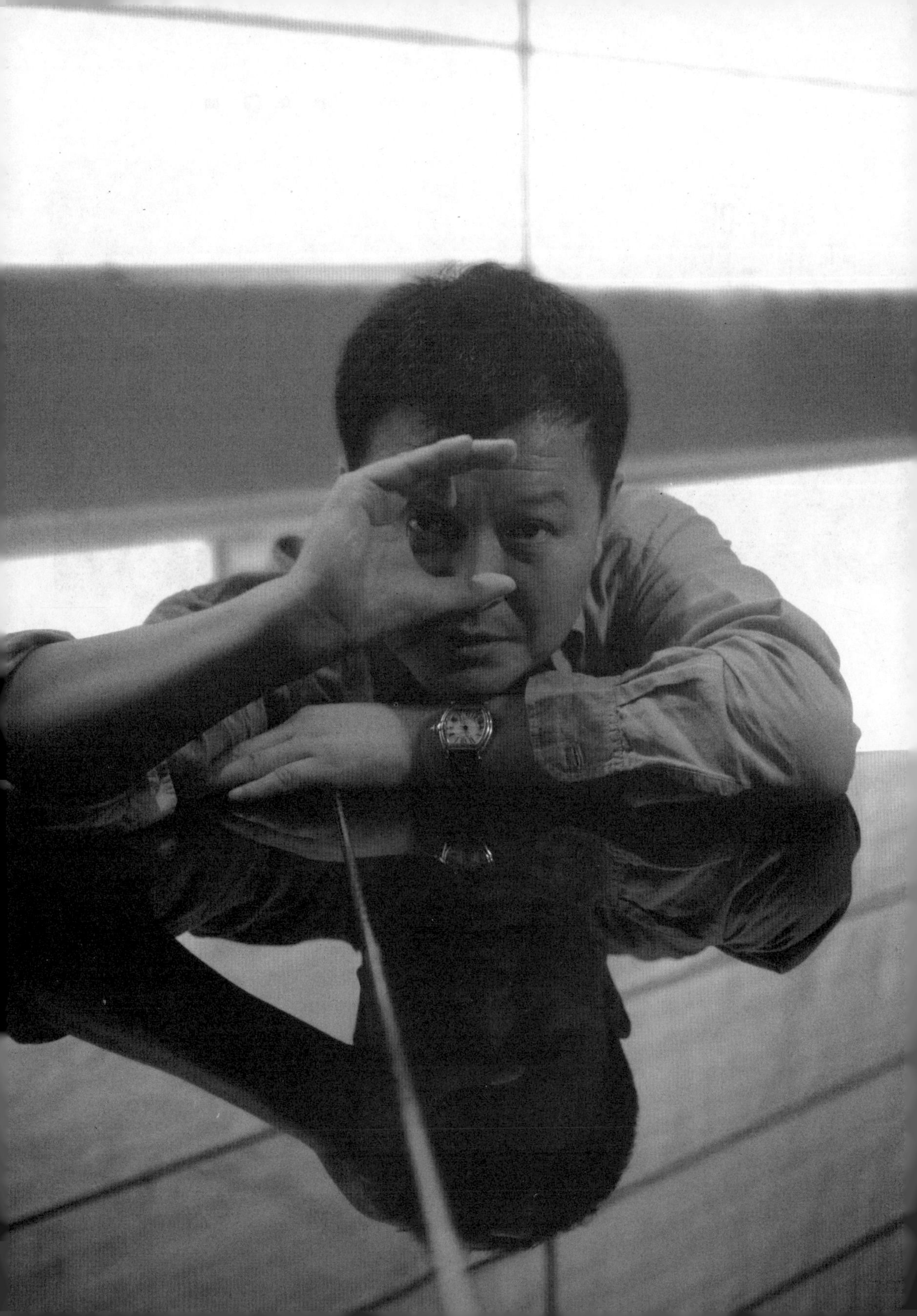

杨亚洲：为老百姓拍片，就是“主旋律”

在风景如画的桂林山水中，三位残障人士在经历了各自的爱恨情仇之后，蜗居于胡同深处一间陋室中，相依为命，以苦为乐，在艰辛而平凡的生活中迸发出绚烂的人性光彩。由杨亚洲执导，倪萍、刘威主演的电视剧《没有语言的生活》，风格凄美而独特，具有一种悲剧的崇高美和诗般的意境。

当老杜将自己的观感告诉杨亚洲时，他心态平和地说，我在创作这部作品时就预料到，《没有语言的生活》，有人会很喜欢，有人会很不喜欢，这是正常的。一个导演，不可能让他的一部作品为所有人接受。因为他不愿重复自己。他拍的虽都是平民百姓的日常生活、喜怒哀乐，却追求不同的艺术语言、风格和样式。

拍了《空镜子》，有人又找他拍《空房子》、《空巷子》，被他婉言回绝，而选择了《浪漫的事》。《浪漫的事》延续了《空镜子》中的一些东西，又有所变化。然后选择了《家有九凤》，又有类似的戏找他，他却选择了《大浴女》。之后又选择了《八兄弟》、《没有语言的生活》、《蝴蝶》、《美丽的事》……每一部都有新的追求、新的突破。在这些作品中，最令他满意的是《八兄弟》。在这部作品中，有一个长达20分钟的长镜头，表现三位女人在东北大炕上的谈话，被电影界人士奉为经典。

看了《贫民窟的百万富翁》，我觉得脸红

老杜：您为何总是将影视作品的镜头焦点对准平民百姓的日常生活和情感纠葛，您从他们的生存状态中发现和挖掘出哪些精神内涵？

← 具有平民视角的影视导演杨亚洲

↑ 杨亚洲在电影《没事偷着乐》拍摄现场

杨亚洲：最近看了本届奥斯卡最佳影片《贫民窟的百万富翁》，我作为一个中国导演觉得脸红。我们是否太粉饰生活了？我们有多少人拍出的东西是对国家、民族和观众负责任的？《贫民窟的百万富翁》告诉我们一个最简单的道理：每个成才的孩子，必须经历人生的种种苦难。它真实，不矫情，不做作。在贫民窟那样一个恶劣环境里，对人生依然有追求，对明星依然有追求。我不反对拍英雄人物、帝王将相、精英阶层，他们毕竟是少数，让他们成为影视作品的多数是不正常的；我也不反对拍武侠片，但我对飞来飞去天马行空的东西不感兴趣。

老杜：您的《没有语言的生活》，是否也是讲述这个道理的，三个身体残缺的人，心灵仍然追求高尚和完美？

杨亚洲：当你生活得幸福时，往往身在福中不知福；当你的生活遭遇不幸时，才更懂得珍惜生活中的每一刻。三个生理上不正常的人，听不见，可获得心灵的安宁；看不见，省却了不少烦恼；说不出，则可免除对苦难的无谓述说……失去的同时也是获得。这种苦中作乐，吃着"爆炒石头子"的快乐，与有钱人享用鲍鱼鱼翅的乐趣是一样的，是让我们自叹不如的，这种境界是我所喜欢和偏爱的。

老杜：选择平民视角肯定与您对平民百姓的情感和态度有关。据说您自己也保持着平民本色，坐公交，挤地铁，没一点"精神贵族"的习气。除了通过接触平民百姓获得创作的灵感之外，还有其他原因吗？

杨亚洲：我是穷人家的孩子，我希望通过我的每一部作品，每一个镜头，都尽可能把我所拥有的创作资源用于我们的国家、民族，用于表现普通百姓的生存状态、生活态度和对美好事物的渴望，以及得到哪怕一点点幸福之后的满足感。我是中国生中国长，没有理由不尽自己应尽的责任。在这方面我敢发誓：我所做的一切，都像《没有语言的生活》中的一句歌词——"天看见"！

苦中作乐，普通人的情感打动了我

老杜：听说您正在筹拍一部向国庆60周年献礼的"主旋律"影片，您对"主旋律"是怎样理解的？

杨亚洲：我拍的都是"主旋律"。我觉得现在人们对"主旋律"这个概念理解得比较模糊，甚至有些偏见。确实，以往有

↑ 电影《美丽的大脚》剧照

⬆ 杨亚洲执导的《没有语言的生活》剧照

些"主旋律"影片，拍得比较生硬、概念，其实我认为"主旋律"依然可以拍得很感人，很振奋，很好看。我希望我的"主旋律"能与众不同，有所突破。比如《没事偷着乐》，是我在天津拍的，一个普通市民，对待住房的窘迫，有苦有怨都咽到肚子里，不给政府找麻烦，而保持着一种乐观豁达的生活态度，我觉得这是特别有说服力的"主旋律"。

老杜：广西作家东西的小说《没有语言的生活》是如何打动了您，您对原作做了哪些改动，为什么您认为拍这部作品是个"巨大考验"？

杨亚洲：这部戏对我最大的考验是，我很少接触生活中的残障人士，也是首次到南方拍戏。东西的小说《没有语言的生活》只是一个中篇，人物关系比较简单，改成 20 集电视剧，必须展开来写，丰富原有的人物关系，注入大量新的情节和细节。为此，我到聋哑学校体验生活，为我的创作带来很多启迪。第一天，与校长老师见面后下楼梯时，看到学生正做眼保健操，唯有盲人班不做。但在电视剧中我却让刘威做了。这就是创作：在反常规中表现人性的光彩。当所有人都担心王老炳：儿子聋了，他又瞎了，这日子怎么过呀！当人们充满同情和怜悯，对未来一片茫然时，广播里原来播放邓丽君的《小城故事》变成了广播操的音乐，王老炳随着音乐节奏做起了眼睛保健操！这就是我一直要弘扬的普通人的精神：不向命运低头，顽强抗争，人穷志不穷！

老杜：您的演员选得也好。我认为，刘威和倪萍在《没有语言的生活》中的表现，在他们的演艺生涯中具有某种突破意义。

杨亚洲：刘威在这部戏里表现非常好，能把一个盲人的状态表现得那么真切，分寸拿捏得那么合适，确实有很多值得称道之处。对倪萍来说，她能将一个爱占小便宜、很现实的一个小女人，演变为一个对爱情忠贞不渝又勇于牺牲的大女人，在一部 20 集的电视剧里展现得那么充分、合理，令人信服，也是值得赞扬的。

有人说我的探索
"胆子大到没边了"

老杜：如果按照电影的分类方法，我认为《没有语言的生活》应算一部"艺术片"。它的镜头语言很美：如诗如画的桂林山水，湿漉漉的石板小路，虽简陋却充满生活气息的房子，以及光影的运用，为全剧营造了一种凝重、凄美，也有几分压抑的环境氛围。请谈谈您对影视艺术形式和风格的探索吧！

杨亚洲：影视艺术从技术层面上讲，二者有很大不同，但也有相通之处：都是以视觉为主的视听艺术，都通过镜头画面叙述故事。而我又是电影导演起步，可能比别人稍稍注意一点。我希望在我的电视剧里融入某些电影的手法和元素，希望我的故事别讲得太明白，太直露，有些象征、隐喻的成分，留给观众充分的思考回味余地；也希望我的作品具有一定的观赏性，给人以视觉上的美感。我的每一个场景，每一个画面，都要找到最好的光线，最好的角度，最好的视觉效果。在《没有语言的生活》中，我们在墙上、门上和石板路上都浇上水，青苔斑斑的，营造出南方特有的那种"润"、那种色调。

↑ 电影《美丽的大脚》海报

老杜：给我印象最深的是，《没有语言的生活》对光的运用十分讲究，剧中有一个情节，三姐在父母（桂英和吴老板）之间传话，在几次穿过一个走廊时，光线忽明忽暗，既克服了过程的重复呆板，又隐喻着这个家庭若即若离的前景。

杨亚洲：我的《八兄弟》你看过没有？如果没看，建议你到音像店买个碟看看。《八兄弟》是我比较喜欢的，那种形式感非常强烈，与《没有语言的生活》完全不同，非常好看。其中有一个长镜头：东北大炕上坐着三个女人，一个大学生，一个"包二奶"，一个美国女人，其中一人一动不动说了 20 分钟，画面中唯一能"动"的是炉火上一壶开水冒出的热气，用了我整整一盘带子！电影学院一位老师看后说："我们还沉浸在电影大师巴赞的长镜头理论里，将其奉为经典；而杨亚洲在他的电视剧里，已将长镜头运用得如此娴熟，令人佩服、感动。我们是否应该考虑我们的电影理论教育到了改革的时候了？"还有一些圈内人看了《八兄弟》后说，杨亚洲的胆子已大到没边的地步了！

创作者头上压着"大山"，在夹缝中生存

老杜：在人们的创作心态普遍浮躁，追逐市场，热衷炒作时，您为何不为所动，坚持自己的艺术追求，虽成果丰硕却始终为人低调？

杨亚洲：是啊，无数投资商拿着剧本和钱等着我说："亚洲，求你帮我拍了吧！"但我只能有选择地拍。我尚且有那么多苦恼，何况那些敢怒不敢言的。所以，不要怪罪他们，我们有很多很多难处，但我们还是要在夹缝中顽强地生存下去，尽可能让我们的作品在播出时，在观

⬆《家有九凤》

众面前脸不红。

老杜：您说的在夹缝中生存是什么意思？

杨亚洲：管理者说，这不能拍，那不能拍；片商说，这个怎么拍，那个怎么拍；还有社会的角度，观众的角度，创作者面临多座“大山”的挤压。还有播出环节。比如《没有语言的生活》审查通过后，投资方擅自就把片尾动了；电视台擅自就把结构动了，全贴上广告，连个招呼也不打。应该给创作者起码的尊重和理解嘛！有些地方台的做法更令人无法容忍。《家有九凤》在某地播出时，26 集的电视剧被改成 50 多集！我在那个地方拍戏时，都不好意思看。一集 40 分钟的戏，中间插入了无数广告，实在没法看了！我们要向片商低头，向广告低头，向收视率低头，如果让我们低太多头的话，在广大观众面前，我们就抬不起头来了！

老杜：对这些有损创作者权益的行为，就没什么办法吗？

杨亚洲：有什么办法！实际上电视剧观众中的一部分，已分流到电脑下载和影碟市场去了。不知别人，起码我就常买影碟看，静静欣赏自己喜欢的作品，免受那些“噪音”的干扰！我作为一个影视导演，非常希望我们的影视创作有一个良好的生存环境，一个健康有序的发展；希望管理者、片商、电视台与一线的创作者交交朋友，每年开个会，相互之间沟通一下，研讨一下，真正弄清老百姓喜欢什么，不喜欢什么；媒体和评论界也要有个评判标准，不要对同一部作品，这个媒体捧上了天，那个媒体又骂得一塌糊涂，不能没有标准，不能没有公理可言。这实际上是个系统工程。

老杜：最后问一句，您谈不谈都可以，就是网上目前炒得很热的您和倪萍结婚那件事？

杨亚洲：这个咱就别说了。第一，我觉得一个人，自己的鞋子大小，穿得舒服不舒服，自己最清楚；第二，一个人幸福不幸福，也只有自己最清楚。只要你努力了，认认真真做人，认认真真做事，就像《没有语言的生活》中唱的那样：“天知道！”

⬆《美丽的事》

赵宝刚 打响“婚姻保卫战”

被誉为“中国言情剧第一导演”的赵宝刚，从二十世纪九十年代的电视剧《过把瘾》开始，便将镜头的焦点对准年轻人的恋爱和婚姻，《东边日出西边雨》、《一场风花雪月的事》、《永不瞑目》、《像雾像雨又像风》、《拿什么拯救你，我的爱人》、《别了，温哥华》，直至近年来注入赵宝刚对爱情和婚姻理性思考的“话题剧”《奋斗》、《我的青春谁做主》，无不引发了社会舆论的热议和反思。不仅如此，他的作品充满时代特色和时尚元素，也由此捧红了一大批青春偶像，如王志文、孙红雷、徐静蕾、周迅、袁莉、陆毅、陈坤、赵琳、于娜、王珞丹、李小冉、文章……数不胜数。

一位工人出身、没上过电影学院的导演，能执中国言情剧之牛耳；一位年届五旬的中年人，能使自己的作品为众多 80 后、90 后们欣赏和追捧，不能不被看成一种奇特的文化现象。

在《婚姻保卫战》中，赵宝刚欲传达给当代人哪些崭新的婚姻理念和保鲜秘笈呢？在与老杜的私下交谈和节目录制过程中，赵宝刚不时妙语连珠，给老杜印象最深的一点是：在男人和女人的战争中，谁也不要企图改变对方，改变对方不如先改变自己。

与冯小刚联袂打造幽默喜剧

二十世纪八十年代，北京东三环一个大车店式的院落里，催生了北京电视艺术中心三位新锐导演：冯小刚、赵宝刚和尤小刚。其中最奇的是冯小刚和赵宝刚，前者是个貌不出众甚至有些邋遢的美工师，后者则出身于北京钢厂一名翻砂工。冯小刚读了王朔的小

← 2009年5月，赵宝刚在北京“风雨之后见彩虹——汶川大地震孤残儿童救助慈善晚宴”上。CFP供图

说,即口出狂言:“这样的小说,咱哥们儿也能写!”而赵宝刚刚刚担任了轰动一时的中国首部室内剧《渴望》的导播,正欲打造一部情景喜剧,二人一拍即合,编导了《编辑部的故事》,葛优、吕丽萍、侯耀华等也从这个戏中脱颖而出,一夜成名。剧中大量夸张变形和近乎荒诞的情节,以及人物幽默、调侃、自嘲的语言,最初曾使一些观众感到不适,也引发了一些争议。对此,赵宝刚特别强调:“喜剧,需要一种宽松的社会环境和观赏心态。”但《编辑部的故事》却开了中国情景喜剧的先河,此后的《我爱我家》在艺术上更趋成熟,除了近年的《武林外传》之外,很少有人能望其项背了。对此,赵宝刚认为:喜剧很难搞,每七八年才能出一部佳作,这是符合艺术创作规律的。

↑《过把瘾》

↑《编辑部的故事》

《过把瘾》是赵宝刚的转型之作,从这部电视剧开始,他似乎走上了言情剧的“不归路”。《过把瘾》播出期间,赵宝刚和主演王志文来津见观众时,因场面火爆一时失控,赵宝刚不慎撞破头部,缠着纱布出席晚宴,王志文则心疼得眼圈发红。当记者告诉王志文,在观赏《过把瘾》时,经常从他身上看到赵宝刚的影子时,王志文马上转忧为喜:“很高兴听到这种反映,他是我哥,身上有他的影子,我真的很开心!”

电视将从作秀进入话题时代

《东边日出西边雨》、《一场风花雪月的事》、《像雾像雨又像风》、《拿什么拯救你,我的爱人》、《别了,温哥华》……纵观赵宝刚的作品,诗情画意的剧名,空灵唯美的画面,幽默诙谐的语言,时尚靓丽的人物,无不弥漫着文艺片的优雅气质,也彰显了导演一贯的艺术追求和文化素养。而随着年龄和阅历的增长,思想和艺术的不断成熟,赵宝刚的创作理念也悄然发生着变化。电视剧作为一种大众和通俗的艺术,讲好故事固然很重要,但如果能将社会关注的一些热点问题以及编导的理解和思考渗透其中,无疑会加重作品的思想感染力,引发观众的强烈共鸣。所以近年来,赵宝刚将打造“话题剧”这一概念,不断运用到创作实践中。

“话题作秀比明星作秀具有更积极的意义,”赵宝刚说,“如果我的作品过了三五年,还有人在讨论和思考,就说明它所引发的社会话题是有生命力的,对社会进步是有推动作用的。”

⬆袁莉、黄磊在电视剧《婚姻保卫战》中

赵宝刚认为，近年来名目繁多的选秀节目火了荧屏，开阔了人们的眼界，冲击了传统的审美观，但这个作秀的时代快要结束了，取而代之的便是“话题时代”，例如《士兵突击》、《奋斗》和《蜗居》所引发的社会思考。

《奋斗》里有佟大为和马伊俐，到了《婚姻保卫战》里还有佟大为和马伊俐，可不可以理解为后者是前者的续集呢?赵宝刚说，“这样理解也未尝不可。因为最初，他曾想将《奋斗》、《我的青春谁做主》和《北京青年》拍成一部百集长剧，三部剧的主题和情节一脉相承：先是自己做主青春，与恋人产生爱情，最后顺理成章地结婚。只因《北京青年》未拍成，才上了《婚姻保卫战》，让佟大为和马伊俐从爱情转向婚姻的战争，誓将‘话题’进行到底。”

《婚姻保卫战》倡导新型家庭文化

《婚姻保卫战》讲了一个什么样的故事?

“《婚姻保卫战》，有男的，有女的，有小的，没老的，主要人物都是80后；俩人结婚了，婚后生了孩子，生了孩子过日子，过日子有矛盾怎么办? 打架呗！这些七十年代末八十年代初出生的青年，结了婚，父母还在工作，生了孩子没人管，得自己带。这些新型文化结构的家庭，独生子女的家庭，产生了一些新的问题和矛盾。我们力求在这里讲一些男人是怎么回事，女人是怎么回事，男女在一起是怎么回事，为什么会产生这些矛盾，以及婚姻保鲜的秘笈等。”

对于男女之间的战争，赵宝刚有自己独特的理解，而且认为古已有之——原始社会，男女分工明确：男人外出打猎种田，女人在家织布做饭。而当今时代，女人也可外出打猎种田了，就要求男人担负一部分在家织布做饭的职能。你是男人能甘心吗? 你有这种心态和胸怀吗?恐怕够呛。过去是大男子主义，男人在外打拼，驰骋天下，顾不上家庭；现在变成了大女子主义，不愿待在家里干家务，也想驰骋天下，实现自己的人生价值，凭什么你能享受事业的成功，我不能享受? 于是，战争就不可避免了……

赵宝刚说，《婚姻保卫战》在拍摄过程中，他的心情特别复杂，看到那些打架打得面红耳赤、不可开交的场面心里特别亢奋：“我常讲一个理论：其实家庭中不怕吵架，关键是看心态，比如今天你很生气，有气不能憋着，一定要释放出来，于是能打多大就打多

⬆《奋斗》

大，打完了，筋疲力尽了，气也消了，这才叫生活呀！然后你主动向老婆道歉，老婆说，我要跟你离婚！你就一句话：就不离，打死也不离！”

怎样化解家庭矛盾？《婚姻保卫战》中提出一个阶段式妥协的理论，即在某一阶段，在维持家庭现状的情况下，看男女双方谁的事业更有发展，就让谁到社会上闯荡，对方就要做些必要的牺牲和妥协。毕竟，一对男女结合在一起，基因不同，血缘不同，性格不同，只靠一种缘分走到一起，而这种缘分往往是靠不住的。“所以我们就需要用一种新的方式方法，对待今天家庭发生的新型矛盾和问题。这也是我们在本片中所要表达的：怎样经营一种新型家庭文化。提出‘家庭文化’，是希望所有生活在婚姻家庭中的人们，能够用一种新的思维方式来诠释现在的家庭状态，用一种新的心态去对待当今的家庭生活。”

现身说法：改变对方不如改变自己

《婚姻保卫战》中，有没有赵宝刚自己的生活经历和切身体验呢？

赵宝刚坦承：“当然有。我今年 55 岁，结婚已经 25 年，我对婚姻的体验是：既有幸福感，也有伤痛和寂寞时。”

赵宝刚与爱人丁芯属于一见钟情的类型，两人相恋四个月即结婚，用现在人的眼光看就是“闪婚”。当主持人追问二人恋爱是否浪漫时，赵宝刚回答，现在的年轻人谈恋爱先看对方的“硬件”，有多少钱，有没有房子汽车，“硬件”不过关，其他免谈。“我们那个时代，男女交往比较自然，彼此有好感，就多接触。想请对方吃饭，打个电话就来了。来了说明对方愿意；不来就找个借口推掉。所以是两厢情愿，水到渠成……”

“你们夫妻也打架吗？”

“打，不但打，而且分三个阶段：第一阶段，小打小闹；第二阶段，大打大闹；第三阶段，不打不闹。其实打架的过程都是企图改变对方的过程。比如赚了一笔钱，你认为要花掉，她认为要存下来留给下一代，可能还没有下一代时就开始这样想。这就是观念意识上的分歧。双方都想改变对方，但最后你会发现，与其改变对方，不如先改变自己。我还有一个理论：在家庭中不能讲理。与同事有理可讲，与领导有理可讲，与朋友有理可讲，你非要与老婆讲理，那是讲不通的。其实我们这个戏讲的，就是你懂不懂太太，或你懂不懂女人？懂了，日子就过得好；不懂，日子就过不好，道理就是这么简单。"

↑ 干娜、刘金山在电视剧《婚姻保卫战》中

对《婚姻保卫战》，赵宝刚和各位主演均自信满满，在认为它非常好看的同时，赵宝刚也做了一点预测："大部分男人看了会说，哟，太准了，我老婆就这样！而女人看了也许会有某种程度的反感。总之，我们把婚姻拍成战争，不是让大家惧怕婚姻，而是希望抓住问题的症结，以正确的心态去面对它，解决它。"

↑《我的青春谁做主》

高希希：新版《三国》，“整容不变性”

2008年似乎成了四大古典名著的翻拍年。继新版《红楼梦》历经波折，在一片非议声中开机之后，又有《三国》、《西游记》和《水浒传》陆续上马，其中比较成熟的是由中国视坛实力派导演高希希执导的新版《三国》。

在《三国》紧锣密鼓筹拍过程中，好莱坞华裔导演吴宇森的《赤壁》隆重上映。在创纪录的三亿票房成绩令人艳羡不已之外，该片“颠覆”传统所受到的诟病，也必然会引起后来者的警惕。不知是否为避免《赤壁》的前车之鉴，新版《三国》总导演高希希在与老杜交谈时一再强调，他的《三国》将充分尊重原著的精神，“整容不变性”。

高希希执导过《结婚十年》、《历史的长空》、《幸福像花儿一样》、《搭错车》、《新上海滩》等热播电视剧，多次获中国电视飞天奖、金鹰奖，被誉为“金牌导演”。站在老杜面前的高希希，中等身材，娃娃脸，态度谦和又充满自信，使人很难对他驾驭《三国》这样古装大片的能力产生怀疑。问他新版《三国》能否创造“拍摄之最”时，他苦笑道：“我希望挨骂挨得最少！”

翻拍“三国”必要性何在

老杜：当前中国视坛的最大热点恐怕要数四大古典名著的翻拍热了。其中争议最大的是《红楼梦》。大家觉得87版《红楼梦》拍得很好，为何又要一哄而上，将四大古典名著通通翻拍一遍，有这个必要吗?

高希希：我认为，文学名著被多次翻拍在世界范围内是件很平常的事情。第一，我们的时代发展很快，旧有的文化理念已不能适应新的价值观和审美心理的变化；二是，近年来中国出现了国学热，唤起了人们对传承优秀传统文化的重视。在这种背景下，重新

← 中国视坛实力派导演、得奖专业户高希希

演绎古典名著也就成了时代的客观要求。

老杜：您对老版《三国演义》有何评价？这次翻拍准备在哪些方面超越老版？

高希希：老版《三国》，当时是一种大的国家行为，兴师动众，不计成本，故事情节基本忠于原著，比较适应当时观众的欣赏口味。主要问题是由于该剧由一个总导演和四个导演共同完成，创作思想和艺术风格不够统一，故事感觉比较零散，对原著精神的把握也不够透彻。另外，由于时代的局限性，老版《三国》从视觉冲击力到细节的把握上，都很难做到精致细腻。比如武戏《三英战吕布》，几位身披战袍的大将骑马转了一圈，枪碰枪刚一交手，就完事大吉了，感觉处理上很草率，这是新版《三国》必须克服的。我认为最重要的是，历史剧也罢，古装剧也罢，绝非简单地换上古人的服装，戴上古人的帽子，就回到那个时代了，而是要从骨子里渗透进古典精神，让人物身上流淌着的不是白开水，而要有血有肉有灵魂。

尊重原著精神
“整容不变性”

老杜：对古典文学名著的改编，现在人们争论较多的是，究竟应当尊重原著的精神，还是“颠覆”原著，另起炉灶？比如吴宇森的《赤壁》中改变了原有人物关系，强调和平友情的主题；一些台词幽默搞笑，不像出自古人之口；还增加了一些原著中没有的情节，如“八卦阵”等，您赞成他的这种“颠覆”性改编吗？

⬆ 高希希在新版电视剧《三国》拍摄现场

高希希：我认为对中国的优秀文化遗产，如《三国》这样家喻户晓的名著，不能轻言“颠覆”。对此，我们也讨论并确立了一个原则——在尊重原作的基础上，进行一些结构（戏剧）上的延伸，用两句通俗的话说，叫做“帮忙不添乱”，“整容不变性”。再说《赤壁》，《赤壁》不光是拍给中国人，也是拍给外国人看的，有些东西可以说歪曲了那段历史。有人认为罗贯中的《三国演义》不是历史，但他的《三国演义》历来被评价为“七分历史，三分虚构”啊！比如，中国自古以来就有根深蒂固的男尊女卑思想，曹操固然喜欢小乔，但可能为了一个女人而发动一场赤壁大战吗？这绝非他的终极目的。特洛伊为了美女海伦而打了10年战争，这是西方的理念，移植到中国就显得生硬和不合情理。还有，必须考虑汉代特定的历史氛围，生个马驹叫萌萌什么的，太娱乐化了，连西方都到不了这个程度，这样的“颠覆”只是表面的，肤浅的。总之，不能违反游戏规则。

老杜：您如何给新版《三国》的艺术风格定位：战争史诗，还是历史正剧？

高希希：说史诗有些夸大，还是历史正剧吧！我们的《三国》不违背基本的历史事实，不违背原著的精神；但它毕竟又是电视剧，有复杂的情节，结构和人物关系。其实《三国演义》已提供了很好的，经过历史考验的经典结构。比如，诸葛亮与周瑜的

← 胸有成竹，大将风度

关系，两人都很神勇智慧，又有很多充满悬念的矛盾冲突，假如按《赤壁》的处理，两人关系一直很和谐，这个戏还有什么看头！还有如何表现不同价值观和伦理道德观的冲突问题。关羽、张飞、赵云，甚至还有老黄忠，为何没有一个背叛刘备的，就是封建时代的"忠义"二字，将这一群人凝聚在一起的嘛！还有原作中的“尊刘贬曹”倾向，是符合当时历史条件的，我们准备客观地予以表现。如，曹操杀吕伯奢，先是误杀，后是真杀，已无道义可言。由此揭示出曹操“宁可我负天下人，不可天下人负我”的一代枭雄的真实面目。这些理念归结到一个支点上，都与封建统治阶级的价值观和礼教关系密不可分的。

书中精彩部分都不舍弃

老杜：作为一部长篇小说，《三国演义》内容浩繁，您在改编中如何取舍，既体现出原著的神韵，又不至于伤筋动骨？因为我听说您的新版《三国》中，把“桃园三结义”虚写了？

高希希：这怎么可能？书中最精彩的部分我们全部都有！比如舌战群儒，是孙吴联盟形成的一个重要基础，是赤壁之战前最重要，也最洒脱的一段情节，是《三国演义》中的精华部分，神来之笔！我们绝不会像电影《赤壁》那样，只用两个人的对话轻轻带过。当然有些情节从意识形态角度上是需要回避的，如刘关张桃园三结义后，马上去镇压黄巾起义。在我们以往的教科书里，农民起义都是伟大的，正义的，是推动历史发展的主要动力，这个问题目前在理论上还说不清楚，所以我们必须全部删掉。

⬆ 新版《三国》中气势宏大的战争场面

⬆ 高希希在《三国》拍摄现场为演员说戏

对演员要有一个适应过程

老杜:改编名著的另一个难点是演员的选择问题。因为每个观众都有自己心目中的诸葛亮、刘备和曹操;何况过去的影视戏剧和绘画作品中,已为人们塑造了不少成功的三国人物形象。您的新版《三国》如何适应观众的这种审美惯性呢?比如,大家认为陆毅的诸葛亮虽英俊阳光,却不够老练,缺乏睿智;沙溢的赵云不够高大威猛,陈好的貂蝉也不够国色天香等。

高希希:我们现在好像习惯了戏曲中长胡子的诸葛亮,机智、潇洒,老成持重,其实从历史真实的角度讲,诸葛亮出山时才 28 岁,本来就是年轻人,与陆毅的年龄差不多。适不适合演诸葛亮,还要看他的表现,我看过他最近主演的电视剧《苏东坡》,演得非常洒脱老到,说明他还是有这个实力的。对作品也好,角色也好,我认为都有一个让观众慢慢接受的过程。87 版《红楼梦》在当时也是有争议的,有人说它甚至不如王文娟的越剧《红楼梦》,但现在却成了经典,好像新版《红楼梦》无论怎么努力也很难超越它了。我们要做的是,正确引导观众,朝着一个既尊重传统,又有我们独特审美追求的"新三国"而努力。

老杜:您在选择演员时为何不走海选的路,为何不用港台或日韩演员?

事

高希希:海选本身有点折腾人的意思,对人不负责任,把观众和演员的热情调动起来,还不如默默筛选。至于港台或日韩演员我从未说过不用,林心如就是台湾演员嘛,后边还会有。

细节决定成败

老杜:新版《三国》要拍成历史正剧,必须真实再现特定的历史环境、历史人物,其中包括服装、化妆、兵器、马匹、战船以及武打设计、特技效果等,听说您为此还专门请了制作《指环王》、《金刚》的国际团队,真是不惜工本呀!

高希希:细节决定成败,我们对《三国》的每一个细节都要认真考证,精益求精,否则对不起这部伟大作品,对不起投资方,对不起广大观众。我们筹拍伊始,就坚持从最小处做起。比如兵器,我们邀请兵器专家,按照汉代兵器的形制,采用经过百炼的优质钢材精心打造,我不会轻飘飘地拿一把假刀来唬观众。要打就是真刀真枪,毫不含糊。

老杜:旧版《三国》的最大遗憾就是武打戏太过敷衍草率,看得很不过瘾,您在这方面是否要有所突破?

高希希:这是必然的。《三国》中马上对打的戏特别多,所以马匹几乎和演员一样重要,那个时代马是人最好的伙伴,在战场上相当于一部部战车。我特别强调拍好马战戏,已从境内外挑选了一批符合剧情要求的战马,包括关羽的赤兔马,由专人负责驯养,并在全国开辟了十余处"古战场",用于将来的马战。

老杜:最后一个问题,您的新版《三国》有无拍摄之最?

高希希:什么之最?我希望挨骂挨得最少!一部戏还没拍,已有七八百人拿着板砖在这等着呢!当然主要还是关心这个戏的观众和三国迷们,真不是同行,同行没有闲工夫,看看网上"大话赤壁"里的评论多么尖刻,不过我们已经习以为常了!

← 2007年7月,《漂亮的事》在沈阳鼓风机厂投拍,编剧高满堂,导演高希希主持开机仪式。CFP供图

lafuma

尚敬：影视翻拍是把双刃剑

《武林外传》这部根据火爆荧屏长达五年的同名情景喜剧翻拍的电影，上映一周票房便轻松过亿，而该片导演尚敬也首次执导商业大片便进入"亿元俱乐部"。

尚敬，空政话剧团国家一级编导，擅长军旅题材轻喜剧创作，代表作有《炊事班的故事》《卫生队的故事》《大学生士兵的故事》等。2004 年，他遇到了一个名叫宁财神的网络写手，两人一拍即合，编导了一部穿着古人衣服、说着现代语言、唱着流行歌曲、人物和情节怪诞离奇、令人捧腹大笑的情景喜剧《武林外传》。《武林外传》以一种全新的喜剧形式，在嬉戏搞笑中借古说今，针砭时弊，弘扬主流价值观，具有很强的观赏性，因此成为近年来荧屏上重播最多、口碑最好的电视剧之一；而闫妮、姚晨、沙溢等，也由于主演了《武林外传》而大红大紫，跻身一线演员之列。

转瞬间五年过去了，当尚敬一通电话将"同福客栈"的老板娘和伙计们重新招至麾下时，摆在一众人面前的是一个颇具挑战性和诱惑力的任务——将已成品牌的《武林外传》搬上大银幕！这次，故事场景从人工搭建的摄影棚，搬到了山清水秀的皖南徽派民居；电视剧中"光说不练"的假把式，变成了刀光剑影的真功夫；情景喜剧的制式转换成武侠电影的形态，不变的只有情景喜剧中的狂欢精神……更有意思的是，影片在主题上聚焦当前最敏感的"买房难"问题，嬉笑怒骂中，嘲讽和鞭挞了不良房地产开发商，在广大观众尤其是青年观众中引起强烈共鸣和反响。

从电视荧屏到大银幕，《武林外传》经历了怎样一个诞生和成长过程，在喜剧形式和手法上进行了哪些创新和探索，未来有无可能拍续集……就这些读者关心的问题，老杜与《武林外传》导演尚敬进行了一次深入的交谈。

← 擅长在嬉戏搞笑中借古说今的影视导演尚敬

↑ 尚敬在电影《武林外传》中为姚晨等演员说戏

从“炊事班”跳出的“武林高手”

老杜:尚导,首先要祝贺您,首次执导商业大片《武林外传》便一炮打响,一举进入“亿元导演俱乐部”。我刚到影院看了《武林外传》,觉得它不但很娱乐,很好玩,而且有思想。作为一名部队导演,您一直擅长表现部队生活的轻喜剧,如《炊事班的故事》《卫生队的故事》等,是何种机缘,让您五年前开始实验一种时尚前卫、古今混搭的全新的情景喜剧样式呢?

尚敬:谢谢你的夸奖。其实我不是第一次拍电影。早在电视剧《炊事班的故事》之前,我就拍过一部电影《高空如梦》,还有幸获得了北京大学生电影节奖。那会儿我真切感觉到大学生对这部电影的喜爱。但当时电影市场还处在低谷,《高空如梦》未能在影院公映,这对我是个很大的刺激。这是 2001 年。2002 年我有了创作《炊事班的故事》的冲动,一头扎到情景喜剧里,觉得这是一种大众喜爱的通俗的娱乐方式。因为部队题材如果太严肃了,总是演习呀,奉献呀,牺牲呀,就显得有些单一;其实阳光军营嘛,尤其是士

⬆ 尚敬与“同福客栈老板娘”闫妮在一起

兵，很活泼很有生气的，于是有了 6 个大兵的《炊事班的故事》。这部情景喜剧在央视 8 套推出，反响不错，使我深受鼓舞。在此期间，我到上海拍一部电影，结识了编剧宁财神。此公是个武侠小说迷，想象力丰富，又酷爱网络世界。我们常在一起山南海北地聊天，渐渐萌发了创造一种全新的、前所未见的喜剧形式的念头，由此产生了《武林外传》的雏形。我们一起确定了这部情景喜剧的风格和样式，勾勒出人物和故事的大体面貌和框架。在武侠小说和电影中，大侠总是被描写成呼风唤雨、一飞冲天、无所不能；而情景喜剧恰恰是比较平民化的，所以我们就想调侃和臧否这些“能人”，让大家看看他们被胳肢以后的状态，我不相信他们不怕痒，不出洋相，笑料于是就出来了。

⬆ 电影《武林外传》拍摄现场

“什锦火锅”与主流价值观的妙合

老杜:现在回过头来看,《武林外传》风靡一时,大获成功,首先是因为它具有一定的批判精神,通过一个个饶有情趣的小故事,借古说今,与现实紧密勾连,使人产生强烈共鸣……

尚敬:是的,如果情景喜剧的锋芒不对着人性的弱点、社会的弊病的话,其讽喻功能就不能充分施展出来;另一方面,在目前的国情下,又不能随心所欲、任意发挥,我们还肩负着弘扬主流价值观和真善美的任务。所以我说,把正确的导向和价值观与一个借古说今、嬉戏搞笑的外观(包装)巧妙结合起来,就是《武林外传》的基本精神气质。

老杜:《武林外传》在喜剧表现手法上大胆创新,如让古人说现代话,甚至网络语,在剧中穿插大量流行歌曲,让人觉得很新鲜、很搞笑;但也有人接受不了,批评它是“大杂烩”。我认为稍微保守一点、有点框框的编导,都不敢这么表现。

尚敬:对,是这样。按现实主义创作原则,是不允许这样表现的。但这恰恰是《武林外

↓ 电影《武林外传》全家福

⬆ 绘形绘色

传》能杀出来，被年轻人接受的原因。这要感谢我们这个时代，由于时代开放了，变得有宽容度了，才有了《武林外传》的生存空间。这也是物质和精神生活丰富的一种成果：大家都愿看到更多新鲜的东西，新鲜的东西不可能成熟，所以往往会招致批评。但不能因为害怕批评就不去新鲜。所以我们确定《武林外传》的表现手法是：现实主义的教诲与后现代的结构结合起来；传统感、历史感与流行文化、网络、闹剧结合起来；时尚、前卫与生活化结合起来。从某种意义上说，它的确是一种“杂拌”。人们为何爱吃火锅？就因为它口味丰富嘛！

老杜：剧中您为何经常运用布莱希特的“间离效果”，让观众不时从剧情中跳出来？

尚敬：你看我们这几位演员，都是“学院派”，我也是学戏剧的，所以在二度创作中，完全可以使用离奇些和非常规的手段，如“陌生化”一下呀，突然跳出来呀，即所谓布莱希特的“间离效果”。不去百分之百制造真实，而是在真实中突然跳出一下，呈现出的结果，就会让观众感觉新鲜有趣。

一部戏，捧红了闫妮姚晨一众明星

老杜：现在大家都看到了，一部《武林外传》，捧红了闫妮、姚晨一众明星。在我印象里，除了姚晨，主要演员都是空政话剧团的，当时你是如何选择演员的？

尚敬：《武林外传》里的演员，多是与我合作多年的，如闫妮（饰佟湘玉）、沙溢（饰白展堂）、姜超（饰李大嘴）等。姚晨是我在上海拍戏时发现带回北京的。当时，我执导的戏里想找一个广告公司的白领、气质大方洋气一点的女孩。那天姚晨陪一个同学来见我，我觉得她的同学与人物设定稍拧了点，而姚晨的气质却挺独特，就把她选上了。拍戏中我与姚晨有过沟通，发现电影学院的孩子总想往大电影上奔，这也无可厚非，但我会把道理给她讲清楚：我拍的情景喜剧，不会把她耗掉、定型，或变得俗不可耐；恰恰相反，我的喜剧是建立在生活真实基础上的，手段是多样的，幽默而不俗气，传统而不陈旧，不是她所担心的相声和喜剧中惯用的三翻四抖、语言包袱之类。

老杜：据说，这些演员起初并不十分擅长喜剧表演，作为导演，您是如何挖掘他们身上的喜剧细胞的呢？

尚敬：这个问题问得非常好。我一直认为，喜剧演员有两种：一种是职业喜剧演员，如卓别林、赵本山、陈佩斯，从长相、气质、灵气、幽默感到口才等，都仿佛是与生俱来的，不干这行不行。也包括赵丽蓉、宋丹丹、蔡明，堪称国宝级的笑星，如果让她们转型演别的还麻烦，容易让观众发笑。还有一种，即普通的正剧演员，通过特定的戏剧表达方式，可以喜剧化地完成角色的刻画。我的这些演员属于后者。作为导演，我在与他们合作时，恪尽职守，始终遵循一个原则：让演员在《武林外传》中完成自己的喜剧角色的塑造，但不想将其变成彻头彻尾的喜剧演员。事实也是如此。闫妮、姚晨、沙溢等，演技提升、内心丰富后，已能胜任各类角色，有意识地摆脱了《武林外传》的表演模式。包括这次拍电影，闫妮曾担心再演老板娘会否“定型”。这些演员人红了，情未变，首映式上都情不自禁地落泪，《武林外传》是他们成长的最关键一环。

触及敏感社会话题，还要给人温暖

老杜：电视剧《武林外传》火了五年，为何又搬上大银幕，是受当前电影市场复苏的鼓舞，也想从中分一杯羹吗？另外，您对电影的票房事先有预期吗？

尚敬：对，真的不能否认这一点。现在大家都在拍电影，我们又有一个现成的品牌，我个人也想看看，把它放到大银幕上会是什么样。另外，这几年“腐竹”(《武林外传》的粉丝)们也期待我拍《武林外传》的续集。但拍电视版是不大可能了，因为耗时长，演员不容易凑在一起；拍电影更合适，对演员也更有吸引力。说到电影版《武林外传》的票房，我起初认为过亿没问题，到一亿五就感谢老天爷了，能否突破二亿还不敢奢望。

老杜：我觉得电影版《武林外传》延续了电视剧的思路，即贴近现实、干预生活，集中揭示了当前社会最敏感的话题：买房难。这样写不怕有借古讽今之嫌，得罪某些利益集团吗？

尚敬：我们的定位很简单：一群可怜的底层人，遇到住房危机了，本也想占便宜，但在大是大非面前做出了一个选择，团结起来抗击邪恶。至于利益集团，有什么可怕的？这是社会的真实现状嘛！利益集团得罪老百姓了，我们还怕得罪他们吗？你想，很多年轻人打拼，最头疼的是房子，很多人都成了房奴。这一题材和主题的确定，由此而生发的故事，对这部电影的成败至关重要。所以我很感谢宁财神的这一创意。当然，我们不想拿一部电影清算什么，它承担不了这样的重任；但表

⬆ 群策群力

达一下我们的立场还是必要的。同时,《武林外传》作为一部贺岁片,还要娱乐大众,给人以温暖和希望。我们只是拿这个主题发展出一个有趣的故事。

影视翻拍是把双刃剑

老杜:我注意到,电影版《武林外传》加强了武打的戏份,看上去更像一部武打片,显然比电视剧更震撼、更好看。

尚敬:你说得对,做电影之前我就想过,电视剧版是室内剧风格,电影版必须加入某些新鲜的元素。电视剧人物是动嘴不动腿,光说不练,而一部电影,观众要花钱买票,就要多做些功课。毕竟是古装武侠吗,强烈的动感,武侠电影的叙事模式及特殊的节奏感,都应成为这部电影的构成元素。就是说,必须把情景喜剧的制式转换为电影的形态。不变的是情景喜剧中的狂欢精神。

老杜:电影版采用了一些特殊拍摄和后期制作手法,并穿插了一些动漫画面,丰富了电影的表现力,非常吸引观众眼球。

尚敬:对,许多技术手段是我和编剧及制作团队一起商量后实施的,如大结局中那些机关的设计,虽然由于时间仓促做得较粗,我不太满意。为何用动漫?影片开头的动漫画面,凝练地将过去五年"同福客栈"的生活做了过渡性交代,这是演员表演很难做到的。还有群众排队购房的镜头,稀稀拉拉的,感觉不好,于是又做了一个动漫,以弥补前期拍摄的不足。

老杜:《武林外传》可以说创造了一个全新的喜剧模式和艺术品牌,又进行了产品的深度开发,想问一下,如果电视剧续拍比较困难,电影有可能拍续集吗?

尚敬:电影拍续集,要看能否把这些主演凑齐。我们当然不愿曲终人散,希望能继续做下去。但影视翻拍是把双刃剑,影、视可以相互借力,但如何突破和超越却是个难题:没新意,观众不过瘾;走远了,观众不接受,拍不好就会有人挑剔。比如有人批评电影版《武林外传》姬无力的杀人手段有些血腥。武打片不能渲染暴力,总要有些暴烈感吧!我们没有影片分级制度,只能掌握一下平衡吧。

老杜:首次拍摄商业大片就大获成功,您在电影的驾驭上是否更自如、更有信心了?

尚敬:我觉得这是一个有趣的轮回:在电影市场冷寂时,我搞了情景喜剧;现在发现情景喜剧市场并不好,又回过头来做电影。我不想把自己固定在某一领域,我是"无门无派",只要有好剧本,想做的就去做,让自己的创作心态更自由一点吧!

附录一

杨梅 荡起音乐与爱的双桨

这是一个梦幻般迷人的夜晚。暗蓝色的巨大天幕上，星光熠熠，时空流转，使人恍如置身神秘而寥廓的宇宙苍穹中。舞台上，一群身穿"霓虹装"的妙龄少女，在优美舒缓的乐曲声中翩翩起舞，仿佛期待着一个美好时刻的到来。

蓦然，观众席中一阵骚动，纷纷举目仰望。但见一只"月亮船"从而天降，船上端坐一位青春靓丽的"月亮女神"。这时，大屏幕上切换出人们熟悉的津城美景：津塔、津湾、水滴、五大道、滨海新区集装箱码头……"月亮女神"款款走出"月亮船"，以一曲天籁般的《星光灿烂》，倾诉着对祖国和家乡的炽热情怀。

2011 年 11 月 26 日晚，津湾大剧院，《天津，我为你歌唱》杨梅个人演唱会惊艳登场。演唱会调动各种现代科技和艺术手段，营造出一种壮观、大气、时尚、动感的舞台氛围，为观众奉献了一道美轮美奂、魅力十足的视听盛宴。

舞台上的杨梅，像一只百变的艺术精灵，幻化出色彩绚烂、风格迥异的音乐形象。她的歌喉甜美而富表现力，她的情感纯真又浓郁。从优雅柔媚的邓丽君经典金曲联唱到《十送红军》、《纤夫的爱》；从感人肺腑的公益歌曲到《海河情歌》，充分表现了杨梅歌曲题材和演唱风格的多元性。整场演出，她不断变换形象，或端庄，或俏丽，或优雅，或妩媚，时尚与复

在大型全景晚会《海河之夜》中饰演“月亮女神”

古的服装、发型交替出现，令人目不暇接。而一位崭露头角的歌坛新秀，能吸引阎肃、甲丁这样的乐坛权威人士现场点评，刘和刚、尹相杰、师鹏这样的“前辈”歌手前来助唱，在津门乐坛亦属首次，不能不令人刮目相看。

演出高潮，电动升降舞台上，一帘飞瀑轰然而下，全场一片沸腾。此刻，记者看到梦想成真的杨梅不断向观众鞠躬致谢，眼中闪动着晶莹的泪花；她试图用手抑制即将夺眶而出的泪水，却无济于事，瞬间已蛾眉微蹙，梨花带雨了。

“荡起音乐与爱的双桨，杨梅的小船划到您身边。

是谁将我点石成金？是谁让我用心歌唱？是谁给小小的我大大的舞台？是谁让我对未来充满向往？

是音乐，是爱，是恩师，是父母，是朋友，是每位喜欢我的歌迷。恕杨梅感受太多、言语太少，我最好的表达是让激情与歌声一起飞扬……

请记住：杨梅因您而精彩！”

这是杨梅的心语，也是她步入歌坛以来刻骨铭心的记忆和感悟！

《妈妈的吻》，叩开音乐之门

在那遥远的小山村呀小山村，
我那亲爱的妈妈已白发鬓鬓，
过去的时光难忘怀难忘怀，
妈妈曾给我多少吻多少吻……
——《妈妈的吻》

20年前，朱晓琳的这首《妈妈的吻》，曾让多少人耳熟能详，为之动容。而自幼喜欢音乐的杨梅，学唱的第一首歌就是《妈妈的吻》。

杨梅的父母都是文艺爱好者，父亲能拉二胡，弹扬琴，母亲则喜欢戏曲，学唱新凤霞的《刘巧儿》，有板有眼，字正腔圆。而她无疑继承了父母的遗传基因，从小就表现出不凡的音乐天赋，电子琴、手风琴、钢琴，样样拿得起，更在少儿歌手大奖赛上一显身手。

读高中时，杨梅应征入伍，成为预备役部队文工团的一名文艺兵。穿上军装，戴上军帽，杨梅显得英姿飒爽，帅气迷人。当她为战士们演唱宋祖英的《小背篓》，邓丽君的《甜蜜蜜》时，受到近乎狂热的欢迎。不料，一次出早操时，她不慎跌了一跤，造成腿骨骨裂。打上夹板，拄着拐杖，再不能穿漂亮衣服，不能登台为战士们演出，她心急如焚，暗自垂泪。好不容易熬过“伤筋动骨一百天”，腿伤痊愈，刚刚穿了几天高跟

迈着坚定而轻盈的脚步走向乐坛

鞋，又崴脚造成骨裂，使她不得不中断自己的军旅生涯。

退役后杨梅考上了南开大学中文系。“父母可能希望我当个作家什么的，但我是个不擅表达的女孩，写作恐怕不是我的长项，所以毕业后想继续唱歌，圆自己的音乐梦想……”谈起自己的人生选择，杨梅显得很洒脱，也很理性。

在圆梦的日子里，杨梅参加过李咏主持的“非常 6+1”，参加过央视青歌赛、央视中秋晚会以及北京电视台、天津电视台春节晚会的录制。而对她来说，最开心的还是考入天津歌舞剧院，成为一名专业歌手。“当时高兴极了，好像天上掉下个大馅饼，母亲从未达成的愿望在我身上实现了。进入专业艺术院团，接触大舞台多了，为我提供了一个充分发挥音乐才能的平台。”

“80 后”的杨梅，对当前风靡港台和内地的流行歌曲并不痴迷，却特别喜欢老歌、怀旧歌，尤其是邓丽君的歌。她聆听邓丽君的第一首歌便是《甜蜜蜜》。如今，凡听过杨梅演唱的人，都说她颇似邓丽君，从形象、声音，直到转身回眸间那种独有的韵味。所以大家常称她为“小邓丽君”。

但单纯模仿是没有前途的，所以，杨梅更注重在自己的原创作品中，寻找邓丽君的感觉和韵味。如青年音乐人周勇先为她量身打造的《水波谣》，便追求一种唯美的、小鸟依人的和江南水乡图画般的感觉。2007 年，杨梅随团到韩国演出，曾用韩文演唱过一首韩国流行歌曲《OMANA》，令韩国观众大感亲切，台上台下形成互动，场面十分火爆。周勇先想为她写一首类似的歌曲，于是灵机一动，想到了《春天的笑容》这个命题。这首歌节奏欢快，活泼俏皮，十分适合杨梅的声线和风格。

杨梅还热衷于公益歌曲的演唱。2007 年，她录制个人单曲《星光灿烂》、《有我在你身边》、《为爱而来》，其中《有我在你身边》在 2008 年汶川大地震

➡ 邓丽君的歌儿是杨梅的最爱

杨梅的舞台形象时尚、靓丽，充满青春活力。

后，多次在抗震救灾义演中深情演绎，在电视节目中滚动播出。同年5月28日，杨梅参加天津电视台抗震救灾募捐仪式，演唱《我想有个家》时情绪激动、一度哽咽，满含热泪唱完歌曲，感到自己的心灵受到一次涤荡和洗礼。

生活中的杨梅是位秀气、纯真、乖巧、恬静的女孩。她说，可能是自己的性格使然，她很少外出旅游，也很少去灯红酒绿的娱乐场所消遣时光。没有演出任务时，她可以整整一个星期待在家里，像个地道的"宅女"。她的家温馨美满，与父母、姥姥、兄嫂相处得十分融洽，所以"哪儿也不如家好。"

杨梅常说，一个演员站在舞台上，首先要对得起观众的视觉，展现在大家面前的形象应该清新靓丽，使人获得一种美的享受。这既是她长期以来形成的生活习惯，也是文艺工作者的一种职业操守。她的着装很有品位，从颜色到款式，搭配合理，时尚新潮。她尤其喜欢韩风的装束："适合温馨可爱的小女人的打扮。"更出人意料的是，她的许多演出服都是她与设计师一起商量设计的。

都说文艺圈是个名利场，杨梅却把这些看得很淡，乃至天真地认为：成了名会很麻烦，不如现在这样，认真做好每件事，放松心态，不给自己加压，过得也挺充实，挺愉快："我所渴望的回报，不过是对艺术的满足感而已。这是任何金钱物质不能替代的。"

春天的笑容，有些苦涩

沿着一条芬芳花开的小路，
呼吸，眉头在一点一点松开。
向左，向右，风景随着心的节拍。
或许现实很残酷，寻找快乐的音符。
或许倔强不认输，寻找快乐的音符……

——《春天的笑容》

春天，是一个万物复苏、充满希望的季节。对杨梅来说，2011 年这个春天的意义更是非比寻常，因为她要圆自己的一个梦——举办首次个人演唱会，向亲爱的家乡父老汇报。

作为天津歌舞剧院新生代歌手，杨梅 2004 年步入歌坛的短短七年中，从央视青歌赛上通俗唱法的参赛者，成长为活跃在天津市大型节庆晚会的主唱歌手，并多次在央视《中华情》等大型综艺晚会上一展风采。在被称为天津“艺术名片”的大型全景晚会《海河之夜》中，她以“月亮女神”形象出现，一曲《星光灿烂》，声如天籁。2010 年，她又在“市歌”《天津，我为你歌唱》中，声情并茂地表达了对家乡的浓情厚意。七年中，她已积累了十多首原创歌曲，凝聚了足够的人气，做好充分的艺术准备，举办个唱的时机和条件已经成熟。

⬆ 在各种大型节庆晚会上崭露头角

然而，天有不测风云，春天的笑容有些苦涩。

春节后的一个早晨，梦醒后的杨梅忽觉嗓音沙哑，喉咙中似有异物，干涩而疼痛。她想，可能近来演出频繁，用嗓过度；抑或是感冒尚未痊愈所致，并未多虑。孰料时间一天天过去，她的症状非但未能减轻，反而连说话都困难起来。这时，她有些心慌意乱了。一个甜美的声音忽然变哑了，失声了，这对一名歌手来说，是何等可怕而残酷的打击啊！

在那段不堪回首的日子里，她几乎天天去医院看病：输液，雾化，扎针灸、喝汤药，能访的名医都访了，能用的手段都用了。最痛苦的是扎舌针。胆小的

仙女般飘逸典雅

她，眼睁睁看着医生将一根钢针刺入柔软的舌尖，从中挤出黑血，一口口吐在塑料袋里。还有一日三次每次120粒的小药丸，她几乎不是用水，而是用泪伴着吞服下去的！旷日持久的病痛加上沉重的心理压力，使杨梅一度以泪洗面，花容失色，身心疲惫，受尽煎熬。

然而，无论多么痛苦和忧伤，一个声音始终在她耳畔回响：坚持，坚持，再坚持，为了自己热爱的艺术，为了重新放开歌喉，决不能轻言放弃！

在半年多的治疗期间，外表看似柔弱、内心却很坚强的杨梅，抱病参加了多场重要演出，其中最令她难忘的，是在天津市纪念建党九十周年大型文艺晚会上，她与牛豹合作演唱的《国家》。这首由成龙、刘媛媛首唱的主旋律歌曲，音调高、难度大，对唱惯了甜美抒情"小歌"的杨梅是个极大挑战，何况此时她的嗓音尚未完全复原。

"《国家》这样的大歌我以前从未唱过，首先要把内容吃透。我虽年纪小，但想把我对国家的这份感情、这份理解融入其中……"杨梅这样告诉老杜。为此，她慢慢开始练声、开声，然后投入紧张的排练。"不知是对《国家》期盼已久的缘故，还是菩萨保佑我，那天我一进录音棚，忽然感觉嗓子通透了，瞬间找到了演唱的状态和感觉，只用了十分钟就录完了，而且一次成功！一出录音棚，我就和一直贴身陪护我的嫂子相拥而泣。要知道，为了这十分钟，我苦苦挣扎了半年，精神几近崩溃。内中的酸甜苦辣，别人是体会不到的！”

夏日的激情，充满嬗变

一玉口中国，一瓦顶成家。
都说国很大，其实一个家。
一心装满国，一手撑起家。
家是最小国，国是千万家……

——《国家》

夏天，是一个热情如火，激情四溢的季节。对杨梅来说，也是她久病初愈后，在演唱技巧和风格上发生嬗变的时候。

杨梅与牛豹演唱的《国家》激昂大气，艺惊四座，标志着杨梅的音乐潜质得到了进一步开掘，正从她擅长的抒情小甜歌向主旋律的“大歌”发展，从通俗唱法向民通、美通唱法

⬆ 春天的笑容

➡ 邓丽君金曲串烧

发展。

如何实现这一转变？杨梅说，一方面唱歌是一种感觉和情感的投入，以及对歌曲的理解和演绎，这方面我做到了；另一方面，作为一个非科班出身的歌手，如何掌握科学的演唱方法和技巧，这是我的软肋。所以她嗓子刚有好转，就向她的声乐老师、女高音歌唱家吕宝荣虚心求教。而吕宝荣也非常喜欢这个“懂事、敬业、肯吃苦、不娇气”的孩子。在接受老杜采访时，吕宝荣对杨梅赞赏有加：“杨梅作为通俗歌手，以前模仿邓丽君的歌曲较多，擅长演唱甜美、优雅的情歌，‘大歌’和有张力的歌唱得比较少，需要加强系统的声乐训练。”于是，吕宝荣便有的放矢，按民族和美通唱法训练杨梅，让她学会运用头腔、鼻腔、口腔和胸腔共鸣，将整个状态“提”起来。经过一段时间的密集训练，悟性很强的杨梅在发声方法、气息控制和演唱技巧上有了明显提高，尤其是高音部分有了一个大的突破，已能轻松自如地驾驭《国家》、《两岸一家亲》这样的“大歌”了。

在杨梅的合作者中，不仅有老一辈的词曲作家万卯义（《花的节日》）、万隆（《海河情歌》），还有同为80后的知名音乐人周勇先。《天津，我为你歌唱》、《春天的笑容》、《水波谣》、《残香琥珀》等杨梅的代表作品，皆出自他之手。谈起“梅姐”，周勇先亦是充满钦佩：“我们都是从小喜欢音乐的孩子，结识之后十分投缘。我们从中韩歌会开始合作，对她的声线特点有了更多了解后，就为她量身打造了一些抒情、流畅的小情歌、小俏皮歌，并在里面融入了民族元素，属于‘中国风’作品，结果被她演绎得很棒，年轻人很喜欢。”周勇先认为，杨梅在音乐上敢于尝试，涉猎广泛，而且始终坚持原创歌曲的演唱，这一点最难能可贵。

秋天的风韵
动人心弦

约上了一个你，带上了一个我
相聚在家乡美丽的海河
听你像春之曲，唱你像爱之歌
我们的汗水已化作迷人的景色
多情的海河水荡漾着你我
让幸福的船儿随浪逐波……

——《海河情歌》

秋天，是一个色彩斑斓、收获硕果的季节。对杨梅来说，也是她从春天延宕到秋天，在个人演唱会上梦想成真、大放异彩的时候。

杨梅是个十分好强，又追求完美的女孩，虽然她的个唱由国内顶尖团队策划，主创和特邀嘉宾皆圈中翘楚，她却喜欢亲力亲为，从个唱的总体构想、舞台效果到广告宣传，均根

著名词作家阎肃与杨梅在一起

杨梅与刘和刚、尹相杰、师鹏

据对演唱歌曲内容和意境的理解，提出自己的意见和构想，与主创沟通交流以取得共识。为了将工作做到极致，她还亲自设计服装、学习古筝演奏和现代舞表演。可以说，此次个唱是杨梅才艺的一次全面展示。

由于是首次举办个唱，又被列入天津市青年文艺人才工程，杨梅心理压力很大；加上所有问题都自己扛，难免身心疲惫，导致个唱筹备过程中一度出现胸闷、气短、心率过速的症状，到医院问诊，立刻被装上 24 小时心脏监控器。幸好检查后并无大碍，只需休息调养几天即可。不料，她的“险情”刚刚解除，母亲又入院动了手术，全由兄嫂陪护，她只抽出 20 分钟看望病床上的妈妈。一离开医院便难抑愧疚之情，唏嘘不已——毕竟是母女连心啊！

这一切，似乎正应了那句俗话：“好事多磨”。

有人说，此次杨梅个唱盛况空前，堪称国家级水准，这当然要归功于歌唱家自身的魅力和影响，而专程从北京赶来为之“捧场”的，也绝非等闲之辈。尹相杰便是其中一个。

杨梅与尹相杰是怎样成为搭档的呢？原来，2010 年 11 月，央视在津录制纪念霍元甲专题晚会时，著名词作家甲丁推出了一首男女声二重唱《满江红》，男声是尹相杰，女声则由导演推荐了杨梅。甲丁听了杨梅的音乐磁带后，认为她音色独特甜美，节奏感和表现力很强，当即同意杨梅与尹相杰搭档演唱《满江红》。一个粗犷豪放，一个深情柔美，二人的合作刚柔并济、珠联璧合，这才有了一年后的“第二次握手”。此番合作，除重温慷慨悲壮又柔情似水的《满江红》外，还秀上一曲老尹的拿手好戏《纤夫的爱》。

著名军旅歌唱家刘和刚是杨梅个唱的又一亮点。因为二人合作的民歌经典《十送红军》，是重新编配、为杨梅量身订制的。它将美声、通俗、民族三种唱法熔于一炉，创造出一种全新的演绎方式，果然令人耳目一新。

杨梅个唱中最引人注目的特邀嘉宾，是现年 81 岁高龄的著名词作家阎肃。此公纵横中国乐坛数十载，德高望重，如今屈尊为一位歌坛新秀现场点评，绝非应景，而是另有意义——

“海河浪花抖，天津出歌手”，一句幽默的顺口溜，既是对天津出歌唱人才的肯定，又是对后辈的殷切期待和鼓励。“文化大发展大繁荣，一要出作品，二要出人才，天津重视青年文艺人才的培养，非常好，让杨梅真的‘扬眉吐气’了！……”

2011 年 11 月 26 日晚，随着个唱倒计时的钟声敲响，演出正式开始：一袭粉红色复古长裙的杨梅随着电动升降舞台惊艳登场，一曲《天津，我为你歌唱》动人心弦。放眼远望，她的面前一片辉煌！

附录二

我与名人明星的那些事

杜仲华

一

2011 年 2 月 20 日，倪萍来天津图书大厦签售《姥姥语录》。中午，她和助手小倩如约走进南京路一家星级酒店的大堂，恭候已久的老杜手捧一束鲜花迎上前去。

"戏有点过了啊！"一向质朴低调的倪萍，有几分意外地说。

"不是演戏，是真心欢迎你！"老杜诚恳又有几分尴尬地纠正道。

倪萍，从亿万观众瞩目的央视主持人位置退出后，便一头扎进她的老本行——影视表演中，从此仿佛与世隔绝，音讯杳无，除了在一部部表现东方女性传统美德的影视作品中一展本色外，便极少在媒体上曝光了。但老杜却有幸数次破例独家采访她。

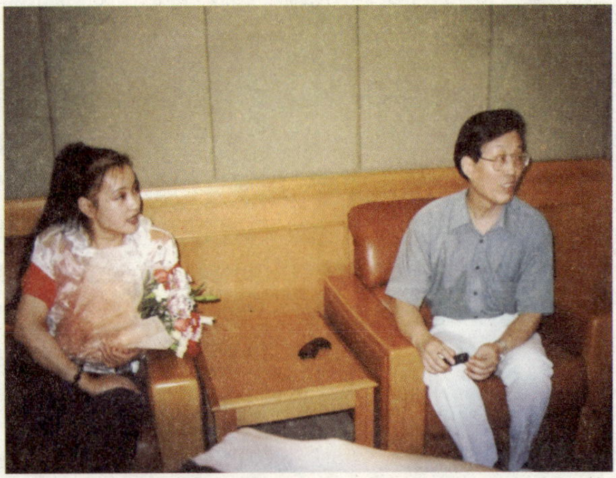

2000年，刘晓庆做客今晚报时与本书作者在一起

原因很简单：熟。

认识倪萍已 24 年，其间，老杜不仅在她事业发展的每个节点都予以关注和报道，还为她举办过《倪萍的〈日子〉暨主持风格研讨会》，彼此之间建立起一

⬆ 2001年斯琴高娃做客今晚报时与本书作者合影

种相互信任的关系，一种清淡如水的君子之交。

刘晓庆与老杜的交往也由来已久。从二十世纪八十年代末她来天津望海楼拍摄电影《春妮》，到九十年代率电视剧《皇嫂田桂花》来津参加研讨会，为观众签名手指磨出了水泡，与今晚报结下不解之缘。所以当刘晓庆结案后，一度三缄其口，拒绝一切媒体采访，老杜却可以以私人朋友的身份与她交谈并刊发独家新闻。其后，她来津演出、录节目、过生日，老杜都有幸成为她的座上客。

与李雪健的关系也是这样。从电视剧《渴望》中的宋大成，到电影《焦裕禄》中的焦裕禄，李雪健为人为艺的质朴真挚给人印象深刻。二十世纪九十年代，他到天津拍摄电影《往事如烟》时，老杜便与他建立起朋友关系，此后虽来往不多，但心中都有对方。2008年老杜曾专程赴京采访，与李雪健于海丹伉俪有过一次亲密接触。后来，李雪健在接受《北京日报》采访时，还专门提到老杜与他的友谊。这在明星中是并不多见的。

记者和明星的关系，在多数情形下是一次性的：完成一次采访，便少有联系了。但也有些明星，经多次接触后，相识相知，成了相互信赖的朋友。而产生信赖的原因，除了双方惺惺相惜，比较投缘外，便是用记者的职业道德操守感动对方——要有与人为善的采访态度和真实、客观、生动的文风文笔。

二

"喂，你好，是闫妮吗？我是今晚报的老杜，《武林外传》播出时我们在今晚大厦搞过观众见面会，还记得吗？"

"你是杜主任啊，我当然记得……"

当你向一位明星提出采访要求时，有一面之交总比素昧平生更容易被对方接纳——当时，她刚获了一个最佳女演员奖。

"这样吧老杜，明天我一天都在外边拍片子，可能要到晚上才结束，我们明天晚上谈吧！"

第二天用了半天时间上网查资料，准备采访提纲。晚上十点给闫妮拨通了电话，对方一通抱歉："对不起呀老杜，我还没收工呢，这样吧，一会儿收工我把电话给你拨过去！"

后面的情景就像默片时代的电影字幕那样：

2004年本书作者在今晚报社主持赵本山喜剧艺术研讨会

过了一小时。

又过了一小时。

大约凌晨一点左右，老杜睡着了。

一觉醒来，在手机上见到闫妮的一条留言："老杜，我还没收工，咱们改在明天上午十点吧！"留言时间为凌晨一点十五分。

唉，都不容易呀！

第二天上午采访如约进行。电话那头的闫妮柔声细语，仿佛还未完全睡醒，完全没有了"同福客栈"佟掌柜的风风火火和一口陕西腔调。但我们谈得还算松弛和投机，话题也比较广泛。文章的题目也是对她特色的高度概括：《魅力，来自成熟的韵味》。

对陈宝国的采访也是这样。陈宝国很少接受媒体采访。但他主演的《大宅门》热播时，老杜曾将导演郭宝昌和陈宝国、斯琴高娃等主演请到天津，举办了一场有近千人参加的大型观众见面会，陈宝国记忆犹新。因此，他主演的《钢铁年代》开播前随剧组主创来天津电视台录制节目时，与老杜一见如故。录完节目，他急着回京，取消了原定的记者群采，却拿出半个小时，单独接受了老杜的专访。

在媒体工作的20多年中，老杜邀请过数十个电视剧组百余明星来津座谈研讨，与观众见面联欢，除了诚心诚意宣传作品、为报纸造势外，没有任何个人的功利目的，由此结识了一批名人明星，有了这层人脉关系，自然就"近水楼台先得月"了。

三

“杨亚洲导演：我是今晚报‘老杜名人工作室’专栏记者杜仲华，正在观赏你执导的电视剧《没有语言的生活》，深为你营造的浓浓亲情和艺术氛围所感动。现在像你这样将镜头焦点对准平民百姓生活，又把片子拍得富有诗意的导演已经不多了，因此很想找机会与你聊一聊……”

短信发出约一小时后，就接到了杨导的电话：“老杜哇，我现在在外地，明晚回北京，后天中午11点我们在香格里拉饭店见吧！”

杨亚洲，被誉为“平民导演”，执导过电影《没事偷着乐》、《美丽的大脚》，电视剧《空镜子》《浪漫的事》、《家有九凤》等，他的作品不仅贴近百姓生活，而且颇有艺术追求。但他的有些作品如《没有语言的生活》有些“曲高和寡”，需要进行适当的艺术解析。而当受访者把记者看成他的艺术知音时，自然愿意与你敞开心扉，一吐为快。这应该是杨亚洲欣然接受采访的原因。

杨亚洲的谈话是极其坦率和开诚布公的，有时，他的情绪甚至有些激昂，对那些戏说历史和满天飞来飞去的打斗场面嗤之以鼻。“什么是主旋律？为老百姓拍戏就是主旋律！”观点何等独到而鲜明啊！所以专访的标题就是《杨亚洲：为老百姓拍戏就是主旋律》。

又如央视国嘴白岩松，平时是很难采访到的。但老杜参加了他的《岩松看美国》启动仪式后，为他做了一个专访，专访文章抓住了他的一个核心思想：“走快了，小心丢了灵魂。”可能这篇报道使他产生了某种程度的信任感，所以白岩松从美国回国后又欣然接受了老杜的独家专访。在这次访谈中，他不仅细述了访美观感和对“美国梦”的理解，还提出一个中国外宣工作亟须重视和解决的问题——与世界对话，要用世界能够接受的语言和方式。

毫无疑问，与名人明星对话是需要有与之对话的能力的。这能力也非一日之功。没有一定的思想见解和文化积累，没有对受访者的充分认识和了解，不做足采访前的“功课”，是很难让对方敞开心扉，写出有深度有分量的文章的。

四

2011年9月下旬，老杜收到刚刚在印尼巴厘岛完婚的陈数快递来的一个大礼盒。打开大红底色上印着一个“好”字的礼盒，内藏柴、米、油、盐、酱、醋、茶七个精致小盒，中心位置是一盒同样印有“好”字的巧克力，象征着陈数（女）和赵胤胤（子）夫妇甜甜蜜蜜，共度“柴、米、油、盐、酱、醋、茶”和与之对应的“棋、琴、书、画、诗、酒、花”的美好物质和精神生活。陈数还发来短信说：“谢谢你对我们的祝福，您是我非常尊敬的媒体界的前辈，感谢您这几年见证我的成长，支持我的进步。您的文章写出了一个真实的我。”

在近年来的明星婚礼大战中，陈数和赵胤胤的婚礼简约而浪漫，洋溢着一种文化意境。这与老杜所欣赏的陈数的优雅气质，是有直接关系的。在影视明星中，有一定文化修养的人并不罕见，陈数给人印象尤深。第一次采访陈数，是2009年她主演的《倾城之恋》热播时。这位被名导高希希赞为“中国穿旗袍最美的女演员”，在谈及对艺术、对人物的理解和演绎，以

⬆ 2008 年，本书作者在北京昌平与李雪健会面

及演员自身的气质和文化修炼等问题时，同样有着令人刮目的真知灼见。从《倾城之恋》中温婉雍容的海派淑女，到《铁梨花》中亦柔亦刚、带有几分野性的“铁梨花”，陈数以成功的表演证明了她的实力、技巧和可塑性。第二次采访陈数时，还发生了一个小花絮：采访地点定在名作家海岩经营的北京昆仑大饭店“岩酒廊”里。就在老杜边品茗边恭候陈数时，海岩与几位饭店高管来酒廊研究工作。机不可失，老杜当即递上名片，自我介绍一番。恰在这时，陈数匆匆走进酒廊，于是，刚刚结识海岩的老杜，俨然成了他们的介绍人：“这位是海岩！”“你好，久仰大名！”“这位是陈数！”“你好，看过你的电视剧！”

对小宋佳、陶红的采访，也是老杜的“得意之作”。小宋佳是近年来相当活跃的影视明星，在她主演的《大女当嫁》开播时，老杜与之进行了一次有趣对话。快人快语的小宋佳毫不掩饰地表述了她对作品中和生活中所谓“剩女”的见解。在她的“字典”中，“剩女”变成了“盛女”，坦言“女人，有权让自己盛开如花”，洋洋洒洒，仿佛是一篇“盛女宣言”。“金鸡影后”陶红是一位美艳型演员，经常在影视作品中饰演风情万种的女性形象。但自从成立工作室独立制片以来，却在《米香》《傻春》两部影视剧中“自毁形象”，将自己打扮成蓬头垢面的矿工家属和智障人士。在与老杜的交谈中，她坦承创造角色的过程就是“自虐”的过程，她甚至从中获得了一种快感。2011 年秋陶红在天津拍片时，老杜前往探班，她说《傻春》就要播出了，你可以看看。但老杜却不忍看她在屏幕上“装傻”，认为让一位美女扮丑是件挺残酷的事。

采访濮存昕是在京津高铁上进行的。2009 年国庆节前夕，濮存昕来天津电视台录制国庆晚会，上午录完节目，下午还要赶回北京，参加北京人艺话剧《窝头会馆》的排练。与濮存昕通话商量后，他提出一个建议：“我一会儿乘高铁回北京，我们可以在列车上谈。”天津到北京全程只需半个小时，采访必须分秒必争。就这样，我们从候车大厅开始聊，一直聊到上车，在车厢落座后又接着谈。其间，不时有女孩子认出他，亲热地与他打个招呼，挥挥手，他也礼貌地回应一下，并未打断我们交谈的思路。“名人

⬆ 2010年，本书作者在北京采访陈数

也要安分守己”，在演艺圈里一向阳光、口碑好的濮存昕，说的是真心话。《名人也要安分守己》后来就成了我文章的标题。

当红明星，是媒体娱乐版最爱追逐的采访对象，老杜自然也不例外。但有些较难面采的明星，诸如章子怡、林青霞、林心如、葛优、舒淇、李幼斌等，则是在其影视作品播映期间，通过电邮采访等形式写成的。无论采用何种采访形式，都要有新鲜独特的选材角度和切入点，有作者对所掌握材料的准确把握和独到见解，以成为名副其实的“独家星闻”。

五

冯巩曾自嘲是“中老年妇女的偶像”，老杜算不上偶像，却有自己的读者对象。一向以为看老杜文章的都是上年纪的人，因为老杜采写的名人明星确实以中老年为主。譬如，曾有几位白发苍苍的今晚报忠实读者，各自揣着一大本剪报找上门来，请老杜签名、合影。其中一位，还把老杜近三年的明星访谈文章分门别类，装订成六册，装在一个硬纸壳做的封套里，上书五个大字：《杜仲华文集》。这些最新文章，老杜自己尚未结集出版，却被读者抢了先。金杯银杯不如老百姓的口碑呀，所以看到这些“民间出版物”，比得个新闻大奖都高兴！

得知自己的文章在青年人中也有市场，是 2009 年。当时，一位民航大学学生会的活动部

2011 年，陶红来津拍片时，本书作者前往探班

长先是打电话，后又发来电子文件，欲邀老杜到大学为学生们演讲，题目都拟好了，即《我和名人的那些事》。问她从哪儿看到的这些文章，她说："您的新浪博客。"这倒是，老杜在报上发表的每篇文章，都会同步上传到博客上。怎奈老杜是用笔"说话"的记者，罕有上台演讲的口才和经历，只能再三推辞。至今忆起，仍怀愧疚之心。

老杜采写过的唯一一位80后明星，是天津青年歌唱家杨梅。杨梅有一副清澈委婉的歌喉，酷爱邓丽君的歌曲，擅长演唱小情歌、小俏皮歌，其代表作《星光灿烂》《水波谣》《春天的笑容》《为爱而来》《花的节日》《满江红》（与尹相杰合唱）等，在央视《中华情》等各类大型晚会播出后，反响颇为强烈。近来，她又尝试演唱《国家》这样的"大歌"。她对家乡情深意笃，是继蒋大为、张迈后，第三位演唱歌颂天津声乐作品《天津，我为你歌唱》的歌手，又于2011岁末，成功举办首次个人演唱会。因本书所收皆影视明星，故将此篇《荡起音乐与爱的双桨》作为特稿附后。

"纵笔写名人，俯首为知音"，是老杜为热心读者的题词，也是老杜的心里话。大众需要了解明星，明星需要大众了解，而记者，便是联结他们心灵的桥梁。吾将以此为乐。

六

一本书的作者不是一个人。

首先是为老杜设立"老杜名人工作室"的决策人、今晚传媒集团社长贾长华先生。没有他的远见卓识，就没有今晚报刊发的200余篇、80余万字的名人明星访谈文章的问世。当然还有将这些文字和图片录入电脑、巧手编排到版面上的编辑们的辛劳。

然后将这些文章精选辑录成书的是百花文艺出版社的领导和责编徐丽梅、美编郭亚红，他们想把这本书打造成精品和畅销书，花费的心血自然不少。

社会各界的朋友们也对该书表示了期待之情。冯骥才是最关注和支持老杜出书的文坛挚友，这是众所周知的事实。天津市建筑设计院则对本书的出版给予了特别的关心和支持，在此谨一并表示深深的谢意！